区域协调发展下的空间重构模式研究

——以京津冀为例

蔡之兵 著

人民出版社

目　录

第一章 区域协调发展战略的意义与
京津冀协同发展战略

自 2014 年 2 月习近平总书记提出京津冀协同发展战略以来，京津冀地区在产业一体化、交通一体化、生态一体化等诸多方面取得重大进展，更重要的是，京津冀协同发展战略作为新时代第一个国家层面的区域发展战略，对最终区域协调发展战略的形成发挥了巨大的引领和带动作用。在京津冀协同发展战略提出六年和区域协调发展战略提出三年之际，从区域协调发展视角重新审视京津冀协同发展问题并思考如何实现京津冀地区的高质量空间经济格局具有重要的实践和理论价值。

第一节 时代背景下区域协调发展战略的意义

自从京津冀协同发展战略提出后，党中央审时度势，连续提出一系列重大的区域战略并最终于党的十九大报告中提出实施区域协调发展战略。党的十九大报告明确指出，我国已经进入了新时代，我国社会主要矛盾已经转化为人民日益增长的美好生活需要和不平衡不充分的发展之间的矛盾。能否顺利解决这一矛盾，不仅影响广大人民的切身利益，还会对全面建设社会主义现代化强国的目标产生重要影响。而区域协调发展战略将是解决这一矛盾和提高习近平新时代中国特色社会主义思想影响力的重要工具。

一、"不平衡不充分" 及其与区域协调发展战略的关系

中国特色社会主义进入新时代，我国社会主要矛盾已经转化为人民日益

增长的美好生活需要和不平衡不充分的发展之间的矛盾。在发展不平衡方面，目前还存在着居民收入分配的不平衡、实体经济与虚拟经济结构的不平衡、城乡之间发展的不平衡、经济发展与生态环保之间的不平衡、区域发展间的不平衡五大问题；在发展不充分方面，目前还存在着产业发展效率与效益不够高、城市空间的使用和产出效率不高、劳动力要素的生产率不够高等问题。

可以发现，发展不平衡与不充分问题涉及多个不同领域。之所以认为区域协调发展战略将在解决这一主要矛盾的过程中长期发挥重要作用，这是因为：一方面，区域协调发展战略本质上是一种空间战略，作为各种经济活动的载体，空间均衡与否将会直接影响居民收入是否均衡、产业结构布局是否均衡、城乡发展是否均衡，甚至经济发展与生态环保之间的均衡也会受到区域间均衡程度的影响；另一方面，由于规模经济、分工经济、网络经济的存在，实施区域协调发展战略能够提高区域经济发展效率，产生 1+1>2 的结果。考虑到我国目前仍然处于社会主义初级阶段，区域经济发展的不充分极大地制约了我国居民收入水平、产业竞争力和综合国力的提升，提高区域发展效率与效益势在必行。

党的十九大报告指出区域协调发展战略的主要内容包括：（1）加大力度支持革命老区、民族地区、边疆地区、贫困地区加快发展；（2）强化举措推进西部大开发形成新格局，深化改革加快东北等老工业基地振兴，发挥优势推动中部地区崛起，创新引领率先实现东部地区优化发展，建立更加有效的区域协调发展新机制；（3）以城市群为主体构建大中小城市和小城镇协调发展的城镇格局，加快农业转移人口市民化；（4）以疏解北京非首都功能为"牛鼻子"推动京津冀协同发展；（5）高起点规划、高标准建设雄安新区；（6）以共抓大保护、不搞大开发为导向推动长江经济带发展；（7）支持资源型地区经济转型发展；（8）加快边疆发展，确保边疆巩固、边境安全；（9）坚持陆海统筹，加快建设海洋强国。上述内容可以根据区域经济的对象不同分为三个层面：

第一，区域经济发展的个体层面，包括（1）（5）（7）（8）。该层面的区域经济发展战略强调个体区域的发展，主要包括强调个体区域的快速发展比如革命老区、民族地区、边疆地区、贫困地区；强调个体区域的创新发展比如雄安新区；强调个体区域的转型发展比如资源型地区；强调个体区域的安全发展比如边疆地区。

第二，区域经济发展的关系层面，包括（2）（3）（4）（6）（9）。该层面的区域经济发展战略强调多个区域间的协同发展，比如京津冀地区、城市群地区；强调多个区域间的统筹发展，比如沿海地区；强调多个区域的均衡发展，比如东、中、西部及东北四大区域。

第三，区域经济发展的整体层面，包括上述所有内容。区域经济发展的整体层面实际上指的就是区域协调发展战略。根据发展战略目标的不同，区域发展战略可以分为追求效率的发展战略和追求平等的发展战略，不同的发展战略直接反映一个政党的执政方针与指导思想。党的十九大提出实施区域协调发展战略，全面反映了我们党坚持走中国特色社会主义道路，坚持共同富裕目标的坚定决心。

其中，区域经济发展的个体层面与我国社会主要矛盾的发展不充分问题密切相关，区域经济发展的关系层面与我国社会主要矛盾的发展不平衡问题密切相关，而区域经济发展整体层面的问题与新时代中国特色社会主义思想的影响力、感召力以及塑造力密切相关。下面将分别分析区域发展个体视角、关系视角、整体视角与我国当前主要矛盾和习近平新时代中国特色社会主义思想的关系。

二、从区域发展的个体视角看解决发展不充分问题

党的十九大报告强调，发展是解决我国一切问题的基础和关键。发展不充分，意味着各种经济要素资源的产出效率还不高，体现在城市经济发展上，就是我国的城市发展水平仍然具备较大的提升空间。从国际比较来看，我国的北、上、广、深等发达城市与世界上的重要城市相比，其经济实力、

综合实力和世界影响力仍然存在一定差距，未来仍然需要稳步提高自身的综合实力；从国内比较来看，我国的城市体系多级分化现象比较严重，经济实力最强的城市，如北、上、广、深等城市的地区生产总值已经超过 20000 亿元，而经济实力较弱的城市，地区生产总值可能只有百亿元甚至更低，这也表明我国部分城市需要加快发展速度①。

发展不充分与单个区域发展之间是整体与个体的关系，且后者为解决前者提供坚实的经济基础。根据党的十九大报告精神，实现单个城市的发展必须做到如下三点：首先，需要坚持新的发展理念，发展必须是科学发展，必须坚定不移贯彻创新、协调、绿色、开放、共享的发展理念，只有坚持了正确的新发展理念，才能避免传统发展模式的各种弊端，才能培育出符合新时代需求的经济发展模式；其次，需要瞄准高质量的产业结构，各个城市应该根据世界、国内产业结构发展情况以及结合自身的实际情况支持传统产业优化升级，加快发展现代服务业，促进我国产业迈向全球价值链中高端，培育若干世界级先进制造业集群；最后，也是最为关键的一点，单个区域或者城市都是完整的行政单位，党和政府要在发展过程中发挥基石的作用尤其是对于欠发达地区而言，要让市场在资源配置中起决定性作用和更好发挥政府作用有机结合起来，不断提高与拓宽市场配置资源的程度与领域，不断提高政府服务、寻找、培育、扩大市场的意识与能力，从而加快城市的发展速度。

三、从区域发展的关系视角看解决发展不平衡问题

一方面，党的十九大报告指出目前我国的收入差距、城乡差距、区域差距依然较大，这不符合中国特色社会主义共同富裕的最终目标；另一方面，区域间的不平衡是其他类型不平衡的基础，区域间不平衡不仅会导致其他类型不平衡程度的加剧，而且还会对其他类型的不平衡的缩小产生阻碍作用，

①　数据来源于各城市的年度国民经济和社会发展统计公报。

某种程度上来说，区域间不平衡是导致我国当前社会主要矛盾出现的重要原因之一。因此，必须高度重视区域关系的协调，实现区域经济的均衡发展。党的十九大报告指出应该从如下几个方面推动区域协调发展：

第一，坚定不移推动四大区域的发展。东部、中部、西部以及东北是我国典型的四大经济区域，其地理位置、经济基础、要素禀赋各不相同。针对这些不同，党中央制定出包括推进西部大开发、加快东北等老工业基地振兴、推动中部地区崛起、率先实现东部地区优化发展等符合各自实际情况的发展战略。同时，针对四大区域的发展战略目标不同，党的十九大报告进一步指出，西部大开发战略需要在强化举措上下功夫，东北等老工业基地需要深入改革，中部地区需要进一步发挥自身优势，东部地区必须坚持走创新引领的道路。这种地区与发展战略双重"因地制宜"的思路，既能够极大地满足不同区域内部不同省份的发展需求，也能够在四大区域间形成合理的分工体系，实现区域经济关系的协调化。

第二，重视城市群对区域经济发展的带动作用。城市群是一种包含多种不同类型区域关系的区域类型，也是未来世界区域经济竞争的主要参与者，对区域经济和整个国家的经济都有举足轻重的作用。党的十九大报告指出，应该以城市群为主体构建大中小城市和小城镇协调发展的城镇格局，在城市群的建设与发展过程中实现大中小城市的共赢发展。

第三，对重点区域的发展战略提出不同要求。党的十九大报告中，对京津冀地区提出协同发展的要求，对长江经济带提出"共抓大保护，不搞大开发"的要求，对沿海地区提出陆海统筹发展的要求。

四、从区域发展的整体视角看提高习近平新时代中国特色社会主义思想影响力

习近平新时代中国特色社会主义思想是马克思主义中国化的最新成果，不仅将指导我国实现 2020 年全面建成小康社会、2035 年基本实现社会主义现代化、21 世纪中叶建成富强民主文明和谐美丽的社会主义现代化强国的三大目标，还如习近平总书记所说，中国特色社会主义进入新时代，为解决人类问题贡献了中国智慧和中国方案。作为这一思想的经济发展部分，我国的区域协调发展战略及其所取得的成就已经在全世界各国尤其是占世界人口绝大多数的发展中国家引起了广泛关注，其主要原因如下。

第一，我国的区域协调发展战略最大限度地体现了社会主义在实现共同富裕最终目标上的优越性。与世界绝大多数资本主义国家不同，我国始终坚持区域协调发展、均衡发展、共同发展的理念，每年数以万亿计的财政转移支付，在交通、通信、医疗、教育领域中的巨额投资，全面脱贫攻坚计划等举措无一不表明我国对区域协调发展和共同富裕的重视。

第二，我国区域协调发展战略的速度与成就令人羡慕。从世界经济近代史来看，我国过去几十年的发展速度与所取得的成就是极为惊人的，尤其是党的十八大以来的五年，我国在部分高端制造产业、互联网经济行业、人工智能等多个领域都实现了弯道超车，迅速进入世界前列，这对绝大多数仍然处于欠发达的国家与地区而言，无疑产生了巨大的吸引力，学习中国区域经济发展经验已经成为世界上的一股重要潮流。

第三，我国区域经济发展取得的成就充分证明了一个稳定强大的执政党对于国家命运与人民利益的重要性。中国特色社会主义制度的最大优势是中国共产党领导。只有共产党才能够率领中国人民赢得伟大斗争、开展伟大工程、建设伟大事业、实现伟大梦想，这种政治经济结构与关系对其他国家的发展道路选择具有重大的启示意义。

习近平新时代中国特色社会主义思想已经确立，当前社会主要矛盾已经转化，我们必须在以习近平同志为核心的党中央领导下，坚定不移地实施区域协调发展战略，充分发挥各个区域和城市的发展潜力，提高区域间经济发展均衡程度，既为解决人民日益增长的美好生活需要和不平衡不充分的发展之间的矛盾奠定基础，也为提高中国特色社会主义思想的全球影响力、感召力、塑造力提供动力。

第二节　功能视角下区域协调发展战略的意义

党的十九大报告明确提出，经过长期努力，中国特色社会主义进入了新时代。在这一新时代中，建设社会主义现代化强国已经成为 21 世纪中叶前我国经济社会发展的根本目标。在诸多支撑这一目标的战略举措中，区域协调发展战略将在六个方面发挥重要功能。①

一、引领发展的功能及其区域布局

改革开放以来，作为最大的发展中国家，我国经济发展在很长一段时间内采取的是引进模仿—消化吸收—二次创新的思路，这一思路为我国经济的快速发展奠定了重要基础。然而，随着我国经济发展水平的提高，与世界发达国家的技术、产业水平差距逐渐缩小，后发优势逐渐消失，继续采取跟随与模仿的发展模式可能已经无法再为我国经济的可持续增长提供足够的动力。与此同时，随着我国国际地位和影响力的提高，以及世界经济格局的剧烈变化，探索新的能够引领世界各国经济发展的模式已经成为中国特色社会主义经济实践的重要任务。

在我国区域协调发展战略中，担负引领发展这一历史重任的区域主要包括雄安新区、粤港澳大湾区以及长三角城市群。在《河北雄安新区规划纲要》中，作为千年大计、国家大事的雄安新区被明确定位：要在推动高质量发展方面成为全国的一个样板、要建设为高水平社会主义现代化城市、要成为落实新发展理念的创新发展示范区。针对粤港澳大湾区发展，习近平总书记明确指出要抓住建设粤港澳大湾区重大机遇，携手港澳加快推进相关工作，打造国际一流湾区和世界级城市群。而在长三角城市群规划则

---

① 习近平：《决胜全面建成小康社会　夺取新时代中国特色社会主义伟大胜利——在中国共产党第十九次全国代表大会上的报告》，《人民日报》2017 年 10 月 28 日。

提出必须坚持世界标准、瞄准国际标杆，充分发挥要素集聚和空间集中效应，补齐短板、消除瓶颈，全面提升国际竞争力和可持续发展能力。可见，这三大区域在我国未来经济发展过程中将肩负引领未来中国甚至是世界发展的重任。①

二、协同发展的功能及其区域布局

区域协同发展不仅是实现中国特色社会主义共同富裕目标的重要保障，同时也是构建合理的区域分工体系从而保障整体国民经济健康可持续发展的基础。虽然我国的区域经济源于东部地区的率先发展，但是追求区域间的均衡发展一直是我国区域发展战略的重要导向。党的十八大以来，以习近平同志为核心的党中央针对日益拉大的区域差距现象，先后出台了多项战略举措来实现区域协同发展。

在我国区域协调发展战略中，承担探索协同发展模式这一重任的区域类型主要包括京津冀地区以及城市群地区。一方面，京津冀地区是我国区域内部差距较大、区域发展分化的典型代表区域，2013 年北京市与天津市的人均地区生产总值分别为 9.3 万元和 10.2 万元，而同年河北省人均地区生产总值仅为 3.9 万元，仅为京津两地的 40% 左右②。针对这种局面，2014 年 2 月 26 日，习近平总书记提出京津冀协同发展战略，要求京津冀地区坚持优势互补、互利共赢、扎实推进，加快走出一条科学持续的协同发展路子来。另一方面，在我国城市发展格局中，大中小城市间的发展差距也较为明显，2018 年我国已经有 17 个城市的地区生产总值超过 1 万亿元，但是大量的中小城市仍然缺乏足够的发展动力，通过实施城市群发展战略实现大中小城市的协同发展是我国区域协调发展战略的应有之义，"十三五"规划提出要在全国范围内建设 19 个城市群正是这一思路的体现。

---

① 2018 年 3 月 7 日，习近平总书记参加广东代表团审议时讲话。
② 数据来源于北京市和天津市 2013 年国民经济和社会发展统计公报。

三、开放发展的功能及其区域布局

理论与实践都已经证明对外开放为我国经济的快速发展作出了巨大贡献。面临新时代愈演愈烈的逆全球化潮流，习近平总书记在党的十九大报告中明确指出中国坚持对外开放的基本国策，坚持打开国门搞建设。随后，在博鳌亚洲论坛 2018 年年会开幕式上的主旨演讲中，习近平主席再一次向全世界表明中国开放的大门不会关闭，只会越开越大。因此，坚持更高水平的开放发展将是我国未来经济发展的长期方略。

在我国区域协调发展战略中，承担更高水平开放这一重任的区域类型主要包括"一带一路"倡议沿线地区、海南自由贸易港、各地的经济特区、自由贸易区等。其中，以前两者最具代表性。"一带一路"倡议旨在推动沿线各国和地区实现经济政策协调，开展更大范围、更高水平、更深层次的区域合作，共同打造开放、包容、均衡、普惠的区域经济合作架构，涉及国内18 个重点省区市，这些省区市都已经针对"一带一路"倡议作出了相应的开放布局。海南自由贸易港是国内第一个自由贸易港，设立于 2018 年 4 月的海南自由贸易港其开放程度远远高于之前的经济特区、自由贸易区等外向型经济区域，将在多个领域进行更深层次的改革开放，成为中国新一轮深化对外开放的标杆地区。

四、绿色发展的功能及其区域布局

长期以来，先开发后保护，先污染后治理，只管开发、不管保护的发展理念给我国的自然环境带来了巨大的伤害，包括水体、空气、土壤等在内的污染对居民生活和经济生产带来了双重消极影响，无法满足广大人民群众日益增长的美好生活需要。践行"绿水青山就是金山银山"理念不仅是解决新时代社会主要矛盾的需求，也是实现绿色发展和构建绿色发展模式的根本出路。

在我国区域协调发展战略中，承担探索生态优先与绿色发展的区域类型主要包括长江经济带以及重要的生态资源屏障地区。2016 年 1 月，习近平总书记在重庆召开推动长江经济带发展座谈会时就明确指出，要把修复长江生态环境摆在压倒性位置，共抓大保护，不搞大开发。两年后的 2018 年 4 月，习近平总书记在武汉主持召开深入推动长江经济带发展座谈会时指出，努力把长江经济带建设成为生态更优美、交通更顺畅、经济更协调、市场更统一、机制更科学的黄金经济带，探索出一条生态优先、绿色发展新路子。除此之外，重要的生态屏障地区也要坚持走绿色发展之路。习近平总书记在甘肃、青海等地视察时，提出这些地区是我国重要的生态屏障，在保障国家生态安全中具有重要地位和作用，这些地区的发展应该尊重自然、顺应自然、保护自然，坚决筑牢国家生态安全屏障。

五、转型发展的功能及其区域布局

区域生命周期理论已经指出，任何区域都将面临转型问题，想要保持区域内部经济的可持续发展，区域内部的产业就需要不断根据内外部的竞争环境变化进行转型升级。转型发展实际上意味着地区当前的产业体系在包括区位优势变化、自然资源枯竭、外部竞争加剧等因素的作用下已经丧失了竞争力，如果该地区想要继续保持内部经济体系的持续运转，就需要对自身产业体系进行转型升级。这一现象在我国目前的东北三省以及内蒙古、山西等地体现得尤为明显。

在我国区域协调发展战略中，承担探索陷入发展困境后实现转型发展的区域类型主要包括资源型地区。党的十九大报告明确提出，要支持资源型地区经济转型发展，我国的东北、内蒙古、山西等地区都曾经依靠丰富的自然资源而获得过高速发展，但是随着外部环境的变化和内部资源的消耗，这些地区都陷入发展困局当中，必须通过转型发展寻找到新的发展动力。习近平总书记 2016 年 5 月在视察黑龙江省时提出，发展产业时要打开思路，不要单打一，要注重多元化；2017 年 6 月在视察山西时提出，实现资源型地区经济转型发展，形成产业多元支撑的结构格局，是山西经济发展需要深入思考和突破的重大课题；2018 年在参加十三届全国人大一次会议内蒙古代表团审议时强调，内蒙古产业发展不能只盯着羊、煤、土、气。因此，避免单一结构和重新培育有竞争力的新产业对于这些地区的转型发展具有重要意义。

六、跨越发展的功能及其区域布局

在区域经济学理论中，一个地区的发展需要遵循"步步为营"和"逐步升级"的规律，然而当今世界正处于大变革大调整之中，新技术、新产业、新动能不断涌现，很多新型产业的形成与发展可能并不完全受限于传统发展经济学理论范式，这就为部分欠发达区域实现跨越式发展提供了可能。

在我国区域协调发展战略中，承担探索跨越式发展的区域类型主要包括中西部的部分欠发达区域。与发达区域相比，欠发达区域具备明显的后发优势，在摆脱传统产业的路径依赖与约束上也更为容易，这就为欠发达区域培育新的、弯道超车型的产业，从而实现跨越式发展提供了可能。2015 年 1月，习近平总书记在云南调研时指出，希望云南主动服务和融入国家发展战略，闯出一条跨越式发展的路子来。2015 年 6 月在贵州调研时提出，希望贵州走出一条有别于东部、不同于西部其他省份的发展新路，贵州省充分利用自身的气候优势，培育发展大数据产业正是这一跨越式发展思路的体现。

第三节　区域协调发展视角下京津冀空间重构的意义

区域协调的本质是对影响和扭曲空间关系的因素进行矫正。一方面，区域协调发展往往发生于地理临近的区域，区域间的地理空间关系对区域协调发展程度具有直接影响；另一方面，不同地区之间之所以难以协调发展，一个重要原因就是由于行政区利益主体的存在，导致不同地区在现实经济活动中难以形成连续的一体化经济空间。因此，区域协调发展战略的抓手以及落脚点都是空间关系。然而，在现实世界中，地区间的空间关系呈现多种形态，比如地理交通关系、生态补偿关系、行政管理关系、产业关联关系、辐射带动关系等。对一个特定地区而言，实现地区间空间关系的协调和一体化，必须对包括上述多种不同类型的空间关系进行全面研究。根据这一思路，我们选择京津冀地区作为研究对象，试图对京津冀地区的多种空间关系展开全面研究，技术路线图如图1-1所示。

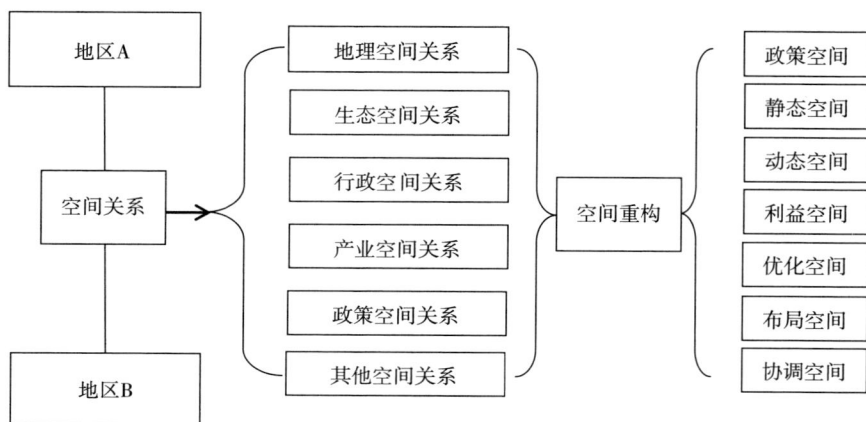

图1-1 区域协调导向下的空间重构技术路线图

之所以选择京津冀地区作为区域协调发展战略下的空间重构研究对象，主要原因有三。

第一，京津冀协同发展战略是党的十八大以来第一个国家区域发展战略，它打破了传统的按照四大板块区域实施区域发展战略的传统做法，首次在战略定位上要求"打破自家一亩三分地"的思维定势，要求京津冀三地实现真正的一体化合作发展，标志着我国区域发展战略的时代转型。因此，在区域协调发展战略成为我国区域发展战略的宏观背景下，选择京津冀地区作为研究对象无疑是最为合适的。

第二，京津冀地区是目前我国所有不同类型区域中，内部区域空间关系最为复杂的地区之一。同其他区域相比，京津冀三地区域关系复杂，这种复杂既体现为该地区的合作主体包括首都，这是独一无二的，还包括直辖市天津以及被定位于"国家大事，千年大计"的雄安新区，区域关系复杂。此外，由于地理和历史关系，京津冀三地的区域关系包含多种不同类型，比如生态关系、行政区划关系、产业关联关系等，是比较典型和具有代表性的区域。选其作为研究对象具有较强的范例意义。

第三，京津冀协同发展战略已经实施近六年，各领域的工作都有所进展，比如，京津冀三地的地理联系日益密切，三地间的断头路几乎消失，高铁网络初步成形；又比如，京津冀三地的生态补偿制度初步建立，已经成为全国区域间生态补偿的试点。此外，北京非首都功能疏解和雄安新区的建设也为京津冀地区的产业空间关系指明了方向。更重要的是，京津冀地区还提供了目前全国其他地区为数不多的行政空间关系改革经验即北三县市与北京的统一规划、统一标准、统一政策和统一管控。因此，将京津冀地区作为区域协调发展视角下的空间重构视角具有很强的现实基础。

综上，京津冀地区作为我们的研究对象，高度契合区域协调要求下空间重构的主题，既能够充分利用京津冀自身的典型优势，还可以对京津冀地区过去几年以及未来协调的方向展开回顾与研究，从而为其他地区借鉴京津冀协同发展经验提供参考。

第二章　整体空间：区域协调发展战略的形成

区域协调发展战略的提出并不是一蹴而就的，它既与我国 1949 年以来的区域发展战略一脉相承，又与新时代国内外发生的复杂深刻变化密切相关。为了更好地理解区域协调发展战略，我们首先简要回顾 70 年以来的区域发展战略演变并对影响区域发展转型的新情况、新问题、新变化进行梳理，最终在此基础上，归纳梳理出我国区域发展战略大转型的逻辑基础。

第一节　70 年区域发展战略的阶段划分

按照区域发展战略的目标和方式不同，中华人民共和国 70 年的区域发展战略可以划分为 1949—1977 年的均衡发展战略阶段、1978—1998 年的非均衡发展战略阶段、1999—2011 年的区域总体发展战略阶段、2012 年至今的区域协调发展战略阶段。

一、均衡发展战略阶段 （1949—1977 年）

这段时期，国内外局势复杂，以毛泽东同志为核心的党的第一代中央领导集体充分考虑到可能爆发的战争威胁，从国家安全角度出发制定了区域均衡发展战略。在这一思路的指导下，大量的生产要素被配置到中西部地区。以苏联帮助我国建设的旨在尽快帮助我国建立完整的工业体系的 156 项援助项目为例，其中绝大部分项目都没有在工业和交通更为发达的沿海地区开工，而是出于国防安全的考虑，将这些重要项目都落在了中西部地区和东北地区。

"三五"和"四五"计划期间，这一战略在三线建设的推动下更为明显，党和国家领导人出于保护工业基础力量的目的，决定实施地区间大规模的产业转移以及在各地区建立独立工业体系的战略，并进一步要求这一时期在沿海地区不再开工建设新项目，重要的国防尖端项目，要按照"分散""靠山""隐蔽""进洞"的原则进行建设，这一原则成为其后一段时期的主导经济建设原则①。单纯从经济发展视角分析，这一时期区域经济发展战略的效率不高，但是不可否认，这30年的区域均衡发展战略为中西部部分省份奠定了良好的工业基础。

二、非均衡发展战略阶段（1978—1998年）

我国这一时期采取的区域发展战略是区域非均衡发展战略，由于长期的国防备战以及阶级斗争导致我国经济发展水平极为落后，部分经济指标甚至比1957年的水平要低。在这种背景下，邓小平等多位党和国家领导人认为应该将党和国家的工作重心从阶级斗争转移到经济建设上来。在这种思路的指导下，地理位置更为优越的沿海地区被选为优先发展的重点地区，邓小平关于"两个大局"的论述是这一时期区域非均衡发展战略的最好体现。邓小平指出："沿海地区要加快对外开放，是这个拥有两亿人口的广大地带较快优先发展起来，从而带动内地更好地发展，这是一个事关大局的问题，内地要顾全这个大局，反过来，发展到一定的时候，又要求沿海拿出更多力量来帮助内地发展，这也是个大局，那时候沿海也要服从这个大局。"② 1978年以后尤其是自1981年实施"六五"计划以后，沿海地区优先发展战略得到党和国家的大力支持，党中央不仅在如财政、税收、信贷以及投资政策方面向沿海地区倾斜，在资源提供如人力资源、物力资源方面也都给予了大量的支持。这一时期的区域发展战略在对外开放的背景下取得了较大成功，部

---

① 李彩华：《三线建设调整改造的历史考察》，《当代中国史研究》2002年第3期。

② "沿海地区要较快地先发展起来，从而带动内地更好发展"，《中央要有权威》1988年9月12日，见 http://cpc.people.com.cn/n/2013/0819/c69710-22616535.html。

分省份的经济实现了快速发展。但是同时，省份之间的经济差距也在拉大，对实现中国特色社会主义制度共同富裕目标带来了较大影响。

三、区域总体发展战略阶段（1999—2011年）

中国区域经济发展严重失衡的问题引起了学界和政界的普遍关注，同时随着社会改革的推进，越来越多的学者和普通百姓开始要求实现公平发展，因此，必须加快转变完全依靠沿海地区发展的区域非均衡发展战略，尽快扭转中国区域经济发展失衡局面。1996年3月，在八届全国人大四次会议上和《中华人民共和国国民经济和社会发展"九五"计划和2010年远景目标纲要》中，首次将地区间协调发展作为国民经济和社会发展的指导方针之一。随后在1999年、2003年、2006年，党中央分别开始实施了西部大开发、振兴东北老工业基地、中部崛起等旨在加快落后地区、缩小区域间差距的发展战略，我国的区域发展战略由非均衡发展战略逐渐转变为区域总体发展战略。从实施效果分析，区域总体发展战略显著地提升了中西部地区的经济发展速度，尤其是位于西部地区的重庆、四川、西藏、贵州等省区市，在这一时期内，这几个省区市的经济增速多次位居全国前列甚至首位，而中部地区的武汉、郑州、合肥、长沙等城市也成为这一时期全国发展最快的一批城市。然而，这一时期的区域发展战略仍然没有实现区域合作发展的目标，个体区域的单打独斗和相互之间的恶性竞争现象仍然比较常见，这也阻碍了我国区域经济发展效率的进一步提高。

四、区域协调发展战略阶段（2012年至今）

党的十八大以来，国内外发展环境处于百年未有之变局的变化过程当中。国际上，贸易保护主义和逆全球化思潮抬头，外向型发展方式面临巨大的可持续增长压力；国内，要素逐渐短缺和成本逐渐上升同样导致粗放型发展模式难以持续。在这种背景下，以习近平同志为核心的党中央在坚持四大区域协调发展的基础上，根据整个国家、各个地方和区域的发展阶段、发展禀赋和比较优势又相继提出了"一带一路"倡议、京津冀协同发展、长江经济带、雄安新区、自由贸易港、粤港澳大湾区等区域发展战略，并以习近平新时代中国特色社会主义思想为指导方针，最终形成了区域协调发展战略。

第二节　区域协调发展战略形成的原因

1949 年至今，中国已经走过了"站起来"和"富起来"的时代，进入了"强起来"的时代，区域发展战略作为推动中国经济发展的重要工具，对"富起来"时代下的中国经济发展产生了巨大推动作用。同时，由于国内外发展环境和发展阶段的变化，区域发展战略也面临越来越多的挑战和越来越高的要求。

一、发展思路上，地方行政属性弱化而区域合作属性提高，区域发展战略的协调性要求提高

在中国区域发展战略指导思想逐渐由地方无序自由竞争转向国家层面系统的顶层设计这一过程的影响下，中国区域发展战略的具体实施思路也呈现弱化地方行政属性与增强区域合作属性这一特征。在地方自由竞争发展模式的作用下，我国地方经济呈现"诸侯经济"特征，这一特征体现于地方政府为了追求辖区内经济增长，千方百计地发展和保护辖区内的企业与产业，甚至不顾国家产业与地区分工规划，盲目生产、重复建设，对其他地区相同的产业、企业与产品报以敌视态度。这种诸侯经济导致了资源要素的极大浪费，也不利于构建合理的产业体系，对不同行政区域间的和谐关系也会产生负面影响①。因此，打破地方经济的行政属性约束是过去几十年中国区域发

---

① "诸侯经济"会导致大量的地方保护自身产业、企业、产品的现象，即使这些产业、企业、产品的市场竞争力极差，这些现象直到 2018 年仍然存在，比如"鸿茅药酒"事件。

展战略的一个重要思路，从相关政策文件分析，中国从 1980 年针对打破地方行政属性约束而出台的文件如表 2-1 所示。

表 2-1　中央政府试图打破地方行政属性约束的文件

年份	文件名	主要内容
1980	《政府工作报告》	要打破行政部门和行政区划的限制，按经济区域合理组织生产资料和消费品的流通
1980	《国务院关于推动经济联合的暂行规定》	要推进原料产地与加工地区的联合和跨省市区、跨行业的经济联合
1986	《国务院关于进一步推动横向经济联合若干问题的规定》	要切实加强宏观管理和指导，搞好行业、地区规划，避免盲目性。允许各专业银行跨地区、跨专业向经济联合组织发放固定资产投资贷款，也可以跨地区、跨专业组织银团贷款
1989	《政府工作报告》	既要防止地区之间相互封锁，又要防止地区之间抬价抢购，尽量通过经济办法建立比较稳定的协作关系，积极发展多种形式的区域性经济合作，合理解决地区之间的利益分配关系
1990	《国务院关于打破地区间市场封锁进一步搞活商品流通的通知》	企业有权在全国范围内销售其产品，任何地区和部门不得设置障碍，加以干涉。要确保商品流通畅通无阻，各地区、各部门不得擅自在道路、车站、码头、省区边界设关卡，阻碍商品的正常运输
1996	《政府工作报告》	按照统筹规划、因地制宜、发挥优势、分工合作、协调发展的原则，正确处理全国经济总体发展与地区经济发展的关系，正确处理发展区域经济与发挥各省（自治区、直辖市）积极性的关系，要按照市场经济规律，以中心城市和交通要道为依托，进一步形成和发展若干突破行政区划界限的经济区域
2001	《国务院关于禁止在市场经济活动中实行地区封锁的规定》	禁止任何单位或个人违反法律、行政法规和国务院的规定，以任何方式阻挠、干预外地产品或工程建设类服务进入本地市场，或者对阻挠、干预外地产品或服务进入本地市场的行为纵容、包庇，限制公平竞争

年份	文件名	主要内容
2013	《关于集中清理在市场经济活动中实行地区封锁规定的通知》	清理和废除妨碍全国统一市场和公平竞争的各种规定和做法，严禁和惩处各类违法实行优惠政策行为，反对地方保护，反对垄断和不正当竞争。各地要按照"谁制定、谁清理"的原则，对不符合有关法律法规规定，以及不适应形成企业自主经营、公平竞争，消费者自由选择、自主消费，商品和要素自由流动、平等交换的现代市场体系要求的规章、规范性文件及其他文件，予以修改或者废止

注：根据公开资料整理。

　　除了直接针对地方行政垄断和保护外，中央政府也加快了推动区域合作发展的速度与力度。一方面，大规模地进行国家层面的交通基础设施建设，从空间物理连接层面削弱地方行政属性的影响，促进要素与企业的自由流动。2018 年我国高铁与高速公路里程分别达到 2.9 万公里和 14.3 万公里[①]，通过大规模地推动交通基础设施建设来实现区域之间的协同发展已经成为上级政府打破下级地方政府行政保护与割裂的有力工具，比如长江经济带战略就是利用交通基础设施的连接来实现地方经济的合作；2017 年 10 月广东省在《广东省沿海经济带综合发展规划（2017—2030 年）》中明确提出要在其省内规划建设一条 1600 公里的沿海大道，加快沿海地区 15 个县市的区域经济合作与发展速度同样也是这种思路的体现。另一方面，中央政府出台各种政策、文件、规划来鼓励城市群、都市圈等多种不同类型的跨行政区域合作，这些区域合作既包括跨省级行政区域的合作，比如京津冀地区协同发展、长三角地区的协同发展；也包括省内不同城市间的合作比如湖北省内武汉与周边城市的"1+8"都市圈合作，这些旨在打破地方行政割裂的区域合

---

　　①　交通运输部：《2018 年交通运输行业发展统计公报》，2019 年 4 月 12 日，见 http://xxgk.mot.gov.cn/jigou/zhghs/201904/t20190412_ 3186720.html。

作行动是我国近些年区域发展战略实施思路的重要内容①。

打破地方行政分割，促进要素跨区域的自由流动，促进区域经济的充分发展并最终实现整体经济的高质量发展是近 40 年区域发展战略越来越重要的特征。

二、在战略面临的经济地理格局上，东西问题弱化而南北问题逐渐凸显，战略面临问题的复杂性增加

改革开放以来，在"两个大局"重要论述的指导下，虽然东部沿海地区迅速拉大了与西部地区的差距，但是在我国实施了旨在缩小区域差距的区域总体发展战略后，这一差距有所缩小，西部问题的严重程度逐渐降低。这一过程可以运用 1978 年、1999 年以及 2017 年三年中东部与西部主要省区市 GDP 差距变化情况说明。

1978 年东部 GDP 前四位省区市分别是 272.81 亿元的上海、249.24 亿元的江苏、225.45 亿元的山东以及 185.85 亿元的广东，西部地区 GDP 最高的省是 184.81 亿元的四川，而甘肃、内蒙古、贵州、新疆、青海、宁夏、西藏的 GDP 分别为 64.73 亿元、58.04 亿元、46.62 亿元、39.07 亿元、15.54 亿元、13.00 亿元以及 6.65 亿元，分别只相当于上海的 67.7%、23.7%、21.3%、17.1%、14.3%、5.7%、4.8%、2.4%。可以发现，在 1978 年沿海地区省份经济发展水平就高于西部地区②。

到西部大开发战略提出来之前的 1999 年，这种差距已经进一步拉大，1999 年东部 GDP 前四位的省分别是 9250.68 亿元的广东、7697.82 亿元的江苏、7493.84 亿元的山东、5443.92 亿元的浙江，而西部地区 GDP 最高的

---

① 2014 年出台的《国家新型城镇化年规划（2014—2020 年）》提出了 19 个城市群：长三角城市群、珠三角城市群、京津冀城市群、成渝城市群、长江中游城市群、中原城市群、哈长城市群、辽中南城市群、山东半岛城市群、海峡西岸城市群、北部湾城市群、呼包鄂榆城市群、山西中部城市群、关中平原城市群、宁夏沿黄城市群、兰西城市群、天山北坡城市群、滇中城市群、黔中城市群。

② 数据来源于国家统计局国家数据，见 https://data.stats.gov.cn/。

省是 5312.32 亿元的四川，而甘肃、内蒙古、贵州、新疆、青海、宁夏、西藏的 GDP 分别为 956.32 亿元、1379.31 亿元、937.5 亿元、1163.17 亿元、239.38 亿元、264.58 亿元以及 105.98 亿元，分别相当于广东的 57.4%、10.3%、14.9%、10.1%、12.6%、2.6%、2.9%、1.1%，可以发现东部地区与西部地区的差距进一步拉大①。

　　自此以后，中央政府层面先后实施了西部大开发、中部崛起与东北振兴等三大战略，到 2017 年，东部 GDP 前四位的省分别是 89879 亿元的广东、85900 亿元的江苏、72678 亿元的山东以及 51768 亿元的浙江，而西部地区 GDP 最高的省是 56480 亿元的四川，而甘肃、内蒙古、贵州、新疆、青海、宁夏、西藏的 GDP 分别为 7677 亿元、16103 亿元、13540 亿元、10920 亿元、2643 亿元、3453 亿元以及 1312 亿元，分别相当于广东的 62.8%、8.5%、17.9%、15.1%、12.1%、2.9%、3.8%、1.5%，可以发现除了甘肃 GDP 与广东的差距拉大以外，其他西部省份与广东的差距开始缩小②。

　　因此，东西部地区的经济差距在不断缩小，这也体现在近 10 年来西部地区省份始终位于经济增速第一方阵的位置。实际上自 2004 年以来，除了天津市外，西藏、内蒙古、四川、重庆、贵州等西部省区市就始终占据当年全国经济增速排名第一的位置。其中 2011 年以后，西部地区省份的经济增速就已经明显超过东部地区，以 2012 年为例，在当年经济增速前十的省份中，有九个西部省份，其中前六位全是西部省份；2014 年经济增速超过 10%的五个省份中，有四个西部省份；2017 年经济增速超过 9%的四个省份全是西部省份。因此，虽然东西部地区经济发展差距问题仍然存在，但是我们认为由于中央政府采取了正确的发展战略并加大了对西部地区基础设施的投资建设和鼓励东部地区产业向中西部地区转移的力度，东西问题目前处于一个差距逐渐缩小的良性发展轨道上。

---

　　①　为了前后统一进行比较，仍然把重庆纳入四川进行比较，数据来源于国家统计局国家数据，见 https://data.stats.gov.cn/。

　　②　数据来源于国家统计局国家数据，见 https://data.stats.gov.cn/。

与此同时，南北问题正成为制约我国区域经济协调发展与国民经济健康可持续发展的重要问题，这些问题主要体现在如下几个方面。

首先，从西部地区来看，西南与西北地区的差距拉大，这种差距主要体现在西北五省区即陕西、甘肃、青海、宁夏、新疆与西南五省区市即四川、贵州、云南、西藏、重庆的发展差距正在逐渐拉大。1978 年西北五省区 GDP 分别为陕西 81.07 亿元、甘肃 64.73 亿元、青海 15.54 亿元、宁夏 13 亿元、新疆 39.07 亿元，而同年西南四省区 GDP 分别为四川 184.81 亿元、贵州 46.62 亿元、云南 69.05 亿元、西藏 6.65 亿元，西南四省区 GDP 之和为西北五省区 GDP 之和的 1.44 倍，而 2017 年西南五省区市 GDP 之和已经是西北五省区 GDP 之和的 1.88 倍。与此同时，西南五省区市 GDP 增速几乎都高于西北五省区，重庆、贵州、西藏、云南与四川等五省区市长期是中国经济增速较快的几个省份，重庆、贵州与西藏更是多次位居全国经济增速最快的省份位置。以 2017 年为例，西南五省区市经济增速分别为 8.1%、10.2%、9.5%、10.0%、9.3%，而西北五省区同年经济增速分别为 8.0%、3.6%、7.3%、7.8%、7.6%，西北与西南平均经济增速相差 3 个百分点以上。因此，从西部地区来看，南北差距逐渐拉大①。

其次，从东部地区来看，东南与东北、华北地区的差距更是在加速拉大。一方面，东北三省与山西面临较大的经济增长压力，1978 年东北三省与山西 GDP 分别位居全国第 3 名、第 8 名、第 18 名以及山西第 15 名，而 2017 年东北三省与山西的 GDP 分别为第 14 名、第 21 名、第 23 名以及山西第 24 名，四省分别下降了 11 位、13 位、5 位和 9 位，更为严重的是这四个省的经济增速都低于全国平均水平尤其是低于南方部分省份的发展速度，东北三省与山西 2016—2017 年 GDP 增速分别为 -2.5% 与 4.2%、6.1% 与 6.4%、6.9% 与 5.3%、山西 4.5% 与 7%，而广东、福建、浙江、海南 2016—2017 年 GDP 增速分别为 7.5% 与 7.5%、8.4% 与 8.1%、7.6% 与

---

① 数据来源于国家统计局国家数据，见 https://data.stats.gov.cn/。

7.8%、7.5%与7.0%，两大区域间经济平均增速差距同样在3个百分点左右。另一方面，天津、内蒙古、河北以及山东都面临较为严重的发展转型问题，2018年天津与内蒙古等地已经承认经济数据造假①。山东与南部发达省份的差距也在拉大，与广东的差距由2008年的5860亿元扩大到2017年1.72万亿元，与江苏的差距由50亿元扩大到1.32万亿元；一般公共预算收入，与广东的差距由2008年的约1350亿元扩大到2017年的约5200亿元，与江苏的差距由约770亿元扩大到约2100亿元②。河北作为生产水泥、钢铁等严重过剩产业的省，也面临巨大的保持经济可持续增长压力。

因此，东西部地区的区域差距正在逐渐缩小，且西部部分省份的发展势头良好，东西问题在中国区域发展格局中正处于稳步缩小的状态，而南北区域差距正在逐渐拉大且北部省份面临越来越大的增长压力和越来越多的发展问题，南北问题正在取代东西问题逐渐成为中国区域发展战略面临的重大经济地理格局问题。

三、战略导向上，单一经济指标弱化而综合质量指标强化，区域发展战略的质量要求在提高

改革开放以来，区域发展战略的主要思路是通过激发地方发展经济动力来实现整体经济的快速增长。除了经济指标外，其他指标在整个战略中的地位并不高。随着经济快速发展，其他问题比如发展效率低下与环境污染问题日益突出。摈弃单一的经济指标转而选取综合性的包含生态环境与发展质量的指标作为发展目标是这40年区域发展战略演变的一个显著特征。

在环境保护指标方面，中国区域发展战略经历了由不重视环境保护到重

---

① 其中天津滨海新区公开承认滨海新区GDP存在水分，主动将2016年全区万亿GDP调整为6654亿元。内蒙古自治区党委在2018年1月3日内蒙古经济工作会议承认：经审计部门核算后，内蒙古调减2016年一般公共预算收入530亿元，占总量的26.3%；核减2016年规模以上工业增加值2900亿元，占全部工业增加值的40%。

② 更为严重的是，作为全国经济总量前三的山东省自2016年后已经无法保证自身财政收支平衡，需要依靠中央财政转移支付维持运行。

视环境保护再到重视生态文明的转变。1978 年，中央政府就提出"消除污染，保护环境，是一件关系到广大人民健康的大事，必须引起高度重视，并制定环境保护的法令和条例"，但是此时提出的环境问题更多是个别企业的污染问题而非整体环境问题，更不是发展理念上的问题，比如 1979 年提出"新建工程必须解决好环境保护问题，现有企业的环境污染问题也要认真负责地有步骤地切实解决"。此后，1990 年中央政府提出"切实加强环境保护，也是我国的一项基本国策"，这是我国我一次提出将环境保护作为基本国策。1992 年和 1994 年分别提出环境保护与经济建设协调发展和把环境保护纳入地方经济和社会发展计划。2000 年首次在环境保护基础上进行生态建设，2001 年将生态建设列在环境保护之前，2005 年第一次提出建立生态补偿机制，2007 年提出"建设生态文明"，生态与环境概念首次融为一体，2010 年印发《全国主体功能区规划》，2015 年将绿色发展作为五大发展理念之一提出，2017 年提出"建设生态文明是中华民族永续发展的千年大计"并把生态文明建设写入党章。在绿色指标权重逐渐提高的背景下，中国区域经济发展的绿色属性也逐渐提高，根据相关绿色 GDP 研究文献，1997 年中国绿色 GDP 指数为 79.58，2007 年上升至 81.12，2013 年则继续上升至 84.69①。同时，根据 2017 年国家统计局、国家发展和改革委员会、环境保护部和中央组织部联合发布的《2016 年生态文明建设年度评价结果公报》可以发现，31 个省、自治区、直辖市的绿色发展指数都已经超过 75。绿色发展已经成为我国区域经济发展的一项重要约束。

在发展质量指标方面，发展速度长期是我国区域发展战略追求的目标，1978 年与 1980 年的政府工作报告分别指出"我们具备了一切必要条件，来加快经济发展的速度"和"千方百计发展生产"，此后加快经济发展一直是我国区域发展战略的第一目标，直到 1996 年中央政府提出要转变经济增长

---

① 沈晓艳等：《1997—2013 年中国绿色 GDP 核算及时空格局研究》，《自然资源学报》2017 年第 10 期。

方式，其中明确提出"经济增长方式从粗放型向集约型转变……经济增长方式转变，要处理好速度和效益的关系，提高经济整体素质和生产要素的配置效率，注重结构优化效益、规模经济效益和科技进步效益……转变经济增长方式归根到底要靠加快科技进步，提高劳动者素质"。随后十年，转变经济增长方式与调整经济产业结构成为区域发展战略的重点之一，在这个过程中，党中央顺势提出了科学发展观，在 2007 年党的十七大报告中将转变经济增长方式调整为转变经济发展方式，转变经济发展方式已经成为共识，但是如何实现这一转变目标并没有形成具体的发展路径。这一路径是在 2012 年后的经济发展实践探索中逐渐形成，党的十八大以来，以供给侧结构型改革和"五大发展理念"为核心的具体经济发展思路逐渐形成，经济发展的目标也明确为实现高质量发展。在追求经济发展质量的导向下，我国区域经济的增长动力也在不断发生变化，改革开放以来，东部、中部、西部地区的全要素生产率（TFP）年均增长率虽然存在差距，分别为 3.1%、0.9% 与 2.3%，但是三大区域的技术进步对经济增长的贡献都呈现增加态势，说明我国区域经济的发展质量正处于提高阶段。

单一追求经济发展速度已经不能满足新时代建设现代化经济强国的需求，区域发展战略绿色属性与质量属性的增强也意味着我国不同省份、不同城市未来的经济发展将更加注重经济发展的内涵和质量。

四、发展动力上，外在动力弱化而内在动力强化，区域发展战略的内生性要求增强

对外开放在我国区域发展战略中发挥了重要作用，大量的文献证明外商直接投资（FDI）与对外贸易是东部沿海省份快速发展的直接动力。在 2001 年之前，虽然东部沿海地区实施了对外开放，但是由于这一时期中国没有加入世界贸易组织（WTO），各省的贸易规模并不大。1978 年全国的进出口贸易总额为 344 亿元，2000 年也仅为 39273 亿元，22 年间只增加了 38929 亿元。而自加入 WTO 后，我国进出口贸易总额就呈现飞速增长态势，2001 年

全国进出口贸易总额为 42183 亿元，2017 年达到 277900 亿元，16 年间增加 235717 亿元，是前 22 年增加幅度的 6 倍之多。[①] 其中，东部沿海省份占据了进出口贸易的绝大部分，2017 年仅广东省、上海市、江苏省、浙江省等三省一市的进出口贸易额就已经达到 195300 亿元，占全国进出口贸易额的 70% 以上。然而，过高的外贸依存度对国家经济健康运行会带来较大的不稳定性这一现实已经被大量的文献与现实经济活动所证明。1997 年亚洲金融危机和 2008 年全球金融危机就分别对东南亚地区以及中国的外向型经济产生了巨大的冲击，这对降低国内经济发展风险和社会维持稳定都是不利因素。在这种背景下，中央政府采取了旨在降低外在因素对我国经济影响的扩大内需战略，这一战略包括区域均衡发展、大规模的基础设施投资、补贴居民消费等措施，从这十年的变化来看，我国区域发展的内在动力逐步增强，外在动力的影响逐渐降低，主要体现在：一方面，全国各省对外贸易额与 FDI 变异系数降低，贸易活动的空间分布均衡程度提高[②]。2007 年全国各省进出口贸易总额变异系数为 1.94，2017 年全国各省进出口贸易总额变异系数下降至 1.71；2007 年全国各省出口贸易总额变异系数为 1.98，2017 年该系数下降至 1.85；2007 年全国各省进口贸易总额变异系数为 1.96，2017 年该系数下降至 1.69；2007 年全国各省 FDI 变异系数为 1.46，2017 年该系数下降至 1.42。因此，这十余年贸易活动的空间均衡化程度有所提高，一定程度上降低了贸易因素对整体经济的极端影响。另一方面，根据国家统计局的数据，在推动经济增长的三大需求因素中，货物与服务净出口因素对经济增长的贡献率逐渐下滑，1990 年货物与服务净出口因素对经济增长的贡献率达到 82.9%，而 2006 年该因素的经济增长贡献率下降至 15.1%，到 2014 年继续下降至 4.3%，此后两年更是转为负值，表明外向型因素对经济增长的贡献在逐步下降。与此同时，消费需求的经济增长贡献率却在逐步上升，

---

① 数据来源于国家统计局国家数据，见 https://data.stats.gov.cn/。

② 标准差与平均数的比值称为变异系数，能够衡量变量的分布差异程度。

1978 年消费需求对经济增长贡献率为 38.3%，2007 年该因素的经济增长贡献率已经上升至 45.3%，2016 年已经达到 64.6%，是三大需求因素中 2013 年以来唯一持续保持增长的因素①。

由上可知，40 年来，我国区域经济发展的外生动力对经济增长的影响逐渐降低，而内在动力逐渐增强，区域发展战略的内生性稳步提高。

五、战略的发展机制上，产出权重弱化而成本权重强化，发展战略的可持续发展要求提高

众所周知，改革开放以来绝大部分时间内，区域发展战略的目标都是追求宏观层面的经济增长，对中观层面的产业生产和微观层面的居民生活情况关注较少。

从过去的实际情况分析，以房地产为主导行业的城镇化进程是过去几十年实现区域发展战略经济增长推动作用的主要动力。中国城镇化进程推进速度极快，1949 年，我国城镇化率为 10.64%，1978 年我国城镇化率为 17.92%，30 年间城镇化率仅增加 7 个百分点。改革开放以来，城镇化进程高速推进，2017 年城镇化率为 58.52%，40 年间城镇化率提高了 40.6 个百分点。快速的城镇化进程衍生了规模巨大的建筑与房地产行业，2017 年中国建筑业和房地产业的增加值分别是 55689 亿元和 52851 亿元，分别占 GDP 的 6.73%和 6.5%②。更为严重的是我国的城镇化进程呈现明显的空间城镇化快于人口城镇化特征，2017 年户籍人口城镇化率仅为 42%，低于常住人口城镇化率 16 个百分点，各级政府对城镇化进程所产生的空间效益即土地和房产收益更有兴趣。城乡要素二元结构下存在的土地价格差异赋予了城市土地巨额价值，而这部分价值的绝大部分都被各级政府、房地产企业、房地产投机者攫取，大量的普通居民不仅不能参与这一增值分配过程，相反还要

---

① 国家统计局编：《中国统计年鉴 2017》，见 http://www.stats.gov.cn/tjsj/ndsj/2017/indexch.htm。

② 数据来源于国家统计局国家数据，见 https://data.stats.gov.cn/。

为了获得居住空间而付出一代甚至几代人辛勤劳动的积蓄①。这种发展机制不符合中国特色社会主义共同富裕的目标，同时土地和房产作为重要的生产与生活资料，其过高的价格对整个国民经济体系的可持续发展会带来巨大的负面影响。

导致这一现象出现的原因在于房地产行业的畸形发展，而房地产行业的畸形发展与政府的土地制度具有紧密联系。一方面，政府人为地控制住房用地供给规模，2010年全国房地产用地供应15.42万公顷，2011年全国房地产用地供应为16.91万公顷，2013年则上升至20.32万公顷。随后房地产用地供应面积开始大幅度下滑，2017年全国房地产用地供应面积锐减至11.5万公顷，仅为2013年20.32万公顷的56.6%，房地产用地占国有建设用地供应面积的比例已经由2013年的27.40%下降至2016年的20.75%。另一方面，政府土地供给制度存在空间扭曲现象，即控制发展水平高和急需土地城市的土地供给规模而加大对中西部地区很多发展水平不高且吸引人口能力不强城市的土地供给规模。2003年中西部地区土地供给规模仅占全国土地供给规模的29.5%，东部地区土地供给规模占全国土地供给规模的70.5%，随后中西部地区土地供给规模不断增加而东部地区土地供给规模则不断下降，2010年中西部土地供给规模占全国土地供给规模的45%，2013年上升至62%，而东部地区土地供给规模占全国土地供给规模已经下降到38%②。因此，在人口不断向东部地区集聚的前提下，继续压缩东部地区的土地供给规模而加大中西部地区土地供给规模这一机制导致东部地区的生产与生活成本越来越高而西部地区的债务危机越来越严重，这极大地影响了整体经济发展的可持续性。

为了降低房地产价格高速上涨所形成的高昂发展成本，在"房子是用

---

① 著名经济学家樊纲的"六个钱包"说形象地说明过高的房产价格给普通居民家庭带来的沉重压力。"六个钱包"说指的是一对夫妻可以用六个钱包来付首付，六个钱包分别是指父母算一个钱包，爷爷奶奶一个钱包，姥姥姥爷一个钱包，以及爱人的姥姥姥爷、爷爷奶奶和父母各算一个钱包。

② 数据来源于自然资源部统计公报，见 www.mnr.gov.cn/sj/tigb。

来住的，不是用来炒的"的精神指导下，中央政府一方面采取了提高大城市土地供应规模和允许建设用地指标跨省交易等措施来增加大城市的土地供给规模从而降低大城市的生活生产成本，如 2018 年出台《跨省域补充耕地国家统筹管理办法》、《城乡建设用地增减挂钩节余指标跨省域调剂管理办法》等文件，允许不同省份交易城乡建设用地指标。另一方面，中央政府也开始探索房产制度改革，比如推出共有产权房、允许农村集体土地入市等，降低土地要素价格和房产商品价格从而最终降低经济发展的成本。

经济发展的可持续性很大程度上取决于发展成本的高低与增速尤其是核心区域的发展成本，区域发展战略应该最大限度地提高发达区域的发展上限和欠发达区域的发展潜力，这就需要区域发展战略继续完善发展机制、权衡发展产出与发展成本的空间分布效益，降低区域经济发展的成本从而保障区域经济发展的可持续性。

六、战略的作用对象上，单一对象指向弱化而多重对象指向强化，发展战略的全面性要求增强

改革开放以来，我国区域经济发展战略的重心始终在城市。1982 年的政府工作报告就提出要制定"以大中城市为中心的区域发展规划"，1987 年中央政府强调"大城市是全国或区域性的经济、政治、文化中心，担负着从各方面支援全国或地区经济建设的重要任务"，1997 年提出"要按照市场经济规律，以中心城市和交通要道为依托，进一步形成和发展若干突破行政区划界限的经济区域"。可见，城市地区尤其是大城市地区在很长一段时期内是中国区域发展战略的重点地区，大城市的经济发展也取得了较大成就，2019 年，中国已经有 17 个 GDP 超过 1 万亿元的城市。然而，区域发展战略的最终目标是实现整体空间的共同富裕与均衡发展，仅将大城市作为区域发展战略作用对象的实施思路无法实现这一目标。因此，进入 21 世纪以来，区域发展战略的作用对象已经逐渐由单一对象转变到多重对象，主要增加了包括如下三个方面的内容。

第一，增加了农村地区对象。在所有不同类型的作用对象中，农村地区长期在中国区域发展战略中的缺席是制约整体区域经济健康发展的首要因素。很长一段时间内，农村地区在整个区域发展战略中是缺失的，政府或者学术界将解决农村发展问题希望寄托于城镇化或者农业自身的产业升级，几乎没有从区域发展战略角度来考虑解决农村问题的。实际上，农村地区不仅是中国区域经济格局的重要组成部分，且其空间范围比城市地区更为广阔，2016 年全国所有城市的城区面积仅为 19.8 万平方公里、建成区面积更是只有 5.4 万平方公里，仅占全国国土面积的 0.57%①。可以明显发现中国绝大部分空间范围都是农村地区且这一现象基本上不会出现根本性地变化②，因此，必须在区域发展战略中考虑农村地区，将农村地区纳入空间规划中，与城市空间互补互助，形成良性的空间互动与健康的空间结构。这一思路已经在 2017 年的乡村振兴战略中被体现。实际上，农业部在 2018 年党和国家机构改革中被改为农业农村部也意味着农业问题的解决不能只依靠农业、只依靠产业经济学，还必须凸显"农村"这一空间属性，运用区域经济学思路解决农村问题。

第二，增加了中小城镇对象。在中国的城镇体系中，中小城市的数量远远多于大城市，截止到 2017 年，市辖区 100 万人口以下的城市有 140 个、1726 个县和县级市、20883 个镇。过于重视大城市而忽视中小城市的发展思路只会导致区域与城市经济格局的马太效应。针对这种局面，21 世纪以来，中央政府不断提高中小城镇在区域发展战略中的地位，2000 年中央政府提出"加快小城镇建设，是经济社会发展的一个大战略"，2002 年中央政府即进一步强调要"发展小城镇，繁荣小城镇经济"，2010 年又提出"加快小城

---

① 国家统计局编：《中国统计年鉴 2017》，见 http://www.stats.gov.cn/tjsj/ndsj/2017/indexch.htm。

② 根据习近平总书记对中国基本国情和城镇化进程的判断，70% 的城镇化率就已经是中国城市吸纳农村人口的极限了。按照这一比例测算，到城镇化进程结束之时，城市的空间范围仍然远远小于农村地区，因为城市地区的人口密度是农村地区人口密度的十倍甚至百倍以上，两倍的城镇人口所集聚的城市空间范围仍然远远小于农村。

镇建设，壮大县域经济"。21 世纪的头十年，中国区域发展战略不断地加大对小城镇建设的重视程度，但是在这个过程中，由于缺乏合理的规划，中小城镇遍地开花，很多没有支柱产业的中小城镇很快成为了"空城"，造成极大的资源浪费并带来了严重的债务危机。为了解决这一问题，中央政府开始强调中小城市与大城市的协调发展，将大中小城市作为一个完整的空间系统予以考虑，2010 年中央政府提出"坚持走中国特色城镇化道路，促进大中小城市和小城镇协调发展"，2012 年进一步指出要"优化全国生产力布局，形成合理的城镇体系和与国土规模、资源分布、发展潜力相适应的人口布局"，2015 年提出要"制定实施城市群规划，有序推进基础设施和基本公共服务同城化……控制超大城市人口规模，提升地级市、县城和中心镇产业和人口承载能力"。可以发现，中小城镇在中国区域发展战略中的地位逐渐提升，从被忽视到作为重要组成部分，最后和大城市一道作为整个区域发展战略中相辅相成、密不可分的组成部分，中小城镇将会在未来的区域经济发展中发挥更大的作用。

第三，增加了特殊地区对象。除了农村地区和中小城镇外，中国区域发展战略也加大了对一些特殊地区的重视程度。2003 年中央政府提出"支持以资源开采为主的城市和地区发展接续产业"和"支持革命老区和少数民族地区加快发展"，2005 年则将边疆地区和贫困地区纳入整体区域发展战略，2011 年提出"坚持陆海统筹，推进海洋经济发展"。

由上可知，40 年来，中国区域发展战略的作用对象由单一的大城市指向转为包含多重不同作用对象的发展战略，这种变化反映了党中央始终坚持党的宗旨并不断根据时代变化来科学地调整整个战略的作用对象体系，这极大地保障了区域发展战略作用的科学性、系统性和全面性。

七、战略的地位上，多变属性弱化而连续属性强化，区域发展战略的稳定性要求增强

实现发达区域的引领发展、后发区域的快速发展以及整体区域的均衡发

展是区域发展战略三个具体目标。然而，在现实经济活动中，实现区域发展难度相当大，它不仅需要合适的外部机遇，比如稳定和平的世界局势、开放自由的国际经济环境、稳定积极的产业转移浪潮等，更需要长期和稳定的内部发展规划来实现区域发展。在很长一段时间时间内，中国的区域发展战略并不稳定，其表现在如下三个方面。

第一，发展规划制定不科学。发展规划是区域发展的基础，规划制定水平的高低直接影响区域发展的质量。制定科学的发展规划并非易事，这要求规划制定部门对国际、国内和城市自身的当前的发展情况以及未来的发展趋势具有清晰的认识。北京城市发展规划对北京人口的屡次预测失误能够证明保障规划科学性的难度：《北京城市建设总体规划方案》（1982 年）将北京2000 年人口目标制定为常住人口 1000 万，结果 1986 年北京常住人口就已经突破 1000 万；随后在《北京城市总体规划（1991 年至 2010 年）》（1993年）中将 2000 年北京常住人口目标设定为 1160 万，结果 2000 年北京常住人口达到 1382 万之多；紧接着在《北京城市总体规划（2004 年—2020年）》（2004 年）中将 2020 年北京常住人口目标设定为 1800 万，结果 2010年北京常住人口就已经达到 1961 万。因此，保障发展规划的科学性难度较大，这就要求决策部门高度重视发展规划的制定环节，追求发展规划的科学性而不是模仿或者简单借鉴其他国家或地区的发展规划。

第二，地方发展规划不稳定。个体区域的发展是整体区域发展的基础，中国地方发展存在极为明显的多变特征，地方发展规划不稳定，这种情况极易造成运动式的发展和重复性的建设最终导致资源的大量浪费，我国过去的发展情况已经证实了这一点①。

第三，区域发展战略缺乏制度约束。区域发展战略之所以缺乏长期性和

---

① 根据国家发展和改革委员会城市和小城镇改革发展中心（中国城市和小城镇改革发展中心）发布的《2016 中国新城新区发展报告》，我国已经有县及县以上的新城新区超过3500 个，县以下的各类产业园上万计，规划人口之和达到 34 亿人，其中大量的新城处于"空城"状态，人口和产业都远远达不到当初设定的发展目标。

稳定性，一个关键因素在于约束性制度和战略绩效评估机制的缺失。一方面，近 20 年来，中央政府制定或批准了许多区域规划，但这些规划没有统一的法律基础比如《区域关系法》和《区域规划法》来发挥约束作用，也就很难保证这些规划能产生预期作用。另一方面，中国的区域发展规划也没有事前、事中与事后的评价机制，中央政府制定了许多区域政策，同样没有评价机制，西部大开发与东北地区老工业基地振兴实施十余年来的成本与收益到底是多少？由中央部委执行的政策产生了多少效果？战略绩效评估机制的缺失是区域发展战略缺乏长期约束力从而丧失稳定性的重要原因。

保障区域发展战略的约束性对于实现区域发展战略的效果具有重要作用，党的十八大以来，提高区域发展战略稳定性已经逐渐成为共识。

首先，中央政府开始重视发展规划的科学性，习近平总书记指出，"规划科学是最大的效益，规划失误是最大的浪费，规划折腾是最大的忌讳"①，强调规划的科学性已经成为各种区域发展战略的首要条件。实际上，党的十八大以来的各项区域发展战略比如京津冀协同发展规划、北京城市总体规划、雄安新区发展规划、粤港澳大湾区发展规划都经过了多轮反复修改并提升至中央层面进行审议，保障规划的科学性已经是区域发展战略的基础环节。

其次，中央政府开始重视发展规划的约束性。由于区域战略的对象是区域，其空间载体属性涉及国土、土地、城市、经济、产业等多个不同领域的内容，而这些领域都各有规划，这些规划之间的冲突是导致中国区域发展战略难以持续和稳定的重要原因。针对这种情况，习近平总书记在 2013 年 12 月中央城镇化工作会议上强调要建立一个统一的空间规划体系、要有钉钉子精神、要一张蓝图干到底，区域发展战略的统一性与约束性由此体现。

最后，对发展战略的发展目标设定更为清晰。以 2003 年和 2016 年两次

---

①　2014 年 2 月，习近平在北京考察，在北京市展览馆发表讲话，见 http://www.xinhuanet.com/politics/2015-12/20/c_ 128549102.htm。

东北振兴战略的目标进行比较，2003 年《中共中央　国务院关于实施东北地区等老工业基地振兴战略的若干意见》提出，东北振兴的目标是"经过一段时间坚持不懈的努力，要将老工业基地调整改造、发展成为技术先进、结构合理、功能完善、特色明显、机制灵活、竞争力强的新型产业基地，使之逐步成为我国经济新的重要增长区域"，而 2016 年《中共中央　国务院关于全面振兴东北地区等老工业基地的若干意见》则将东北振兴目标具体为："到 2020 年，东北地区在重要领域和关键环节改革上取得重大成果，转变经济发展方式和结构性改革取得重大进展，经济保持中高速增长，与全国同步实现全面建成小康社会目标。产业迈向中高端水平，自主创新和科研成果转化能力大幅提升，重点行业和企业具备较强国际竞争力，经济发展质量和效益明显提高；新型工业化、信息化、城镇化、农业现代化协调发展新格局基本形成；人民生活水平和质量普遍提高，城乡居民收入增长和经济发展同步，基本公共服务水平大幅提升；资源枯竭、产业衰退地区转型发展取得显著成效。在此基础上，争取再用 10 年左右时间，东北地区实现全面振兴，走进全国现代化建设前列，成为全国重要的经济支撑带，具有国际竞争力的先进装备制造业基地和重大技术装备战略基地，国家新型原材料基地、现代农业生产基地和重要技术创新与研发基地"。可以发现，2016 年的东北振兴战略所设定的战略目标更为具体，量化难度更低且具有明确的战略计划时间安排。

从这七个方面的演变分析发现，不同阶段的区域发展战略既有区别，又有联系，区别是表面的，而联系是根本的。这种联系主要体现于区域发展战略内涵的不断深化。

第一，战略主体上，由个体到总体到整体。从区域发展战略四个阶段的演变分析，区域发展战略的主体经历了由个体到总体，再到整体的演变过程。在区域均衡和非均衡发展战略阶段，区域发展战略的主体都是个体区域，尤其是非均衡发展战略阶段，强调个体区域的发展速度和优先发展是这一阶段区域发展战略意图的主要体现。随着部分区域的快速发展，区域差距逐渐拉大，区域发展总体战略开始重视不同区域间的发展均衡问题并出台了一系列试图缓解区域间发展差距的战略举措，不同区域在缩小区域差距的总体方针下，共同纳入一个区域发展框架中，但是不同区域的发展仍然各自为政，相互之间没有建立起互相依赖、互为臂助、各有所长的联系。而区域协调发展战略的目标正是希望在不同区域间建立起紧密的基于比较优势的产业分工体系，实现不同区域的整体和一体化发展。这也反映了 70 年来，区域发展战略主体由独立发展的个体区域演变为具有简单联系的总体区域，最终成为具有紧密联系的整体区域的过程。这也说明我国的区域发展战略越来越重视地方经济、区域经济与国家经济的有机统一性。

第二，战略目标上，由国防安全到经济效率到五位一体。区域发展战略的目标在过去 70 年也发生了重大转变，从区域均衡发展战略阶段的国防安全为第一目标，到区域非均衡与总体发展战略阶段的以经济发展速度为第一目标，再到区域协调发展战略阶段以经济、政治、社会、生态、文化等五位一体为发展最高目标，这一过程充分表明我国的区域经济发展目标经历了从"非经济化"到"唯经济化"，再到"超经济化"的变化过程。从区域均衡阶段的单一国防安全目标转变为区域非均衡阶段的单一经济速度目标，这是一种进步；从区域非均衡阶段的单一经济速度目标转变为区域总体发展阶段的经济与生态目标并重，比如 2007 年提出的生态文明、"十一五"规划提出的主体功能区概念，也是一种进步；从区域总体发展阶段的经济与生态目标并重转变为区域协调发展阶段的五位一体综合配套发展更是一种进步，充分表明我国区域经济发展越来越重视经济发展过程的综合性与高质量。

第三，战略对象上，由地理区位到行政区域到经济区域。在不同类型区域发展战略的背景下，区域发展战略的作用对象也发生了巨大变化。区域均衡发展战略主要根据区域所属的地理区位不同，如内陆与沿海、山地与平原等属性选择产业布局的对象。区域非均衡发展战略的作用对象仍然着重于区域的地理区位属性，比如这一阶段优先发展的地区多为沿海地区。区域总体发展战略的作用对象则已经开始以单个的行政区域作为研究对象，其覆盖范围和精准程度有所提高，但是区域发展仍然受到行政区主体的约束。直到区域协调发展战略开始以经济区域为作用对象，强调区域经济应该合作发展，跨越行政区主体利益的束缚，真正实现区域经济一体化发展，就如习近平总书记所言，要打破自家"一亩三分地"的思维定势。① 因此，从地理区位到行政区域，再到经济区域，区域发展战略作用对象的演变历程也表明我国的区域经济发展越来越强调发挥区域经济规律对现实空间的绝对配置作用，打破行政区域壁垒，实现区域经济的一体化发展。

第四，战略形态上，由被迫封锁到局部开放再到全面开放。1949 年后，由于当时的国际政治形势所限，我国处于被西方发达资本主义国家完全封锁的环境中，整个国家的对外经济交往局限于社会主义国家阵营内部，甚至于 20 世纪 60 年代同时遭到了两大阵营的封锁，长期处于被迫封锁的状态。在这种背景下，区域经济的发展形态只能是封闭型的。进入区域非均衡发展阶段和区域发展总体战略阶段尤其是自 2001 年加入 WTO 后，我国的区域经济发展形态迅速转变为对外开放型，沿海地区率先走上了对外开放的道路，并快速融入全球产业和价值链，取得了迅猛发展。这种局部开放的区域经济形态在进入区域协调发展战略阶段后，进一步升级为全面开放形态，正如习近平总书记反复强调的，中国对外开放的大门不会关闭，只会越开越大一样，包括 1 个自由贸易港和 21 个自由贸易试验区的全面开花再次证明，我国的区域经济发展无比重视与世界经济的关联性，也越来越强调自身对世界经济增长的责任。

第五，战略动力上，由自身循环到外生出口到内生创新。在区域经济发展动力演变过程中，区域均衡阶段的发展动力是依靠自身经济循环尤其依靠城乡之间的剪刀差，这一发展动力随着出口贸易在区域非均衡和总体发展阶段对经济增长不断上升的作用而逐渐弱化，直到 2006 年农业税取消后，几

---

① 《习近平在京主持召开座谈会　专题听取京津冀协同发展工作汇报》，2014 年 2 月 27 日，http://politics.people.com.cn/n/2014/0227/c70731-24486624.html。

乎完全消失。对外出口成为了我国区域经济发展的重要动力，地区外向型程度的高低在很长一段时期内决定了地区经济发展的水平。然而，2012 年以来，贸易保护主义和逆全球化思潮在部分国家开始抬头，这一时期不断出现针对我国经济与产业体系的攻击，给我国经济利益带来了巨大的损失。同时，习近平总书记指出，创新是民族进步的灵魂，是一个国家兴旺发达的不竭动力。① 也正是基于这种思想和背景，我国区域协调发展战略已经将创新作为经济发展的根本动力，数个重大的区域战略如粤港澳大湾区、雄安新区、长江经济带、中国特色社会主义先行示范区、上海大都市圈等重要定位都是创新。这种转变也充分表明我国的区域经济发展越来越强调内生创新的动力。

第三节 区域发展战略转型的内在本质

上文从时间顺序上对区域发展战略的演变历程和特征展开了分析，但是并没有对这一转变的内在逻辑进行研究。实际上，我国的区域发展战略转型具有显著和深刻的时代特征，可以分为三个大的阶段：空间布局、地方竞争和区域协调。每一个阶段的区域发展战略都有其内在的时代需求和运行逻辑，而每一次转型也无一例外是内外部发展环境发生了重大变化。

一、第一阶段的区域发展战略的实质：空间布局（1948—1977 年）

生产力布局是生产力要素的空间组合，是一种通过要素在空间上的不同配置结构实现经济发展的思路②。改革开放前，我国生产力布局的形式与方法大多来源于具有计划经济特色的苏联模式。这种模式的主要做法包括：（1）通过计划经济手段实现生产力在空间上的均匀布局从而实现全国不同

---

① 习近平：《在欧美同学会成立一百周年庆祝大会上的讲话》，2013 年 10 月 21 日，见 http://politics.people.com.cn/n/2013/1021/c1024-23277753.html。

② 刘镇：《论生产力布局中的计划经济与市场调节问题》，《当代财经》1991 年第 5 期。

区域间的均衡发展目标；（2）高度重视欠发达地区的发展并加大对此类地区的投资建设力度，使不同区域间的发展水平迅速缩小；（3）在生产力均匀布局过程中，应该在保证产业布局与地区禀赋优势相契合的基础上强调不同地区间的合理分工关系，实现专业化和协作化的统一；（4）在产业布局过程中，将成本要素放在首要位置，比如工业的布局应该接近原料、燃料产地和成品消费区，最终的布局结构应该是能够程度降低包括各种成本在内的综合成本的最佳位置；（5）不仅需要考虑国内的生产力布局，也需要考虑国家之间的生产力布局关系；（6）国防安全是影响生产力布局的重要甚至是首要因素。①

从上述内涵可以发现生产力的空间布局思路具有如下特点：国防安全是比经济效率地位更高的约束目标，政府主导生产力和产业的空间布局，个体区域的发展效率并非首要衡量指标。从苏联几十年的实践看，这种生产力空间布局并不只是追求经济发展效率，国防安全可能是绝大多数时期的第一目标。同时，在整个生产力布局过程中，追求不同地区内部产业分工体系的完整性甚至是单个地区产业体系的完整性是比构建合理的区域间分工体系更为重要的目标。因此，生产力空间布局往往没有以经济发展效率最大化为首要目标，也很难完全按照区域比较优势原则进行产业布局，而是经常以国防安全为主要目标，对整个生产力空间布局进行重构。

虽然生产力空间布局模式也追求多种目标，但是国防安全是首要目标，所以往往会为了国防安全而忽略其他指标，政府在整个生产力空间布局中的主导地位无可动摇，这一点在中华人民共和国成立后前30年的生产力空间布局中体现得尤为明显。从1953年的"一五"计划开始，中国政府便着手对沿海和内陆两大区域的生产力布局进行调整。有学者指出："我国从'一五'开始，便以均衡布局为中心，采取措施着手调整工业布局，将国家经

---

① 王殿华：《俄罗斯生产力布局理论的演变及对中国的借鉴意义》，《经济地理》2006年第6期。

济建设的重点放在中西部地区，国家的政策和投资同时向内地倾斜。"① 以苏联援建的旨在帮助我国尽快建立完整工业体系的 156 项援助项目为例，出于国防安全考虑，绝大部分项目都没有在工业和交通更为发达的沿海地区开工，而是落在了中西部地区和东北地区。整个"一五"计划期间，东部地区尤其是沿海地区所占有的基本建设投资总额要明显低于中西部地区。这种做法也证明生产力空间布局战略更加强调区域整体层面的均衡而非个体区域的发展效率。

上述通过政府力量来调整生产力空间布局行为在"三线"建设时期更为明显，由于当时战争爆发的可能性极大，党和国家领导人出于保护工业基础力量的目的，决定实施地区产业转移以及在各地区建立独立的工业体系战略，并进一步要求这一时期在沿海地区不再开工建设新项目，重要的国防尖端项目，要按照"分散""靠山""隐蔽""进洞"的原则向"三线地区"转移，这一原则成为其后一段时期的主导经济建设原则。在"三五"（1966—1970 年）和"四五"（1970—1974 年）计划时期，东部沿海地区的基本建设投资占全国比重在 30% 左右，而对中西部地区的基本建设投资占比则经常超过 70%。②

可见，1949—1977 年，在各种内外部因素的影响下，生产力空间布局战略成为我国区域发展的指导思想并对整个国家的经济地理和产业发展格局产生了巨大的影响。

计划经济时代下存在这样一种流行观点：生产力的空间布局看来只是生产力存在的一种空间形式，因而与生产力的运转完全一致，并无自身的规律。所以人们往往认为，只要生产力各组成部分之间的比例关系调配得当，它们的地理分布就自然而然是合理的；或者认为，人们可以按照某种政治或

---

① 苏雪莲：《党的三代领导核心区域经济发展理论及实践》，《湖北社会科学》2002 年第 11 期。

② 蔡之兵、张可云：《中国区域发展战略的 60 年历程回顾：1953—2013》，《甘肃社会科学》2015 年第 2 期。

社会理想制作某种生产力分布原则而不致妨碍它的运转①。然而，多年的生产力空间布局实践表明：按照某种政治或社会理想制作某种生产力分布原则如果不符合经济规律，最终还是会影响经济发展的效率。这是因为以前 30 年甚至是以现在的技术条件是无法支撑中央政府恰当处理海量经济数据信息的，更无法在处理区域间经济关系、产业关系、要素关系上保证绝对的科学和公平，从而无法激励所有地区和经济主体的积极性，最终影响经济发展的效率。

因此，虽然生产力空间布局战略在加速后发地区发展、缩小区域经济差距、保障国家经济产业安全等目标上都取得了一定成效。但是归根结底，区域发展是一种必须追求发展效率的经济活动，它的运行、发展、健康固然需要政府力量的引导和辅助，但是在绝大多数情况下至少在当前的管理和信息处理技术条件下，让市场发挥决定性的作用可能比政府的完全主导生产力空间布局这一思路更能促进区域经济的发展。

二、第二阶段的区域发展战略：地方竞争（1978—2011 年）

随着计划经济的弊端逐渐显现，改革开放后，地方竞争模式取代了中央政府主导下的生产力空间布局战略，将经济发展部分自主权赋予地方政府，通过地方政府间的激烈竞争，整个中国的经济地理格局都迅速发生了巨大的变化。

（一）两种类型的地方竞争

在 1978 年以来的中国经济崛起过程中，有两种不同类型的地方竞争即国家层面的竞争以及地区之间的竞争共同发挥了作用。国家层面竞争的含义是后发国家间为获得发达国家的资金、技术、产业转移而展开的竞争。从世界经济历史分析，除了产生工业革命的英国之外，任何一个后发国家的崛起

---

① 陆卓明：《现代生产力地理分布的规律与我国生产力布局的原则》，《北京大学学报（哲学社会科学版）》1985 年第 3 期。

都离不开当时先发国家的资金与技术支持，如英国之于德国和美国、美国之于苏联、美国之于西欧与东亚。① 因此，如何在数目众多的后发国家脱颖而出从而吸引发达国家的技术与资金是国家层面竞争的主要含义。地区之间的竞争指的是国内地区间在经济发展领域展开的竞争行为。

国家竞争与地方竞争两者并不是互相替代而是相辅相成的关系。首先，从区域的本质分析，国家和地方都是不同类型的"区域"，两者的空间本质是一样的。在世界经济发展过程中，国家之间的地位都是平等的，国家竞争与国家内部的地方竞争并无显著不同，都强调区域内部政府的行政主体性和发展能力、都重视区域内部制度和基础设施的质量、都面临其他区域的激烈竞争。两种竞争都可以被视为"地方"竞争，前者是全世界经济视角下，以国家为单位的"地方竞争"，而后者则是以国内单个行政区展开的"地方竞争"。其次，国际层面的"地方竞争"能够加速国内的"地方竞争"。这是因为：赢得国家层面的竞争意味着能够吸引大量先发国家的技术与资金要素流入，这些要素是国内不同地区加速发展的前提条件，国家层面能够吸引的各种要素越多，国内地方经济的发展速度就越快。最后，国内层面的"地方竞争"也会促进国际层面的"地方竞争"。归根结底，国家在世界经济体系中的竞争力是由其内部一个个行政区域所贡献的，国内激烈而充分的地方竞争能够形成最有效率的发展模式、最具吸引力的制度、最富竞争力的城市，这些都是保证国家在世界经济层面竞争获胜的前提。

（二）两种地方竞争发挥作用的历程及其内在机理

在改革开放以来的 40 年，中国经济之所以能够取得如此幅度的进步，与两种地方竞争长期发挥作用是密不可分的。

在国家竞争方面，一方面，在与发达国家建立的经济结构联系中，中国与西方发达国家经济产业结构的互补性在绝大多数时期内都非常明显。以中

---

① 杨德荣、刘东珍：《论技术转移》，《四川大学学报（工程科学版）》1985 年第 1 期；尹秀芝：《美国扶植与日本经济的崛起》，《求是学刊》2000 年第 3 期；王文玫：《浅析韩国的利用外资政策》，《世界经济文汇》1993 年第 1 期。

美与中日产业结构为例，美日两国长期是中国外资来源规模最大的两个国家之一，在很长一段时期内，中国与这两个国家的产业结构呈现高度的互补性。根据王宾荣、王久乐（2016）测算中、美、日出口结构相似度结果，发现中日之间出口结构相似度始终保持较低水平且长期稳定，2015 年中日出口结构相似度为 51.42% 且 2002 年以来中日出口结构相似度仅仅提高6.9%，而中美之间的出口结构的相似度虽然水平较高，但是提升速度也较慢。2016 年中美出口结构相似度为 74.39%，但是 2002—2016 年中美出口结构相似度仅仅提高 2.4%，换言之，中国加入 WTO 后第一年的与美国出口结构相似度与 15 年后两国的出口结构相似度几乎没有太多变化。① 实际上，美国作为世界上最大的能源出口与农产品出口国，在某些初级产业与中国中低端的产业结构的确有相似之处，但是在核心的高级制造业与服务业，中美之间产业结构的差距仍然非常明显。因此，即使中国自改革开放以来的产业结构水平不断提高，与发达国家在全球产业体系中的竞争也逐渐加剧，但是与西方发达国家的互补性至少是绝大部分时期内的互补性仍然非常明显。另一方面，在与欠发达国家进行竞争的过程中，中国保持了较长的比较优势期，以劳动力成本这一指标为例，根据联合国工业发展组织（UNIDO）公布的《国际工业统计年鉴》数据，中国制造业单位劳动成本在 1995 年显著低于印度、斯里兰卡、越南、菲律宾、马来西亚等主要竞争国，此后中国劳动力成本开始上升，于 2004 年超过印度、2005 年超过斯里兰卡、2009 年超过马来西亚、2010 年超过菲律宾、2013 年超过越南。② 虽然中国制造业劳动力成本已经高于主要竞争国，但是由于此前劳动力比较优势持续时期较长且所吸引的产业集聚已经形成较大的路径依赖优势，在与其他国家的竞争过程中，中国仍然占据了较大优势，但是目前也面临越来越大的挑战。

地区竞争方面，由于中国行政区划较为稳定且层级与数量较多，成千上

① 王宾容、王久乐：《国际产业结构趋同与中美贸易摩擦动因》，《首都经济贸易大学学报》2016 年第 6 期。

② 数据来源于联合国工业发展组织 https://www.unido.org/researchers/statistical-databases。

万个行政区域在经济领域自发地展开激烈竞争，这种竞争主要通过如下三种渠道促进经济发展。首先是大规模的基础设施建设，在决定产业与企业布局的因素中，基础设施的完善程度由于能够影响产品的生产成本和提高企业对人才的吸引力从而成为各级政府关注的首要任务，大规模且不断升级的基础设施带来了巨大的投资从而直接拉动了 GDP 水平的提高，中国之所以成为世界第一大钢铁、水泥、能源消耗国，与各地区在这一领域展开的激烈竞争具有紧密关系。其次是大规模的产业引进，基础设施建设能提高 GDP，但是并不能直接提高经济与产业的发展层次与质量，在中国的地方竞争中，由于财权与事权不匹配的原因，通过吸引产业来解决就业、提供税收与发展经济成为了各级政府的重要职能，招商引资与招商部门在很长一段时间内成为各级政府的核心任务与部门，中国沿海很多县市在 20 世纪 80 年代展开了疯狂的招商引资竞争。而大规模的招商引资结果就是中国的实际利用外资额从 1982 年的 22 亿美元快速上涨至 1997 年的 644 亿美元，年均增长率超过 25%。最后是地方政府对中央政府产业发展意图的集体响应机制，每当中央出台某项产业规划后，地方政府就会集中发展此项产业，从 20 世纪 80 年代的彩电产业到 90 年代轻纺产业再到 21 世纪头 10 年的光伏产业莫不如此。在这种集体响应机制下，中国的产业发展往往呈现大规模空间组团发展特征，虽然发展效率不一定高，但是往往会在产业集聚与技术门槛的突破上取得较好效果。

（三）新时代下两种地方竞争面临的困境

国家层面的地方竞争为中国的发展吸引了外部动力而内部的地方竞争则放大了这一动力，这是中国改革开放以来经济持续发展的关键原因。然而，随着经济发展水平的提高，尤其是进入到新时代后，国家发展的内外背景以及发展目标都已发生了深刻变化，两种地方竞争都面临巨大的可持续压力。

国家竞争层面，一方面，与发达国家层面的互补性逐渐转向竞争性，虽然中国整体发展水平远远没有赶上世界主要发达国家尤其是制造业发达国家的水平，但是毋庸置疑，中国部分产业或企业已经与这些国家的同一产业或企业在同一价值链位置上展开了竞争，跨太平洋伙伴关系协定（TPP）谈判以及 2018 年中美贸易摩擦已经表明中国的产业结构对西方发达国家产生了威胁。实际上，美国对中国的外商投资额已经从 2010 年的 30.2 亿美元的峰值下降到 2016 年的 23.9 亿美元；日本对中国的外商投资额也已经由 2012 年的 73.5 亿美元的峰值下降到 2016 年的 30.9 亿美元。可以预见的是随着中国产业结构在全球价值链中的位置不断提高，中国在当前由西方发达国家主导的贸易体系下与这些国家的竞争会逐渐加剧。另一方面，与欠发达国家的竞争性也在加剧，中国综合制造成本已经超过大多数欠发达国家，部分中低端制造业已经开始由中国向东南亚转移。以纺织产业为例，2008 年以来，随着中国大量纺织企业向东南亚迁移，2016 年东南亚棉纱净进口量为 74.09 万吨，是 2008 年的 16.5 倍；服装净出口额为 145.7 亿美元，是 2008 年的 3.27 倍。[1] 中低端制造业的过快流失对当前尚未完成工业化的中国是非常危险的，2016 年中国受过本科教育的居民总数占全部人口比重仅为 5.6%，在仍然有数亿人没有接受过高等教育劳动力的情况下，中低端产业的过早流失对整个社会的稳定是一个巨大考验。[2] 因此，国家层面的竞争形势已经发生了巨大变化，急需新的区域协调机制发挥作用。

地区竞争层面，地区间的竞争促进经济增长的同时也产生了较多的负面效应。一方面，地方竞争发展模式导致了周期性的产能过剩[3]。改革开放以来的 40 年，中国已经发生了四轮产能过剩，每隔 10 年就会产生一次产能过剩周期，每轮产能过剩周期都遵循重复建设—原料大战—产能过剩—市场封锁这一过程，这种周期性的产能过剩导致了大量的资源浪费，已经不符合我国各种要素资源比较紧张的基本国情，也不符合新时代下建设现代化经济体系与实现高质量发展的要求。另一方面，地方政府在经济生产领域展开的激

---

① 雪球数据库：《深挖中国制造》系列报告。

② 国家统计局编：《中国统计年鉴 2017》，见 http://www.stats.gov.cn/tjsj/ndsj/2017/indexch.htm。

③ 蔡之兵、张可云：《区域关系视角下的供给侧结构性改革研究》，《河北学刊》2018 年第 1 期。

烈竞争导致居民关注的包括环境质量、公共产品质量等诸多问题被长期忽略，影响了居民生活福利水平提高，对新时代下社会主要矛盾的解决会有较大的阻碍作用。

三、第三阶段的区域发展战略：区域协调（2012 年至今）

随着国内外发展阶段与环境的变化，无论是国家层面还是地区层面的地方竞争都已经无法再有效地促进经济增长，这一转变除了因为面临的外部条件发生变化外，还有其内在的深刻机理。

（一）国家竞争层面上，区域协调替代地方竞争的机理——大国竞争的本质与资本主义的阿喀琉斯之踵

国家层面的竞争之所以会被区域协调发展战略所取代，不仅仅是因为中国产业结构在价值链中的位置提高而导致中国与西方发达国家之间出现的竞争。实际上，在西方资本主义国家主导下的贸易体系下，后发国家尤其是大国想要顺利崛起的可能性是不存在的，这是由大国竞争的本质以及资本主义唯利主义的天性所决定的。

在构建世界贸易体系的过程中，促使世界市场一体化是西方发达资本主义国家的首要任务。在开放的世界市场上，发达的资本主义国家能够凭借其雄厚的技术与产业实力、强大的技术研发能力以及发达金融产业等优势获得绝对的垄断地位从而获取绝对的利益，其他的国家想要通过该贸易体系获得发展则必须服从发达国家的意愿，否则就会受到西方发达国家的集体排斥。应该承认，这种安排是极为符合西方发达国家利益的，在第二次世界大战后的五六十年时间内，从国际贸易体系中获益的国家或地区几乎都是在西方发达国家有意识的援助下发展起来的，日本、韩国、新加坡、以色列、中国台湾莫不如此，可以发现这些国家与地区的共同特征就是"小"，其中体量最大、发展速度一度远超西方资本主义国家的日本已经在 20 世纪 80 年代受到了压制。因此，在当前这种由资本主义国家主导的贸易体系下，只有少数的后发小国与地区能够在这些主导国允许的前提下实现发展，这是因为这些小国与地区在全球价值链与产业链上的攀升所带来的利益格局调整的冲击力度是很小的，也是资本主义发达国家为了更大的市场与更符合自身利益的分工体系而愿意付出的。由此可见，西方资本主义发达国家主导的这种贸易体系天然地排斥经济产业体系能够自我升级的大国。

而中国显然就是这种国家之一，在中国的发展过程中，中国始终坚定不移地按照独立自主的方针，不断地补全自身的产业体系，即使西方资本主义国家联合制定《瓦纳森协定》（*The Wassenaar Arrangement on Export Controls for Conventional Arms and Dual-Use Good and Technologies*）来限制中国从发达国家获取先进技术，这一发展方向也没有发生明显变化。在 2001 年加入 WTO 后，中国不断从全球价值链与产业链的低端位置向中高端位置迁移，这个坚持要走经济产业独立自主发展道路的大国是西方资本主义国家所主导的贸易体系不能接受的，所以才出现了试图将中国排除在外的 TPP 谈判①。

因此，依靠与发达国家的互补性获得发达国家给予的发展动力这一模式先天性地存在门槛，当中国这种类型的大国发展水平越过了某一阶段，就会对当前资本主义主导型的贸易体系产生强大的冲击，而这些西方资本主义国家并不愿意也无法在公平合理的规则下与中国竞争并获胜，这就决定了中国必须重新参与或者主导符合世界上绝大多数国家利益的区域协调组织，于是定位于互利共赢的命运共同体的"一带一路"倡议应运而生，这是中国走出构建新型国家层面区域协调机制的重要一步，也标志着中国逐渐从跨国空间关系协调组织的参与者转变为主导者，这一过程在当前贸易体系的先天缺陷、中国巨大的经济体量以及万众一心的民族复兴等多重背景下是水到渠成的。

---

① 在中美贸易摩擦过程中，指责中国最近几年因为过于高调而导致美国贸易报复的观点是毫无逻辑的，美国针对中国的一系列贸易行为是当前这种贸易体系下以及资本主义发展模式的先天基因。

（二）地区竞争层面上，区域协调替代地方竞争的机理——产业升级的难度与中国特色社会主义的优势

地方竞争被区域协调战略所取代的第一个原因是地方竞争这种发展模式已经无法推动我国产业体系的持续升级。根据要素禀赋不同以及产业类型的发展难度，任何一个国家产业体系升级都遵循从低端到高端、从简单到复杂、从单个产业到产业链再到产业体系的规律。在突破产业体系的低端阶段时，由于技术门槛较低，掌握这种技术的国家数量较多，广泛而激烈的地方竞争能够迅速地形成多样化的动力来源从而实现技术突破。然而当产业结构发展到较高水平，先进产业的技术门槛已经提高到世界顶尖水平，单位产品的利润已经随着难度级数的提升而大大提高，掌握这些技术的少数国家没有动力去转让此类技术，这就决定了突破这种产业的技术瓶颈不可能依靠激烈的地区竞争，在同一产业的技术门槛前的无序地方竞争只会导致资源的大量浪费。因此，地方层面的地方竞争在实现产业高端环节突破的历史阶段已经无法再发挥作用。

实际上，实现产业体系高端核心环节的技术突破必须依靠自身的研发投入，而这种研发投入规模是巨大的。以目前科技水平最高的美国为例，根据世界银行数据库的数据，1996—2015 年美国研发投入总额约为 6.89 万亿美元，而同期中国的研发投入总额为 1.48 万亿美元。① 在研发投入存量远远低于美国且每年增量仍然低于美国的情况下，中国想要实现产业体系核心环节的突破，不可能指望在研发投入上迅速赶上美国，只能尽可能地提高单位研发投入的使用效率。在这种背景下，实现有限研发投入的产出最大化从而顺利实现在没有外部助力条件下的产业升级，只能坚持中国特色社会主义的制度优势。相比于资本主义唯利主义的生产模式，中国特色社会主义制度最大的优势在于能够避免内部经济主体间的无效重复竞争从而最大限度地提高

---

① 数据来源于世界银行数据库，其中美国研发数据根据美国历年研发投入占 GDP 比重与 GDP 这两个指标测算而得。

资源利用效率，而国内地方政府作为经济活动的重要主体，协调它们之间的经济关系是实现这一制度优势的关键所在，这也是区域协调战略取代地方竞争战略的根本原因。

（三）区域协调发展战略的目标与内容

作为实现新时代发展目标的重要空间发展战略，区域协调发展战略至少具备三重任务。

首先是健康地缩小区域差距，实现区域经济的均衡发展，这是中国区域协调战略关注的重点，缩小区域差距是中国特色社会主义制度的重要任务，也是应有之义，我国自 20 世纪 90 年代到 21 世纪初陆续实施的包括西部大开发、东北振兴与中部崛起等战略，其意图都是缩小区域差距。值得强调的是：缩小区域差距不能以损害先发地区的发展效率为代价，缩小区域差距的前提是实现有发展能力区域的发展效率与发展水平最大化，这就要求经济规律应该在土地供给、产业集聚等领域中充分发挥作用，不能人为地压缩有发展能力区域的发展空间，只有在这个前提下，缩小区域差距政策才能够真正实现区域均衡发展①。

其次是解决区域问题，优化区域经济格局。在现实经济活动中，除了落后地区与发达地区的差距问题外，还有很多重要的区域问题，比如大城市病问题、发达区域的萧条问题、区域发展的转型问题等，这些问题对整个经济活动的健康运行都会产生举足轻重的影响。2012 年以来，党中央先后提出的"一带一路"倡议、京津冀协同发展、长江经济带等战略实际上已经标志着中国区域协调发展战略开始关注这一层面的问题，比如前两大战略针对的是区域发展失衡问题，而长江经济带发展战略则试图解决发展模式的转型问题。有针对性地解决区域问题并优化经济空间格局是区域协调发展战略的重要任务之一。

---

① 目前中国缩小区域差距的思路存在误区，很多发达区域的发展潜力人为地受到各种政策比如土地供给政策的约束，这导致这部分地区的发展潜力无法发挥。

　　最后是通过提高内部主体空间的良性互动程度从而提高整体经济的发展效率，计划经济与市场经济思维对中国地方政府主体各自都产生了约 30 年的影响，前者能够保证经济发展的稳定而后者能够促进经济发展的效率，新时代下必须充分发挥两种思维的各自优点，这就需要提高地方政府的决策与执行能力，保证地方政府间能够选择合适的发展战略而不会出现大规模重复而低效的竞争，而这也是区域协调战略能够顺利实施的重要前提。

第三章 现实空间：京津冀地区现实发展格局

京津冀协同发展战略是我国区域协调发展战略形成之初的第一个国家战略，它的协同发展效果不仅直接影响京津冀三地的发展质量，而且，对整个区域协调发展战略的成功也具有重要作用。因此，有必要对京津冀地区进行一个全面分析。

第一节 京津冀协同发展的历程回顾

在对京津冀协同发展的效果进行评价之前，我们先对京津冀地区区域合作与协调发展的历程进行回顾。京津冀协同发展并不是一个全新的概念，早在 20 世纪 70 年代相关部门与地区就已经展开了相关研究。至 2014 年，京津冀合作与协调发展工作实际上已经进行了近 40 年，中央政府有关部门和京津冀三地做过多方面的探讨，这一过程中的一些标志性事件和规划如表3-1 所示。

表 3-1 京津冀迈向区域一体化进程中的重大历史事件与规划

年份	事件/规划
1976	国家计委组织了京津唐国土规划课题研究
1981	华北地区成立全国最早的区域经济合作组织——华北经济技术协作区
1986	李瑞环提出环渤海区域合作问题，京津冀区域经济概念随之提出，设立了环渤海地区经济联合市长联席会

年份	事件/规划
1988	北京与保定、廊坊等 6 地市组建了环京经济技术协作区，建立了市长专员联席会制度，设立了日常工作机构
1992	河北省委提出两环（环京津、环渤海）开放带动战略
1995	贾庆林提出"首都经济"概念，逐渐演变成北京重点发展"总部经济"
2001	吴良镛提出"大北京"概念，"大北京"实际上是京津和冀北地区（包括京津唐、京津保两个三角形地区）的简称，2001 年 10 月 12 日，被简称为"大北京规划"的"京津冀北城乡地区空间发展规划研究"通过建设部审定
2004	由国家发展和改革委员会主持的京津冀地区经济发展战略研讨会在河北廊坊召开，会上京津冀三省市政府达成廊坊共识
2005	亚洲银行提出"环环京津贫困带"概念，在京津周边存在着 24 个贫困县
2006	北京市与河北省正式签署《北京市人民政府、河北省人民政府关于加强经济与社会发展合作备忘录》

2006 国家发展和改革委员会提出"京津冀都市圈（2+7）"，"2+7"即以京津为核心，包括河北省的唐山、秦皇岛、承德、张家口、保定、廊坊和沧州 7 个市，后来又加上石家庄，成了"2+8" |
2008	农工民主党北京市参政议政委员会提出创建"大首都特区"，将京津一体作为"泛华北五环绕复合同心圆圈区"的核心圈，逐层外向辐射拉动，最终形成一个强势的"泛大华北区域经济协作地带"
2010	河北省提出打造"环首都绿色经济圈"。在有关环首都经济圈的对接表述上，北京提出的"首都经济圈"与河北两地政府仍有着微妙的不同。在河北提出建设京东、京南、京北三座新城承接北京人口时，北京的"首都经济圈"却将重点放在了自己区域内的卫星城建设上
2011	"首都经济圈"写入国家"十二五"规划
2012	建设"首都经济圈"、河北省"沿海发展战略"、"太行山、燕山集中连片贫困区开发战略"同时纳入国家"十二五"规划
2014	习近平提出京津冀协同发展的"七点要求"，京津冀地区一体化发展规划出台迫在眉睫

资料来源：根据公开资料整理。

表 3-1 表明，在过去近 40 年的时间里，与京津冀合作、协调发展和一体化发展有关的概念不断出现，有关地方政府与中央政府部门做出许多努力。总结这 40 年的发展历程，可以发现，这些年迈向京津冀一体化进程的努力存在如下三个突出特点。

第一，始终没有形成和出台国家层面的区域发展规划。虽然国家相关部门多次提出制定京津冀地区的发展规划，也进行了多次调研，但始终没有具体的规划出台，其中最具有代表性的莫过于"京津冀都市圈区域规划"，早在 2006 年国家发展和改革委员会就提出要编制该规划，但是直到 2014 年京津冀协同发展战略形成，该规划始终没有出台。

第二，天津参与京津冀合作与协调发展的积极性始终低于京冀两地。在京津冀三地中，支持京津冀地区协调发展态度最坚决的是河北省，北京次之，而天津参与京津冀合作的积极性不高。以天津市 2013 政府工作报告为例，在近 2 万字的政府报告中没有一处提到河北，只有四处提到了北京，主要涉及的是交通建设，包括京津城际、京津城际机场引入线、京沪高速铁路、京津高速公路等。① 而河北省 2013 年政府工作报告，全文提到京津达 25 次之多。② 可见，在过去一段时期内，天津参与京津冀合作与协调发展的意愿并不十分强烈。

第三，河北与北京来往密切但始终没有找到合适的共同发展方式。由表 3-1 可知，河北省与北京市的联系要高于与天津市的联系，这可能与北京的地理位置及其首都身份有关。但是，在京冀合作过程中，两地并没有找到合适的共同发展方式。以首都经济圈为例，河北与北京在确定首都经济圈所包括的范围上就耗费了近 10 年的时间，虽然两地在促进合作方面作出了不懈努力，但想要形成既符合双方最大利益，在实际中又可行的合作发展方式仍然面临诸多挑战。

第二节　京津冀地区发展特征与问题

在京津冀协同发展战略提出之前，除了经济差距大这一显而易见的发展

---

① 《2013 年天津市人民政府工作报告（全文）》，见 http://www.china.com.cn/guoqing/2013-04/27/content_ 28671582_ 2. htm。

② 《2013 年河北省人民政府工作报告（全文）》，见 http://www.china.com.cn/guoqing/2013-04/27/content_ 28671535_ 3. htm。

特征外，京津冀地区还存在如下几个方面的典型特点。

一、京津冀三地内部发展联系程度低

京津冀地区的 GDP 相关系数偏小，而且远低于长三角各个城市之间的相关系数。由表 3-2 中不难发现，长三角地区的相关系数较京津冀地区间的相关系数高，上海与浙江的经济增长相关系数为 0.94，与江苏的经济增长相关系数为 0.73，江浙两省的经济增长相关系数为 0.80；而同期，京津冀地区最高的经济增长相关系数来自北京与河北之间，为 0.52，远远低于长三角地区间经济增长相关系数的最低值 0.73。其中，北京与天津间的经济增长相关系数为-0.17，这意味着北京与天津间的经济增长非但缺乏合作和互补，相反却充满竞争和冲突。

表 3-2 2000—2014 年京津冀地区和长三角地区 GDP 增长率相关系数

京津冀	北京市	河北省	天津市	长三角地区	上海市	江苏省	浙江省
北京市	1	0.52	-1.65	上海市	1	0.73	0.94
河北省	0.52	1	0.49	江苏省	0.73	1	0.80
天津市	-0.17	0.49	1	浙江省	0.94	0.80	1

资料来源：张可云、蔡之兵：《京津冀协同发展历程、制约因素及未来方向》，《河北学刊》2014年第 6 期。

二、京津冀三地发展速度存在巨大差距

从宏观经济发展速度分析，京津冀三地的地区生产总值增速呈现一定差异，如表 3-3 所示。

表 3-3 京津冀三地 1978—2014 年 GDP 及其增速情况

	北京市	天津市	河北省
1978 年 GDP（亿元）	109	83	183

	北京市	天津市	河北省
2000 年 GDP（亿元）	2679	1702	5089
2014 年 GDP（亿元）	21331	15723	29421
1978—2000 年 GDP 年均增速（%）	16.4	14.5	16.1
2000—2014 年 GDP 年均增速（%）	13.3	16.3	11.8

注：数据来源于中国知网经济社会统计数据库。

由表 3-3 可知，京津冀三地发展速度存在差异，1978—2000 年京津冀三地地区生产总值增速差异并不明显，北京市地区生产总值年均增速为 16.4%，位居第一，河北省地区生产总值年均增速 16.1%，位居第二，而天津市地区生产总值的年均增速为 14.5%，为京津冀三地增速最慢区域，但是这段时期增速最慢的天津与增速最快的北京差距也不大，其年均增速差距为 1.9 个百分点。而进入 21 世纪后，京冀两地增速都开始放缓，其中北京 2000—2014 年的 GDP 年均增速要低于 1978—2000 年的 GDP 年均增速 3.1 个百分点，河北则下跌 4.3 个百分点，低于天津同期增速多达 4.5 个百分点。因此，可以认为京津冀三地在发展速度上尤其是进入 21 世纪后的发展速度上开始出现巨大差异，京津冀区域发展失衡局面逐渐形成。

三、京津冀三地发展水平存在巨大差异

京津冀区域发展失衡在发展水平上的差距表现得同样明显，通过选取城乡人均收入、财政收入、城镇化率以及产业结构比重等指标予以证明，如表 3-4 所示。

表 3-4　京津冀 2014 年各项发展指标对比

发展水平指标	北京市	天津市	河北省
城镇居民人均可支配收入（元/人）	43910	31506	24141

发展水平指标	北京市	天津市	河北省
农村居民人均纯收入（元/人）	20226	17014	10186
财政收入（亿元）	4027	2390	3765
城镇化率（%）	86.4	84.0	49.3%
产业结构比重（%）	0.7∶21.4∶77.9	1.3∶49.4∶49.3	11.7∶51.1∶37.2

注：数据来源于中国知网经济社会统计数据库。

表 3-4 表明，京津冀三地的发展水平存在巨大差距，除了河北省由于自身区域面积较大而在总财政收入上高于天津市外，其他所有发展水平指标都远远低于京津两地。其中河北省城乡人均收入都只能达到北京市的 50% 左右；城镇化进程方面，河北省更是远远落后于京津两市，河北省的城镇化率尚未突破 50%，而京津两市城镇化率已经逼近 90%；产业结构方面，北京市明显已经进入到工业化后期阶段，其第三产业的比重远远高于第二和第一产业比重，天津则正处于工业化中后期，第二产业和第三产业比重相当，而河北省则处于工业化的初期，第一产业比重仍然超过 10%，同时第二产业比重高于第三产业比重。因此，从发展水平指标看，京津冀三地差异明显，其中河北省与其他两市的发展差距极大。

四、京津冀三地发展密度存在巨大差距

与发展速度和发展水平两大特征相比，作为最能够体现城市集聚经济发展水平的指标——发展密度指标能够为研究京津冀区域发展问题提供更为直观的认识，2013 年京津冀三地的发展密度指标情况如表 3-5 所示。

表 3-5　2013 年京津冀三地各种发展密度指标情况

发展密度指标	北京市	天津市	河北省
人口密度（人/平方公里）	758.8	689.5	68.8

发展密度指标	北京市	天津市	河北省
经济密度（万元/平方公里）	11882.6	12058.6	1500.1
企业密度（家/平方公里）	22.8	15.7	1.5
投资密度（万元/平方公里）	3724.6	6658.4	1042.2

注：基准面积为全区域面积，数据来源于《中国城市统计年鉴2014》。

表3-5中的发展密度指标表明，京津冀三地在各项发展密度指标上存在巨大差距。北京在人口密度指标、企业密度指标居首，天津则在经济密度、投资密度上居首，河北则在所有密度指标位于最末且与京津两市存在巨大差距。

五、京津冀三地管理幅度不协调

2015年，北京市辖区面积16410.54平方公里，人口2170.5万人，市辖区16个，土地面积管理幅度1025.65平方公里/个，人口规模管理幅度135.65万人/个，乡镇级行政区329个，土地面积管理幅度49.88平方公里/个，人口规模管理幅度6.59万人/个；天津市辖区面积11946平方公里，人口1546.95万人，市辖区15个，土地面积管理幅度796.4平方公里/人，人口规模管理幅度103.13万人/个，乡镇行政区240个，土地面积管理幅度49.77平方公里/个，人口规模管理幅度6.44万人/个；河北省辖区面积188800平方公里，人口7424万人，地级市11个，土地面积管理幅度17163.63平方公里/个，人口规模管理幅度674.90万人/个，乡镇行政区2246个，土地面积管理幅度84.06平方公里/个，人口规模管理幅度3.30万人/个。[1] 可见，河北省在地市级层面的土地管理面积幅度太大，是北京市的10倍多，天津市的20倍多；但乡镇级的人口幅度仅是北京市、天津市的

---

[1]　数据来源于民政部编：《中华人民共和国行政区划简册2016》，中国地图出版社2016年版。

一半左右，人口密度小、不集中、土地面积大，这种空间不协调影响了政府的管理效率。河北省地方政府很难像北京市、天津市那样腾出手来集中解决发展问题，发展效率低下，这会对京津冀一体化的推进产生直接影响；再加上行政等级低于北京市、天津市，更难同北京、天津这样的城市进行平等的竞争和合作，河北省在京津冀协同发展中始终处于被动地位。

六、京津冀三地行政等级不协调

从京津冀三地的省级行政等级来看，北京市行政级别最高，集直辖市、首都于一体，天津次之，集直辖市和北方最近的出海口的重要区位优势于一体，而河北仅为普通的省级身份，在京津冀三地的各种博弈中，处于没有行政地位、区位优势也不大的尴尬之中；从城市的行政等级上看，长三角城市群有直辖市上海市，副省级城市南京市、杭州市，以及宁波市，这种设置一定程度上对上海、江苏和南京在竞争中由于行政等级带来的交易成本问题有缓解作用；珠三角城市群有虽然没有直辖市，但有副省级城市广州市、深圳市，全国五个"直筒子市"之二的东莞市、中山市，形成副省级城市—直筒子市—普通城市的城市体系，四个关键城市在城市群中的地理和行政分布优化了空间结构。而反观京津冀城市群，除了看到北京市、天津市两市独大外，无论是行政等级上，还是地理分布上，都把河北的城市甩在身后，京津冀城市群结构面临的最大问题是城市行政等级不协调与城市行政等级空间分布不均匀的问题。

七、京津冀三地有交叉管理现象

从空间上看，在北京市和天津市中间有一块目前中国最大的飞地，三河市、香河县、大厂县作为这块飞地中的三个县的地位非常尴尬。一方面周边的北京市和天津市区县比其行政等级高了两级，另一方面即使是与其相邻的其他县级行政区比较，行政等级也低半级，这将会在社会经济协同发展中产生极大的交易成本。河北省的张家口市、承德市、唐山市位于北京市、天津市之北，对其呈半包围状态，这种行政区划的空间格局，同样会在京津冀协同发展产生极大的交易成本。此外，京津冀三地还存在多处飞地，如天津市河东区天津铁厂街道位于河北省邯郸市涉县，北京市西城区白纸坊街道清河农场位于天津市宁河区、河北省唐山市路南区新华路街道位于天津市宁河区、河北省唐山市路南区振兴街道位于天津市滨海新区、河北省唐山市路南区海北镇位于天津市宁河区、河北省唐山市路南区汉丰镇位于天津市滨海新区、河北省唐山市路南区兴农办事处位于天津市滨海新区。

第三节　京津冀三地发展失衡的原因

中央政府相关部门与京津冀地区地方政府以及学术界早在 20 世纪 70 年代就已经开始研究京津冀地区合作发展问题，然而无论是从京津冀内部考察，还是与长三角地区对比分析，都表明京津冀地区合作与协调发展在过去几十年的时间里并没有取得明显效果。前面我们已经指出了在近 40 年的京津冀地区发展历程中存在三个特点：始终没有形成和出台国家层面的发展规划、天津参与京津冀一体化发展的积极性始终不高、河北与北京来往密切但是始终没有找到合适的共同发展方式。实际上这三个特点就是京津冀地区一体化发展难以取得成效的关键原因，而这三个特点背后的本质实际上就是三个关系：北京与首都的关系、北京与天津的关系、北京与河北的关系。换言之，京津冀地区之所以难以实现区域一体化发展目标，主要原因在于没有正确认识和处理好这三个方面的关系。

一、没有处理好北京与首都的关系

一般而言，在跨区域经济活动中，大城市会随着其经济发展水平的提高逐渐增强对周围区域的吸引力，但更重要的是，当大城市发展到一定规模后，经济和产业结构的转型要求会使得周边地区有机会能够顺利参与区域分工从而从中获益，扩散效应将会产生作用并超过极化效应。然而，北京除了具备经济发展所带来的吸引力以外，首都身份为北京提供了另外一种吸引力——首都优势。由于北京具有首都优势，行政级别较高，资源配置及收入增长的机会并不被公平和效率的原则所支配，市场经济下要素逐利跨区域移动的特征被干扰，甚至出现生产要素只进不出或者只输出低级要素而留住高级要素的局面。换言之，北京的首都属性固化了北京与其余地区的要素流动方向。北京虽然已经意识到经济和首都优势的双重吸引力使得北京的扩张逐渐失控，但是在解决该问题的过程中，北京采取的措施是通过控制落户政策限制外来人口流入，完全保留首都属性带来的好处如教育、医院、就业、基础设施等各方面的利益。但是，这种做法既不公平，也不利于改变京津冀地区目前各自为政的局面。北京的首都属性促进了北京发展，同时也限制了周边地区尤其是河北的发展。

二、没有处理好北京与天津的关系

长三角地区不存在北京与天津这种类型的关系，长三角只有上海一个中心，但是京津冀地区却有北京和天津两个中心。国家对天津的发展定位是北方的经济中心，而北京则早在1993年就被明确为全国的政治中心和文化中心，2004年被定位为"国家首都、国际城市、文化名城、宜居城市"。从表面上看，天津和北京的发展定位似乎没有冲突，但是实际上两者冲突不断，两者间负的经济增长相关系数充分证明了冲突的存在。北京和天津的冲突主要集中于经济中心的定位上，虽然天津被定位为北方的经济中心，但是实际上北京从来没有放弃过北方甚至全国经济中心的职能，甚至还在强化某些经济方面如金融方面的中心地位。因此，如何处理好北京与天津的定位，避免两中心的冲突是京津冀地区能否真正实现一体化发展的关键。

三、没有处理好北京与河北的关系

与天津和北京争夺京津冀地区的中心地位不同，河北的定位始终很明确，依托京津两市尤其是北京市发展自身，然而河北多年来为推动京津冀地区一体化发展所做的努力却并没有得到回报，环京津贫困带的存在就是最好的明证。不可否认，河北自身发展战略或者发展能力存在一定问题，但河北与北京间的关系处理得不好才是导致这一现象出现的更为重要的原因。一方面，河北为北京的发展作出了巨大的牺牲，无论是在水资源还是在环境保护方面，河北都必须首先满足北京的需要；另一方面，北京的迅猛发展将河北的各种生产要素如人力资本、资金、企业都吸引过去，但是吸引大量优质的生产要素同时，北京并没有进行大规模的产业结构调整，或者说北京愿意向河北转移的企业或者产业都是高污染、高能耗的企业，在高附加值的产业领域北京并不愿意分羹于河北，这也是导致河北难以发展的重要原因。

实际上，北京与首都、北京与天津、北京与河北这三大关系难以处理，只有通过顶层设计，才能真正促进京津冀地区实现一体化发展。

第四章 利益空间：区域利益视角下的政策协同

任何一种区域问题都与区域利益密切相关，区域协调发展也不例外。同时，区域利益主要是通过区域政策和地方政策得以体现。实现区域协调发展就必须协调区域利益，而协调区域利益又需要区域政策和地方政策的协调。

第一节 区域利益概念及其与区域发展的关系

触碰利益比触碰灵魂还难，在区域协同发展过程中同样如此。因此，任何区域协同发展战略都必须重视区域利益，忽视合作区域主体利益的区域协同发展战略往往事倍功半甚至举步维艰。那么究竟什么是区域利益？区域利益又如何影响区域协同发展？京津冀三地各自的区域利益又是什么？

一、什么是区域利益

同绝大部分人把财产数量、工资等级等对象视为利益一样，区域同样有自己的区域利益。不同的是，一个特定区域内部有不同的区域主体，这些区域主体在该区域的区域利益可能一致，也可能不一致。比如在同一个区域，中央政府追求区域的稳定和持续发展，地方政府追求经济增长，企业主体追求利润，居民追求公共产品等。在很长一段时期内，追求经济发展而不顾其他比如生态环境、公共产品是一些地方政府采取的普遍型发展战略，很明显，在这一点上，中央政府、居民主体与地方政府主体的利益诉求就存在偏差。然而，这一点自我国经济发展进入新时代后开始发生重大转变，在以习近平同志为核心的党中央高瞻远瞩与强力主导下，坚持新发展理念主导下的新经济发展模式从而实现高质量发展已经成为了自中央政府到地方政府、居民和企业主体的共同利益诉求，不同区域的区域利益属性由异质转化为同质，所不同的是不同区域在实现自己区域利益过程中，所处的发展阶段和发展禀赋不同，所需要的发展政策和发展资源也不相同，这就需要在区域协同发展过程中协调好各区域主体的区域利益。

二、区域利益与区域协同发展的关系

作为区域合作发展的一种类型，任何区域协同发展战略都会涉及区域利益格局的重新调整，理论上区域协同发展与区域利益格局变化存在四种关系，我们以 A 区域和 B 区域为例进行说明，假设两个区域在协同发展战略实施前的区域利益都是 10，根据区域利益变化情况可划分的四种情况如下：

第一种是区域协同发展战略实施后，所有区域的区域利益都增加，比如 A 区域和 B 区域在协同发展战略实施后，区域利益都变为 11。

第二种是区域协同发展战略实施后，一方区域的区域利益增加，其他区域的区域利益不变，比如 A 区域和 B 区域，在协同发展战略实施后，区域利益分别为 10 和 11。

第三种是区域协同发展战略实施后，一方区域的区域利益增加，其他区域的区域利益减少，比如 A 区域和 B 区域在区域协同发展战略实施后，区域利益都变为 9。

第四种是区域协同发展战略实施后，所有区域的区域利益都减少，比如 A 区域和 B 区域在协同发展战略实施后，区域利益分别变为 9 和 9。

当然，还可以根据区域协同发展战略实施后各区域区域利益变化的幅度进行进一步细分，但这四种情况无疑包含了区域协同发展战略影响区域利益的所有变化情况。在这四种情况中，第四种情况是不可能出现的，第三种情况想要长期存在则始终需要巨大的区域外部力量干预和支持，第二种情况也始终需要一定程度的外部力量维持，唯独第一种情况是可以持续健康发展

的。因此，区域协同发展战略想要真正成功就必须保证区域利益分配格局最终符合第一种情况，

三、京津冀区域的区域利益情况透视

从 20 世纪 80 年代的华北地区经济技术合作协会到 90 年代的首都经济圈战略，京津冀之间的协同发展很早就开始起步，但在 2014 年京津冀协同发展战略上升为国家层面的区域发展战略之前，整个京津冀地区的协同发展程度始终没有达到预期水平，其根本原因是京津冀三地的合作发展呈现上述第三种区域利益调整分配格局即京津冀三地没有同时从协同发展中获益。实际上，在 2014 年之前的 30 多年京津冀合作发展过程中，绝大部分学者都认为河北的区域利益是受损的，这是导致京津冀地区始终无法形成协同发展局面的关键因素。

其中，导致河北的区域利益受损的主要原因包括京津冀三地地位不平等以及河北自身发展能力不足。一方面，在京津冀三地中，北京是首都，天津是直辖市，与京津相邻的都是地级市甚至是以县为单位的区域，这些区域在与京津两市的合作发展过程中先天性地处于劣势地位，即使通过河北与京津两市谈判也不能扭转这种局面，因此在不能保证参与区域合作主体地位平等的前提下，任何试图推动区域一体化发展的战略可能最终都是无效的。另一方面，河北自身的发展能力不足，与长三角地区相比，河北部分地区的发展能力要明显弱于长三角的部分地区，比如目前常年位于中国百强县之首的昆山市，其发展水平在改革开放初期并不显著，在所有决定昆山市后来腾飞的因素中，其自身的发展能力无疑发挥了重要作用。

第二节　区域政策与地方政策的匹配关系框架

区域政策研究既是区域经济研究的起点，又是区域经济研究的归宿。区域政策兴起于 20 世纪西方发达国家经济危机背景之下，是凯恩斯主义逐渐

被西方发达国家接受而出现的成果之一。范霍夫（Vanhove）将区域政策定义为所有旨在改善经济活动地理分布的公共干预；区域政策实际上试图修改自由市场经济的某些空间结果，以实现两个相关的目标：经济增长和良好的社会分配。约翰·弗里德曼（John Friedmann）曾在 20 世纪 60 年代认为区域政策处理的是区位方面的问题，即经济发展在什么地方，它反映了在国家层面上处理区域问题的要求，只有通过操纵国家政策变量，才能对区域经济的未来作出最有用的贡献。实际上虽然不同学者对区域政策的内涵具有不同的看法，但是在一些基本含义如政府主导、工具选择以及实施目标上绝大部分学者都已经达成一致，其中以蔡之兵、张可云（2014）的定义最具有代表性：区域政策是政府（主要是指中央政府）干预区域经济的重要工具之一，它通过政府的集中安排，有目的地对某些类型的问题区域实行倾斜，以改变由市场机制作用所形成的一些空间结果，促使区域经济格局协调并保持经济增长与区域分配合理。①

　　因此，可以认为区域政策是解决区域发展失衡的重要甚至根本手段，但遗憾的是，一方面绝大部分学者忽略了区域政策与地方政策的区别，将两者等同；另一方面虽然有学者注意到了地方经济的特殊性，但是并没有揭示区域政策与地方政策的关系并将其结合起来进行研究，这两种不足来源于对区域政策与地方政策研究对象的认识不足，对区域政策在具体区域发展问题上的作用发挥具有巨大的消极影响甚至会使得区域政策失效。有鉴于此，我们将对区域政策与地方政策的联系与区别进行研究，以此构建区—地政策研究框架并用来分析京津冀区域发展失衡问题。

　　区—地政策框架的构建基于明确区域政策与地方政策的内涵以及厘清两者间的关系与区别，并在此基础上进一步提出该框架在研究区域发展问题时的一般研究范式。

---

　　①　蔡之兵、张可云：《区域的概念、区域经济学研究范式与学科体系》，《区域经济评论》2014 年第 6 期。

一、区域政策与地方政策的内涵与区别

区域政策与地方政策并不是相同的概念，两者有其各自的不同内涵，区域政策是政府运用相关政策工具来缩小区域差距的政策，而地方政策则是政府运用各种工具促进自身经济发展的政策，两者的主要差别如表4-1所示。

表 4-1　区域政策与地方政策的差别

比较方面	地方政策	区域政策
适宜实施时期	发展初期	发展中后期
政策作用对象	单个区域	多个区域
作用区域与执行政府主体关系	平级关系	上下级关系
政策实施目标	个体区域发展	区域间均衡
政策理论基础	增长极理论	帕累托最优理论

从表4-1中可以发现，区域政策与地方政策间存在较大差别。第一，两者的实施目标和研究对象完全不同，地方政策目标是实现自身个体区域的发展，而区域政策关注的是区域间的整体均衡发展，任何不符合这个目标的政策都不能称为区域政策。实际上，地方政策在实施过程中可能会选择使得内部区域差距拉大的政策，这种政策就不是区域政策而是广义上的空间政策。如中国改革开放采取的让东部区域率先发展的政策就是一种拉大区域差距的空间政策，这种空间政策同其他政策如产业、贸易、户籍等政策一道组成了中国国家层面的地方政策①。第二，两大政策的执行主体与作用区域的级别关系不同，区域政策的执行主体政府比作用区域的行政级别要高，如国家层面的区域政策其执行主体政府为中央政府，其作用区域为跨省的区域集

---

①　严格意义上国家旨在促进自身经济发展的政策不应该被称为国家层面的地方政策，因为国家是最高等级的独立行政区域，但是考虑到国家间的关系以及世界各地多种类型的跨国区域组织在区域经济发展中的重要地位，我们仍然可以在世界经济的背景下将国家发展经济的政策称为地方政策。

合如西部区域、中部区域，因此执行主体政府级别高于作用区域的级别；省级层面的区域政策其执行主体为省级政府，作用区域则为下面地级市的区域组合，如江苏协调省内苏南、苏北、苏中区域的发展战略，其执行政府主体为省级政府，作用区域的行政级别为地级市政府，很明显执行政府主体的级别高于作用区域的级别。而地方政策则不同，地方政策的执行主体政府与作用区域级别是一致的，如国家层面的地方政策其执行主体是中央政府，其作用区域则为全国，省级层面的地方政策其执行主体是省级政府，其作用区域则为全省，因此区域政策关注下级区域间的均衡发展，而地方政策只关注整个区域能否发展，下级区域间差距是否拉大并不是它关注的重点。第三，区域政策与地方政策的理论基础不相同，区域政策的理论基础是帕累托最优理论，即不能通过损害其他区域的发展利益来扶持某个特定区域发展，均衡发展战略是区域政策应该坚持的战略方向，而地方政策的理论基础则是增长极理论，强调区域经济整体上的增长，内部区域间的差距并不重要，一般情况下地方政策所采取的都是非均衡发展战略。第四，区域政策与地方政策的适宜时期并不相同，地方政策往往用于区域发展初期，此阶段由于经济发展水平较低，实现经济发展的要求高于区域间公平发展的要求，地方政策的意义更为重要，而当经济发展到一定水平，区域间的均衡发展越来越成为政府关注的重点，旨在实现区域间的均衡发展的区域政策也就被广泛采用。

二、区域政策与地方政策的联系与框架

区域政策与地方政策间虽然存在诸多不同，但是由于不同行政区域、不同政府间的天然联系，两者无可避免地会产生联系。实际上在缓解区域经济发展失衡问题的过程中，区域政策与地方政策是互为依托、相辅相成的，区域政策的作用发挥既有利于地方政策的发挥，同时也依托于地方政策的辅助，反过来地方政策的作用发挥同样能够提升区域政策的效果，任何一个区域一方面能够实施本级区域的地方政策和与下级区域相关的区域政策，另一

方面也受到上级区域政策与地方政策的影响。任何一个区域都会受到四个不同主体政策的影响：上级区域的区域政策和地方政策、本级区域的区域政策与地方政策、下级区域的区域政策与地方政策，以及同级区域的区域政策与地方政策，如图 4-1 所示。

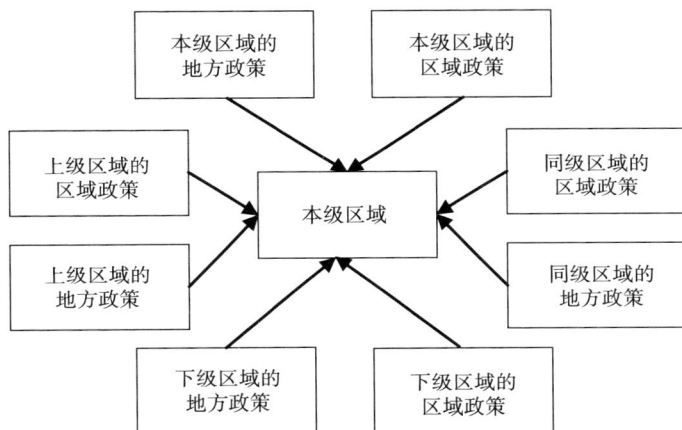

图 4-1　区域在区—地政策框架中的受力图

不同的政策对一个区域的影响也不相同，一般情况下按照影响大小顺序排列，本级区域自身的地方政策的影响最大，本级区域的区域政策，上级区域的区域政策与地方政策，同级区域的地方政策影响程度其次，而下级区域的地方政策与区域政策以及同级区域的区域政策的影响程度最小。可以运用区—地框架将单个区域和多个区域的发展问题纳入其中，通过政策关系分析对区域发展问题进行研究。

三、区—地政策框架在区域发展问题中的研究范式

前文指出区域政策与地方政策的目标是不一样的，区域政策着眼于缩小区域差距从而实现区域间均衡发展，而地方政策只关注自身发展，不关注其他区域的发展情况。任何一个区域在发展过程中都可以同时受到多个主体的区域政策和地方政策多重影响，区—地框架中的政策相互关系以及实施效果

的高低将会影响区域间发展以及区域自身发展情况。在运用区—地政策框架进行区域发展问题研究时应该遵循一定的研究范式，如图4-2所示。

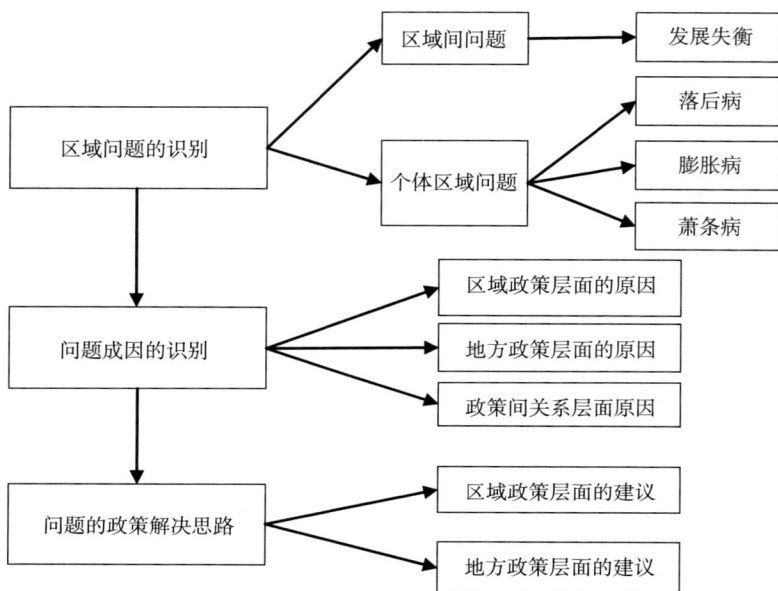

图4-2 区—地政策框架在区域发展问题中的研究范式

由于区域发展问题不仅涉及多个区域间的均衡发展问题，同时也会涉及单个区域自身的发展问题，因此，区—地政策框架首先要求对区域发展问题进行识别，准确判断整体区域发展以及个体区域发展所遇到的问题，随后应该从区域政策层面、地方政策层面以及政策间关系层面对区域发展问题的成因进行分析，并在此基础上提出具有实践意义的政策操作思路。

第三节 区—地框架下京津冀政策空间协同策略

在对区—地框架进行构建后，我们将采用该框架按照上述研究范式对京津冀区域发展问题进行研究。

一、区域问题的识别

京津冀区域发展问题并不单纯只是京津冀三地间呈现发展失衡的问题，实际上京津冀区域发展所遇到的问题可以分为区域间和个体区域两个层面的问题。

区域间层面的发展问题：在对京津冀区域发展所呈现的特征分析部分中，我们已经指出京津冀区域间发展失衡问题严重，河北省在发展速度、发展水平、发展密度上都与京津两市存在巨大差距，因此，可以首先明确京津冀区域间发展失衡问题是京津冀区域发展问题的第一个需要解决的问题。

个体区域层面的发展问题：虽然京津冀区域间呈现失衡发展态势，但是这并不意味着京津冀三地都面临严重的个体区域发展问题，实际上天津市在各项发展指标上相对而言都比较正常，不存在很严重的发展问题，但是北京市和河北省则恰恰相反，一方面北京市面临着膨胀问题也就是城市病问题，而另一方面河北省则陷入了发展无力即遇到了落后问题，换言之，北京和河北两地面临着不同的个体发展问题。

因此，可以认为京津冀整体区域发展存在严重失衡问题，同时不同个体间也出现了不同的发展问题，实际上个体发展问题正是导致京津冀区域发展失衡问题出现的重要甚至是根本因素，应该将两大层面的问题结合进行分析。

二、区域发展问题成因的框架性解释

在区—地政策研究框架中，区域发展问题的成因都可以归结到政策关系与政策效果上，京津冀区域发展问题也不例外，考虑到个体区域发展问题是导致区域间发展问题的成因，我们首先对京津冀个体区域发展问题进行框架性解释，随后对区域间发展问题进行研究。

（一）个体区域发展问题的区—地政策框架性解释

从发展速度上看，可以肯定中国国家层面的坚持发展经济的地方政策是比较成功的，因为即使是在京津冀区域中最为落后的区域，其经济增长速度和经济发展水平也是值得肯定的，因此，完全否定京津冀区域发展成就是不科学的。但很明显的是，河北与京津两市在各种发展指标上都出现了巨大的差距，这说明河北自身的地方政策没有完全发挥作用，而北京的地方政策则获得了巨大成功。

一个区域的地方政策没有发挥作用有很多种原因，如政府能力差距、自然禀赋差距、交通条件优劣等，但是相邻两个区域经济发展差距如此之大几乎能够排除绝大部分的外部影响因素。实际上，特征分析部分已经指出发展地位的不平等是导致京津冀区域问题出现的根本原因，在区—地政策框架中，发展地位不平等意味着弱势区域的地方政策独立性将会很容易受到损害，换言之，河北之所以难以获得快速发展，其根本原因在于其地方政策受到了北京地方政策的限制，这在过去几十年的发展过程中很容易得到证明。北京的生态环境保护要求使得河北在自身发展过程中一方面丧失了区域空间的独立性，部分与北京接壤区域或者处于北京水源的区域不能自由选择发展产业，使得这部分区域几乎成为经济空白区域；另一方面地方政策独立性的破坏也体现在政策制定独立权的丧失，由于与北京相邻，河北的很多发展政策不仅要考虑自身禀赋和偏好，同时还要考虑北京的偏好和要求，这大大降低了河北地方政策的独立性，使得地方政策的效果大打折扣。与河北地方政策独立性受到破坏相反，北京的地方政策不仅具有较高独立性，而且还实际上获得了河北地方政策的部分操作空间，其实施效率更高而成本更低，这也是为何北京城市扩张和经济发展如此迅猛的原因。

因此，可以认为河北的地方政策被北京地方政策限制了作用发挥，而与此同时，北京地方政策获得了河北地方政策的部分操作空间，这是导致当前京津冀区域个体区域发展问题形成的主要原因。

（二）京津冀区域发展失衡的框架性解释

京津冀区域间发展失衡起因在于河北地方政策独立性受到北京地方政策的限制，但是京津冀区域发展失衡的形成还具有另外一个即整体发展层面上原因。整体层面原因可以分为如下三个方面。

首先，旨在缩小京津冀区域差距国家层面的区域政策迟迟没有出台。众所周知，区域政策的最终目的在于缩小区域差距，而京津冀区域差距自20世纪末就已经开始显现，在长达十余年的时间里，虽然京津冀区域也屡次形成相关的发展规划，但是国家层面的京津冀区域政策始终没有出台，直到2014年在习近平总书记重点关注京津冀协同发展问题背景下，《京津冀协同发展规划纲要》于2015年4月姗姗来迟，因此，具有针对性的上级区域政策的缺失是造成当前京津冀发展严重失衡的重要原因。

其次，北京地方政策的实施影响甚至抑制推动京津冀协同发展区域政策的出台。虽然正式的国家层面京津冀区域政策长期没有出台，但是中央政府包括京津冀三地政府曾经多次就京津冀协同发展问题取得进展，然而最终相关的工作都无疾而终，其中一个重要原因在于作为中国最高决策机关和诸多政府部门所在地，北京在实施地方政策过程中能够影响上级区域政策的出台，实际上即使是国家层面的京津冀区域政策，北京对于该政策的实施效果仍然具有重要影响力，《京津冀协同发展规划纲要》绝大部分内容都与北京相关就很好地证明了这一点。

最后，京津冀三地地方政策关系不协调。理论上，地方政策的目标旨在加快自身区域的经济发展速度，无须过多关注其他区域的发展情况，但是在实践发展过程中，处理好不同区域的地方政策关系有助于挖掘到更多的发展机遇和提高发展效率，国内外诸多区域发展实践已经证明，区域间进行合作是加快区域发展的重要引擎，而前文已经指出京津冀三地发展定位长期处于不协调状态，旨在缩小京津冀区域差距的区域政策想要发挥作用必须依靠京津冀三地地方政策的发挥和配合。

（三）区—地框架下京津冀协同发展的建议

京津冀区域协同发展两个层面的问题在区—地政策框架中都能够得到解释，因此，我们将继续基于该框架提出未来解决京津冀区域发展问题的政策建议思路。

第一，要制定发展地位平等的区域政策。发展地位不平等使得河北省地方政策独立性受到破坏，由此使得河北省发展受阻。因此给予京津冀三地平等的发展地位是保障京津冀区域协同发展的根本前提，同时也是最大难点，该工作必须在区域政策中应该有所体现，然而遗憾的是，《京津冀协同发展规划纲要》中并没有涉及这些领域，可以预见京津冀三地的发展地位仍然将在很长一段时期内处于不平等地位，京津冀区域发展失衡现象短期内难以解决，未来仍然需要修订京津冀区域政策，增添包括如户籍制度改革、高考制度改革、府际关系监督、生态补偿制度构建等旨在创造平等发展地位的内容，只有这样京津冀协同发展才能够扫除根本障碍。

第二，准确识别区域问题，制定合理的地方政策。当前京津冀区域发展不仅面临一个简单的区域发展失衡问题，同时还面临着单个区域自身发展问题的系统性问题，区域政策旨在缩小区域差距，因此《京津冀协同发展规划纲要》的出台对于实现京津冀整体区域的均衡发展是极有必要的，与此同时还必须加快制定京津冀三地自身合理的地方政策。从三地实际情况出发，河北未来地方政策的重点在于坚持发展，而北京地方政策的重点应该关注优化，天津地方政策应该强调升级，这是因为河北当前仍然处于较为落后的发展状态，未来坚持发展是解决自身发展问题和京津冀区域发展问题的根本保障；而北京当前无论是发展水平还是发展规模实际上都已经达到一个较高水平，但是其发展质量并不高，这主要体现在其城市规划、产业人口布局、基础设施布局仍然比较粗糙，未来可以通过优化自身经济体系、产业体系、城市空间体系来提供足够的增长潜力；天津当前正处于高速发展阶段，2016 年其人均 GDP 已经居全国第一位，未来应该坚持以升级为地方政策中心，实现产业结构升级、城市建设和管理升级、人文环境升级最终提高区域竞争力和带动力。

第三，处理好不同区域与地方政策间的关系。区一地框架显示不同政策间的关系对于政策的实施效果具有重大影响，解决京津冀区域发展这样一个复杂问题势必会涉及不同层面的区域和地方政策，如何处理好这些政策间的关系对于实现区域和地方政策的原本目标至关重要。其中比较重要的几个关系包括：首先，应该处理好上级区域的区域政策与自身地方政策的关系，京津冀三地应该根据《京津冀协同发展规划纲要》中提出的要求，结合自身发展实际情况，制定出符合区域政策要求的地方政策；其次，应该处理好京津冀三地地方政策间的关系，京津冀三地地方政策的不协调是导致京津冀区域发展失衡的重要原因，未来应该在《京津冀协同发展规划纲要》的指导下加强各方面的制度性协作；再次，应该处理好自身地方政策与区域政策的关系，京津冀三地间呈现区域发展失衡状态，实际上京津冀三地内部也呈现很明显的分化状态，尤其是北京，虽然北京城六区的发展水平很高，但是北京部分与河北接壤的区如怀柔、密云、平谷等地仍然处于一个比较落后的状态，河北更是如此，环京津贫困带的存在使得河北内部区域发展差距问题更为突出，因此京津冀各地在通过实施地方政策促进整体区域发展的同时也应该处理好地方政策与区域政策的关系，实现内部区域的均衡发展；最后，应该处理好京津冀三地区域政策间的关系，上文提到京津冀三地内部发展分化严重，实际上三地绝大部分落后区域都位于京津冀三地的边界地区，京津冀三地应该就自身区域政策的实施加强协商，将边界的贫困区域作为各自区域政策的发展重点，尽快提高边界地区的发展水平从而实现京津冀区域的协同发展。

第五章　静态空间：京津冀地区行政区划问题研究

2018 年 11 月，国务院发布《行政区划管理条例》，明确提出要合理运用行政区划工具推动重大区域发展战略。实际上，作为一种工具，京津冀地区的行政区划问题长期受到社会各界关注，它对推动区域协同发展也具有其他政策手段无可比拟的优势与力度，我们必须高度重视这一因素未来的作用空间和可能方向。

第一节　行政区划的内涵界定与类型研究

行政区划并不是一个新问题，早在两千多年前的周朝时期，就有学者记录了当时的行政区划现象并命名为体国经野。在现有文献中，行政区划有两种含义：行政区域自身和对行政区域的划分。一般而言，行政区划指的是对行政区域进行划分这层含义。目前一个学界认可度比较高的定义是：行政区划是国家对行政区域的划分，即根据国家政治统治和行政管理的需要，遵循有关的法律规定，充分考虑经济联系、地理条件、民族分布、历史传统、风俗习惯、地区差异和人口密度等客观因素，实行行政区域的分级划分，将国家的国土分为若干层次、大小不同的行政区域系统，并在各个行政区域设置相应的地方国家权力机关，建立政府公共管理网络，为社会生活和社会交往提供基础，是上层建筑中与经济基础联系最为紧密的一部分。[1] 这一定义得

---

[1]　赵聚军：《我国行政区划改革研究》，天津人民出版社 2012 年版，第 4 页。

到绝大部分学者的认可。实际上，我们常说的行政区划还包含了第二重含义，即对当前行政区域体系进行调整。换言之，行政区划包含静态与动态双重含义，前者指的是国土空间的划分结果，后者指的是对当前的行政区域划分布局进行重新调整，我们所研究的行政区划指的是第二种即动态含义。

行政区划作为一种调整行政区域手段，应该具有一般意义上的模式。浦善新（2006）曾经将行政区划模式分为六种：建制变更、行政区域界限变更、行政机关驻地迁移、隶属关系变更、行政等级变更、更名。[①] 而罗震东（2009）则对我国城市行政区划变更的模式进行了研究，并将我国城市行政区划变更模式分为三类：撤县设（县级）市、县市升格或地区改（地级）市、撤县（市）设区等。[②] 殷洁、罗小龙（2013）则认为城市及城市地区的行政区划调整以区县级行政区划调整主要包括撤县（市）设区、区县合并和区界重组这三种类型。[③] 曲世敏（2012）则将我国城市化进程中出现的行政区划模式归纳为撤县设区、设立新的市辖区、合并市辖区、扩大市区地域范围以及综合调整等模式。[④] 结合我国行政区划实际，我们认为现有的模式分类不足以涵盖已经在现实经济活动中发生的区划模式，因此，本书试图结合行政区划实际案例对行政区划模式进行归类。

根据行政区划所涉及的变量，本书采取"3×2"视角对行政区划模式进行分类。"3"代表行政区划所涉行政区域的行政级别变更，行政区域行政级别的变更有"上、平、下"三种情况。"上"指的是行政区域级别提升；"平"指的是行政区域级别不变，而其余属性发生变化；"下"指的是行政区域级别下降。"2"用来表示两种行政区域空间形态变化，即"拆"

---

① 浦善新：《我国行政区划改革研究》，商务印书馆 2006 年版，第 11 页。
② 罗震东：《改革开放以来我国城市行政区划变更特征及趋势》，《城市问题》2008 第 6 期。
③ 殷洁、罗小龙：《从撤县设区到区界重组——我国区县级行政区划调整的新趋势》，《城市规划》2013 年第 6 期。
④ 曲世敏：《我国城市化进程中行政区划调整模式研究》，《中国城市经济》2012 年第 3 期。

和"并"。"拆"即拆分，指的是将一个行政区域划分为两个或多个行政区域；"并"即合并，指的是将两个或多个行政区域合并为一个行政区域。

在"3×2"框架下进行的行政区划模式分类结果如表5-1所示，每一种行政区划调整模式都以我国实际发生的行政区划案例进行例证对比。

表 5-1　行政区划模式

空间形态情况	行政级别与区划模式	含义	实例
不改变行政区域空间形态	上	行政级别提升	天津由省辖市变为直辖市，重庆市成为直辖市等 新疆维吾尔自治区设立县级双河市、县级霍尔果斯市，海南三沙市
	下	行政级别下降	沈阳、抚顺、鞍山、本溪、西安、南京、武汉、广州由直辖市降为地级市或副省级城市
	平	行政级别不变，其余属性如名称、类型、权限发生变化	撤县改区、县改市、乡改镇，昌都地区成为昌都市，襄樊市更名襄阳市，北三县规划权归北京等
改变行政区域空间形态	平拆	一个行政区域划分为几个同级的行政区域	四川省分为四川省和重庆市
	下拆	一个行政区域划分为几个低级别行政区域（划分后至少有一个低级别）	安徽省撤销地级巢湖市，设立县级巢湖市，并对原地级巢湖市所辖的一区四县分别划归合肥、芜湖、马鞍山三市管辖
	平并	几个同级别行政区域合并为一个同级别的行政区域	上海黄浦区、南市区并为黄浦区，撤销北京市西城区、宣武区，设立新的北京市西城区
	上并	几个同级别或低行政区域合并为一个高级别行政区域（划分前至少有一个低级别）	天津市塘沽区、汉沽区、大港区并为副省级滨海新区 广州番禺的大岗、东涌、榄核三镇并入南沙区 新疆喀什地区将疏勒县巴合齐乡部分区域、塔孜洪乡部分区域，疏附县布拉克苏乡部分区域，克孜勒苏柯尔克孜自治州阿克陶县皮拉勒乡部分区域划归图木舒克市管辖

注：案例来源于我国民政部网站。

第二节　行政区划与区域协同发展的关系

作为一种直接作用于空间的工具，行政区划对区域发展具有直接而又显著的作用，并对区域间发展关系产生重要影响。从区域协同发展视角分析，行政区划通过如下五个方面对区域协同发展产生作用。

一、打破行政利益壁垒的直接效应

在制约中国地方区域协同发展的诸多因素中，地方行政区自身的行政主体利益所引致的行政区经济是影响程度最大的因素。行政主体利益指的是在市场经济条件下，行政区政府在发展经济过程中追求个体的发展利益，往往会采取以邻为壑的发展战略，即视其他区域为竞争对手而在原料提供、市场一体化、产业培育上出现恶意封锁、激烈竞争和产业重构，最终使得区域关系紧张而难以实现区域协同发展，这一现象在地理临近区域更为突出。[1]

可以很明显地发现，地方政府主体性的存在使得地方政府具备了利益主体性，这种利益主体性也使得很多地方政府选择"不合作"的发展战略。因此，倘若对地理临近而又因为长期的行政区经济导致协同发展程度低的区域进行行政区划，比如对某些地区进行合并，就可以直接将多个行政区域主体变为一个，这就直接从源头解决了区域协同发展的难题。然而，这种措施一方面影响比较大，成本比较高，不能经常采用；另一方面任何地区都会有临近地区，即使通过合并形成了新的地区，新地区仍然会面临新的邻居，不可能永远依靠空间合并这一手段来实现区协同发展。

---

① 刘君德、舒庆：《中国区域经济的新视角——行政区经济》，《改革与战略》1996 年第 5 期。

二、缩小政府发展能力的间接效应

在影响区域协同发展程度的因素中，不同地方政府间能力的差距也是影响区域协同发展的重要因素。这是因为区域发展能力一方面对区域发展水平具有重要影响，而区域发展水平某种程度上是区域协同发展的基础；另一方面区域发展能力也会影响区域发展思路与战略布局，很多时候在区域发展过程中往往受到狭隘的地方保护主义或者其非经济因素的影响而选择对整体区域协调发展不利的发展战略。①

因此，区域发展能力的因素对区域协同发展具有重要作用，然而，区域发展能力是内生因素至少是半内生因素，短时间内，区域发展能力难以发生大的变化。在这种背景下，可以采取行政区划的手段，除了直接合并思路外，还可以采取将区域的管理权、发展权与收益权一分为三的手段，即将欠发达地区的管理与发展权给予发达地区，充分利用发达地区的先进发展能力，而收益权则由欠发达地区与发达地区共享，这样就间接地实现了区域协同发展。

三、均衡公共产品分布的平均效应

公共产品分布不均衡是导致区域发展失衡的重要原因，至少是加重区域发展失衡程度的重要原因。② 以京津冀地区为例，京津冀三地的公共产品水平存在巨大差距。仅以教育资源为例，在 2018 年高考本科录取率排名中，北京以 30.53% 的录取率居全国第一位，天津本科录取率为 24.05%，而河北的本科录取率则只有 15.86%，仅为北京本科录取率的 50% 左右；985 高校录取率方面，天津 2018 年 985 高校录取率为 5.81%，居全国首位，北京以 4.29% 的水平居全国第三位，而河北的 985 高校录取率仅为 1.48%，在全国

---

① 实际上，广西的区域经济发展就是很好的例证。
② 蔡之兵、张可云：《北京为什么越来越大?》，《北京社会科学》2014 年第 3 期。.

排在第 19 位。① 可见三地之间存在着巨大差距，同时，这只是考虑高考录取率，如果再考虑中考录取率，京津冀三地的教育公共产品差距可能更为明显。

在公共产品存在的巨大差异前提下，大量的优质资源会向公共产品水平高的地方集中，扭转这种局面需要均衡化区域间的公共产品水平，这并不是要求区域间的公共产品水平绝对趋同，而是应该避免区域公共产品水平差距过大，从而导致区域经济发展失衡。因此，可以考虑对地区间的公共产品尤其是高考这种刚需的公共产品水平进行调整，提高欠发达地区的吸引力，从而促进区域均衡发展。

四、经济要素重新配置的优化效应

任何要素在现实空间中的集聚都是不均衡的，但是绝大部分要素的边际效用是随着要素数量的增加逐渐递减的。因此，在现实经济活动中，部分区域由于要素过于丰富甚至已经开始拥挤导致要素的边际效用逐渐降低，而有些地区对要素的需求则无法得到满足，比如对当前的京津冀地区而言，相当多的人力资本要素在北京是处于供过于求的状态，甚至很多要素在北京都难以实现人尽其用，但是对河北的很多地方而言，高质量的人力资本要素仍然是稀缺资源，一单元的人力资本要素能够产生的边际产出远远高于在北京的效果。除此之外，很多发达地区的土地要素较少，而欠发达地区的土地要素丰富，比如深圳、香港等地。在这种情况下，依靠不同类型的行政区划手段重新配置要素，提高要素的整体使用效率，有利于实现经济的高效率和高质量发展。

五、破解生态补偿难题的内生效应

制约京津冀地区协同发展的一个重要因素是三地之间的生态补偿问题。

---

① 数据来源于中国教育网，根据各省考生数量和录取人数测算而得。

从生态系统角度分析，河北对于北京与天津的发展非常重要，这种重要主要体现在水源地和污染的跨区扩散上。一方面，河北作为北京与天津的水源地，为保证两地的用水安全付出了巨大的努力和牺牲，如存在于北京与天津周边的"环首都贫困带"某种程度上就是这种牺牲的体现。然而，在具体的生态补偿上，京津冀三地仍然没有形成三方都可以接受的补偿方案，目前的生态补偿标准仍然偏低，无法弥补河北因为保护水源地而放弃的发展利益。另一方面，目前京津冀尤其是北京的雾霾现象引起了全球关注，中央政府高度重视雾霾治理问题，然而由于雾霾的跨行政扩散特征非常明显，治理雾霾问题必须依靠京津冀三地的合作，而这种合作是需要地区产业结构作出调整的，这种调整的背后意味着经济利益损失，因此，治理雾霾问题同样需要考虑生态补偿问题。

因此，从生态系统角度分析，京津冀地区是一个联系紧密的完整生态系统，其内部的生态系统功能联系非常密切，无论是从生态系统功能的整体性角度分析，还是基于生态污染的治理，都需要考虑行政区域间的协同。行政区划手段可以在这方面发挥巨大作用，一方面，可以通过区域合并来实现生态系统与行政系统的统一，将跨行政区划的生态补偿问题变成系统内的生态保护问题，降低区域合作的难度与冲突。另一方面，也可以通过将三地的生态环保权统一到一个独立部门，通过这个独立部门来保障京津冀地区生态系统的完整。

第三节　京津冀三地行政区划现状与历程

影响京津冀协同发展战略效果的因素众多，其中行政区划的作用尤为被中央政府所重视。一方面，行政区划对京津冀协同发展的作用在多个重要文件中已经有所体现，比如，2015 年 4 月发布的《京津冀协同发展规划纲要》明确提出，"调整优化京津冀行政区划设置，打破行政藩篱，促进资源优化配置"，2018 年 11 月颁布的《行政区划管理条例》也提出京津冀部分行政区划调整可为京津冀协同发展提供支撑。另一方面，习近平总书记 2019 年 1 月在京津冀调研过程中指出，京津冀协同发展当前和今后一个时期已经进入到滚石上山、爬坡过坎、攻坚克难的关键阶段，需要下更大气力推进工作。因此，可以预见，在接下来京津冀协同发展过程中，行政区划作为一种重要协同发展手段，将会发挥更大的作用。

一、京津冀行政区划的基本情况

北京市行政区划基本情况：自中华人民共和国成立以来，北京市的行政区划经多次调整。2018 年年末，辖区面积 16410.54 平方公里，年末全市常住人口 2154.2 万人，比 2017 年年末减少 16.5 万人。其中，常住外来人口 764.6 万人，占常住人口的比重为 35.5%。常住人口中，城镇人口 1863.4 万人，占常住人口的比重为 86.5%，常住人口密度为 1313 人/平方公里，比 2017 年年末减少 10 人/平方公里。2000 年以来北京市行政区划基本情况如表 5-2 所示。

表 5-2　北京市行政区划基本情况　　　　单位：个

年份	县级区划数	市辖区数	县数	乡镇级区划数	镇数	乡数	街道办事处
2000	5	13	5	215	139	71	127
2005	18	16	2	314	142	36	131
2010	16	14	2	322	142	40	140
2015	16	16	0	329	144	38	147
2017	16	16	0	331	143	38	150

数据来源：国家统计局。

天津市行政区划：天津市地处华北平原北部，东临渤海，北依燕山，截至 2018 年年末，全市常住人口 1559.60 万人，天津市辖区面积 11946 平方公里，比上 2017 年年末增加 2.73 万人。其中，外来人口 499.01 万人，占全市常住人口的 32.0%。常住人口中，城镇人口 1296.81 万人，城镇化率为

83.15%。2000 年以来天津市行政区划基本情况如表 5-3 所示。

表 5-3 天津市行政区划基本情况 单位：个

年份	县级区划数	市辖区数	县数	乡镇级区划数	镇数	乡数	街道办事处
2000	4	14	4	220	114	98	90
2005	18	15	3	241	120	18	101
2010	16	13	3	243	115	20	108
2015	16	15	1	240	121	6	113
2017	16	16	0	248	124	3	121

数据来源：国家统计局。

河北省行政区划：河北地处华北地区，漳河以北，东临渤海，内环京津，西为太行山地，北为燕山山地，燕山以北为张北高原，其余为河北平原，东南部、南部衔山东、河南两省，西倚太行山与山西为邻，西北部与内蒙古交界，东北部与辽宁接壤，辖石家庄、唐山、邯郸等 11 个地级市。截至 2018 年，河北辖区面积 18.88 万平方公里，全省常住总人口 7556.30 万人，比 2017 年年末增加 36.78 万人。其中，城镇常住人口 4264.02 万人，比 2017 年年末增加 127.53 万人，占总人口比重（常住人口城镇化率）为 56.43%，比 2017 年年末提高 1.42 个百分点。2005 年以来河北省行政区划基本情况如表 5-4 所示。

表 5-4 河北省行政区划基本情况 单位：个

年份	地级区划数	地级市数	县级区划数	市辖区数	县级市数	县数	自治县数	乡镇级区划数	镇数	乡数	街道办事处
2005	11	11	172	36	22	108	6	2205	943	966	242
2010	11	11	172	36	22	108	6	2227	1007	953	266
2015	11	11	170	42	20	102	6	2246	1050	907	288
2017	11	11	168	47	20	95	6	2255	1128	818	308

数据来源：国家统计局。

自《京津冀协同发展纲要》发布以来，北京市、天津市均对自身行政区划设置进行了"县改区"类型调整，而河北在雄安新区设置的背景下，内部也进行了一定"并县"行政区划。截至2016年，北京市和天津市均已告别"县治"时代，建立了以"市辖区"为基础的城市行政区划结构。

二、京津冀行政区划调整历程

1949年后，为了稳固政权、安定民心，我国在行政区划调整方面做了积极的探索与尝试，但在此过程中也经历了不少坎坷与挫折。改革开放前，我国的行政区划体系变动幅度较大，先后经历了大行政区的设立与撤销，市县关系的无序反复与"文化大革命"期间行政体系的打乱重组过程。在此期间，京津冀三地行政区划调整历程也有所不同。北京作为我国首都受到行政区划调整的负面影响较小，1949—1958年间经历数次较大规模的扩界后初步形成"广域市"格局；天津在1949年初期发展势头较好，但1958年受到"大跃进"运动与"左"倾思想的影响归入河北省管辖，其后又因为"三五"计划的提出于1967年恢复为直辖市，因此天津受动荡的政治局势影响颇深；河北省作为"拱卫京师"的最主要区域，其行政区划的演变历程基本与国家整体的调整方向保持一致，"自上而下"的行政权力关系在这一时期体现得最为明显。

1982年新宪法颁布后，改革开放前混乱的行政区划层级结构才得到全面的整顿。一方面，新宪法明确了各级地方政府在其所辖行政区域范围内的权力与义务关系，不再沿用"文化大革命"时期设立的革命委员会组织架构，恢复地区为省级政区的派出机构；另一方面，新宪法通过规范和减少非正式行政层级推动了城市型政区的快速发展。在政权已经基本稳定的情况下，改革开放后中央政府下放了部分管辖权力，鼓励地方政府加快经济建设步伐；地方政府在财政拨款、招商引资和其他各类政策激励的影响下对于改市行为反响十分热烈，这一阶段行政区划的调整无一不围绕着推动经济发展这一核心理念展开。改革开放后，京津冀地区的行政区划调整范围和力度也明显减小，主要变现为市管县体制的推行和县改区模式的应用。

行政区划的历史沿革一定程度上反映了特定地区的政治、经济、社会和人文环境，但需要注意的是，行政区划由于其内在的稳定性往往滞后于经济社会的发展，当这种滞后程度不断加剧时甚至会阻碍经济发展与社会进步。目前，京津冀地区已经开始出现区域内部发展严重不均衡，北京大城市病不断加剧等区域不协调问题，从行政区划的历史沿革出发探讨其形成原因、演变规律和可能的调整方向，对于加快资源与产业整合重组，保证京津两市健康发展，挖掘河北省增长潜力，实现区域协调发展有着重要理论与现实指导意义。

（一）北京历次行政区划调整情况

北京市作为中华人民共和国首都、中央直辖市，是全国政治、经济、交通和科教中心。明初建都南京，北京本是燕王朱棣的封地，朱棣夺取政权后出现了两京制度，顺天府在北，故称北京。明永乐十九年（1421年）明政权迁都北上，改称北京为京师。1928年设北平特别市，1930年更名为北平市。1949年后，北京的行政区划调整历程可大致划分为五个阶段：频繁扩界时期（1949—1958年）、相对稳定时期（1959—1980年）、工农经济区微调时期（1981—1992年）、县改区时期（1993—2002年）和持续稳定时期（2003—2015年）。

1. 1949—1958年，频繁扩界时期

平津战役结束后，人民解放军进驻北平郊区。在原国民党时期20个区的基础上临时划定东至通州，西至门头沟，南至黄村，西南至长辛店，北至沙河范围为军事管制区。中华人民共和国成立后北京的行政区划就是在军事管制区的基础上设定的。1949年元旦，北平市人民政府在市郊成立，由华北人民政府领导。1月31日，北平市和平解放。4月，原有32区合并为26个区，6月接管任务完成后调整为20个区。同年9月，共和国成立，第一届政协通过决议，改北平为北京，定为中华人民共和国首都，由中央直辖，分设第一至第二十区（城区12区，郊区8区）。此后，为稳固政权，促进经

济发展和城市建设，北京市行政区划频繁变动调整，管辖的范围也在不断扩大，如表 5-5 所示。

表 5-5　1949 年后北京的四次大规模扩界

年份	面积扩大（平方公里）	人口增加（万人）	备注
1949	548	21.5	中国人民解放军北平市军事管制委员会临时划定 32 个区，后调整为 20 个区
1952	1961	13.1	华北行政委员会批准：河北省宛平县全部及房山、良乡 2 县部分地区划归北京市
1956	1604	29.2	国务院全体会议第 25 次会议决定：将昌平县全部（高丽营镇除外）和通县的 7 个乡划归北京市
1958	11988	217.9	国务院全体会议第 72 次会议决定：将原属河北省的通县、顺义、大兴、良乡、房山 5 县和通州市划归北京市领导；国务院全体会议第 81 次会议决定：将河北省怀柔、密云、平谷、延庆四个县划归北京市

资料来源：北京市民政局：《北京市行政区划》，中国社会出版社 2003 年版；行政区划网，见 http://www.xzqh.org。

1952 年，北京市由华北行政委员会领导。6 月 20 日，北京市人民政府批准将城内和郊区的 16 个市辖区，调整合并为 13 个市辖区。撤销第五区、第九区、第十四区，第一区更名为东单区，第二区更名为西单区，第三区更名东四区，第四区更名西四区，第六区更名为前门区，第七区更名为崇文区，第八区更名为宣武区，第十区更名为东郊区，第十一区更名为南苑区，第十二区更名为丰台区，第十三区更名为海淀区，第十五区更名为石景山区，第十六区更名为门头沟区。这一阶段所调整更新的部分行政区名称沿用至今。7 月，将河北省宛平县全部及房山、良乡二县部分地区划归北京市，撤销宛平县和门头沟区，设立京西矿区。[①]

1956 年 3 月 9 日，国务院全体会议第 25 次会议决定：撤销昌平县，将

---

① 史为乐：《中华人民共和国政区沿革（1949—2002）》，人民出版社 2006 年版，第 27 页。

昌平县所属行政区域（高丽营镇除外）划归北京市，并命名为昌平区；将河北省通县所属的金盏、长店、北皋、孙河、崔各庄、上新堡、前苇沟等7个乡归北京市。至1956年年底，北京市辖14个市辖区（7市区、7郊区）。

1958年3月，河北省通县专区①所属通县、顺义、大兴、良乡、房山等5县及通州市划入北京市。其后撤销西单、西四2区，合并设立西城区；撤销东单、东四2区，合并设立东城区；撤销前门区，并入崇文、宣武2区；东郊区改名为朝阳区；撤销石景山区，分别划归丰台区、海淀区和门头沟区；京西矿区改名为门头沟区；撤销通县和通州市，合并设立通州区；撤销良乡、房山2区，合并设立周口店区；撤销大兴县，改为大兴区；撤销南苑区，划归朝阳区、丰台区和大兴区；撤销顺义县，改为顺义区。1958年10月，河北省所属怀柔、密云、平谷、延庆4县划入北京市管辖。这是1949年后北京规模最大的一次扩界，共增加面积11988平方公里，至1958年年底，北京市辖13个市辖区、4个县。② 至此，北京市市域范围与区县建制基本形成，此后一段时期政治活动不断，但行政区划调整变动较小、相对稳定，基本都属于恢复性调整。③

2. 1959—1980年，相对稳定时期

1960年1月7日，国务院全体会议第93次会议通过：撤销昌平、通州、顺义、大兴、周口店5区，分别恢复为昌平、通州、顺义、大兴、房山5县。④ 至1960年年底，北京市辖东城、西城、宣武、崇文、海淀、朝阳、丰台、门头沟等8区和昌平、延庆、怀柔、密云、顺义、平谷、通县、大兴、房山等9县。

1963年6月，由丰台区析置石景山办事处。7月8日，国务院批准设立区级石景山办事处，受北京市人民委员会直接领导。1967年8月7日，北

---

① 时称专员公署，下同。
② 《1958年北京市行政区划》，见 http://www.xzqh.org/html/show/bj/421.html。
③ 杜曼：《改革开放以来北京辖区（县）行政区划调整效果研究》，硕士学位论文，首都经济贸易大学，2015年。
④ 史为乐：《中华人民共和国政区沿革（1949—2002）》，人民出版社2006年版，第45页。

京市革命委员会批准：撤销石景山办事处，设立石景山区。石景山中苏友好人民公社划归石景山区管辖。1974 年 8 月 1 日，北京市革命委员会批准设立北京市石油化工区办事处（区级），以房山县的部分行政区域为其行政区域。1980 年 10 月 20 日，国务院批复：撤销原北京市的设立石油化工区办事处，改设燕山区管辖相应的行政区域。

3. 1981—1992 年，工农经济区微调时期

改革开放后，北京作为首都市域范围几乎没有重大变化，总体保持稳定。行政区划的调整主要集中在内部微调方面。1981 年 5 月，为加强八达岭、十三陵两个游览区的管理，更好地发展旅游事业，设立八达岭、十三陵两个特区。特区设办事处，是延庆县、昌平县人民政府的派出机关，定名为延庆县八达岭特区办事处和昌平县十三陵特区办事处。① 1986 年 11 月 11 日，国务院批复：撤销房山县、燕山区，设立房山区。以原房山县和燕山区的行政区域为房山区的行政区域。至此北京市共辖 10 区（城区 4 区，郊区 6 区）8 县。

4. 1993—2002 年，县改区时期

1992 年邓小平南方谈话后，为适应改革开放政策对经济发展的要求，北京市逐步开展了行政区划调整工作，加快了郊区的城市化步伐。与 1960 年的撤区复县的热潮相反，这一时期内通州、顺义、昌平、大兴、怀柔、平谷等县先后撤县改区，大力推动了城市化进程，从政策层面为北京加速产业转型升级提供了坚实基础。1997 年 4 月，撤销通县，改设通州区。11 月，民政部批复同意将房山区人民政府驻地由现址迁至良乡。

1998 年 3 月 3 日，撤销顺义县，设立顺义区，以原顺义县的行政区域为顺义区的行政区域，区人民政府驻顺义镇。1999 年 9 月，将大兴县和义地区划归丰台区管辖，昌平撤县改区。2001 年 1 月，撤销大兴县，改设大兴区，区人民政府驻黄村镇。同年 12 月，撤销怀柔县，设立怀柔区，区人

---

① 《北京市人民政府关于设立八达岭、十三陵两个特区的决定》，1981 年 4 月 10 日。

民政府驻怀柔镇；撤销平谷县，改设平谷区，区人民政府驻平谷镇。至此，北京市辖东城、西城、宣武、崇文、海淀、朝阳、丰台、门头沟、石景山、房山、通州、顺义、昌平、大兴、怀柔、平谷等16区及延庆、密云2县。2002年9月12日，北京市政府决定对菜户营东北角丰台区与宣武区交界地区行政区划进行调整，将原属丰台区部分管辖区域划归宣武区管辖。

5.2003—2015年，持续稳定时期

随着改革开放政策的深入推进，在经历大规模撤县改区后，2002—2015年北京市的行政区划经历了持续稳定期，仅在乡镇级别有所调整，区县一级行政单位基本没有变化。2006年出台的《北京市"十一五"时期功能区域发展规划》将北京市18个（现为16个）区县明确划分为四大功能区，即首都功能核心区、城市功能拓展区、城市发展新区和生态涵养发展区。其中，首都功能核心区包括东城、西城、崇文、宣武四个区；城市功能拓展区包括朝阳、海淀、丰台、石景山四个区；城市发展新区包括通州、顺义、大兴、昌平、房山五个区和亦庄开发区；生态涵养发展区包括门头沟、平谷、怀柔、密云、延庆五个区县。

在此基础上，为进一步提高首都核心区的服务和承载力，扩张政区空间，加强旧城的保护力度，精简机构，提高行政效率，降低行政成本，2010年，国务院批复北京市政府关于调整首都功能核心区行政区划的请示，合并原东城区、原崇文区为新的东城区，合并原西城区、原宣武区为新的西城区。

2015年10月13日，国务院同意撤销密云、延庆两县，以原行政区域改设北京市密云区、延庆区，密云、延庆2个区政府于12月26日正式挂牌成立。至此，全市辖东城、西城、海淀、朝阳、丰台、门头沟、石景山、房山、通州、顺义、昌平、大兴、怀柔、平谷、密云、延庆16区，北京正式进入"无县时代"。

1949年以来北京市主要行政区划调整情况如表5-6所示。

表 5-6　1949 年以来北京市主要行政区划调整情况

主要阶段	年份	区划调整内容	备注
第一阶段	1949	下辖 12 个市区，8 个郊区	
	1952	北京市城内 12 区调整合并为 9 区，郊区为 7 区，市辖区合计 16 个； 河北省昌平县黑龙潭划归北京市第十三区	
	1953	城内和郊区的 16 个市辖区，调整合并为 13 区； 第一到第十六区全部更名； 河北省宛平县全部及房山、良乡 2 县部分地区划归北京市	
	1956	将昌平县所属行政区域（高丽营镇除外）划归北京市，命名昌平区； 将河北省通县所属 7 个乡划归北京市	7 个乡包括金盏、长店、北皋、孙河、崔各庄、上新堡、前苇沟
	1957	河北省大兴县的新建乡划归北京； 河北省顺义县的中央机场场区和进场公路划归北京市管辖	
	1958	3 月，河北省通县专区所属通县、顺义、大兴、良乡、房山等 5 县及通州市划入北京市； 10 月，河北省所属怀柔、密云、平谷、延庆 4 县划入北京市管辖	1949 年后北京规模最大的一次扩界，至 1958 年底，北京市辖 13 个市辖区、4 个县
第二阶段	1960	撤销昌平、通州、顺义、大兴、周口店 5 区，分别恢复为昌平、通州、顺义、大兴、房山 5 县	撤区复县
	1963	由丰台区析置石景山办事处	
	1967	撤销石景山办事处，设立石景山区	
	1974	批准设立北京市石油化工区办事处（区级），以房山县的部分行政区域为其行政区域	
	1980	撤销原北京市的设立石油化工办事处，改设燕山区管辖相应的行政区域	

续表

主要阶段	年份	区划调整内容	备注
第三阶段	1981	设立八达岭、十三陵两个特区	
	1986	撤销房山县、燕山区，设立房山区	
	1992	撤销北京市矿务局工农区办事处建制，将原辖区内各乡、村分别划归门头沟、房山区管理	
第四阶段	1997	撤销通县，改设通州区	大规模撤县改区，推动城镇化进程
	1998	撤销顺义县，设立顺义区	
	1999	将大兴县和义地区划归丰台区管辖，昌平撤县改区	
	2001	撤销大兴、怀柔、平谷、三县，改设大兴、怀柔、平谷三区	
第五阶段	2006	北京市"十一五"功能区域发展规划出台，将北京市18个（现为16个）区县明确划分为四大功能区，即首都功能核心区、城市功能拓展区、城市发展新区和生态涵养发展区	首都功能核心区包括东城、西城、崇文、宣武；城市功能拓展区包括朝阳、海淀、丰台、石景山；城市发展新区包括通州、顺义、大兴、昌平、房山和亦庄；生态涵养发展区包括门头沟、平谷、怀柔、密云、延庆
	2010	合并原东城区、原崇文区为新的东城区，合并原西城区、原宣武区为新的西城区	
	2015	撤销密云、延庆两县，以原行政区域改设北京市密云区、延庆区；全市辖东城、西城、海淀、朝阳、丰台、门头沟、石景山、房山、通州、顺义、昌平、大兴、怀柔、平谷、密云、延庆16区	至此，北京正式进入"无县时代"

资料来源：根据公开资料整理。

（二）天津历次行政区划调整情况

天津市，简称"津"，为中央直辖市。天津市地处华北平原东北部、环渤海湾中心，东临渤海，北依燕山，距首都北京120公里，是拱卫京畿的要地和门户。① 天津是我国北方最大的沿海开放城市，对内腹地辽阔，交通便捷，自古以来是我国重要商贸中心之一。天津之名始于明初。燕王朱棣由直沽渡河南下夺得帝位后，于明永乐二年（1404 年）将直沽更名为天津，取"天子经过的渡口"之意。清雍正年间先后改天津卫为天津州、天津府。

1840 年鸦片战争后，天津沦为半殖民地半封建城市，约 23350 亩土地被九国瓜分为租界。1928 年设天津特别市，1930 年改为天津市，由行政院直辖。根据 1949 年后天津市行政区划变迁历程的不同特点，可以将其大致划分为中央直辖阶段（1949—1957 年）、归入河北管辖阶段（1958—1967年）、大幅扩界阶段（1968—1973 年）、相对稳定阶段（1974—1999 年）、县改区阶段（2000—2015 年）。此外，天津市滨海新区作为改革开放先行试验区，其行政体制改革进程对京津冀地区的一体化发展有着重要的指导作用，因此有必要对滨海地区的由来、发展历程和改革内容做简要回顾。

1. 1949—1957 年，中央直辖阶段

1949 年 1 月 15 日，天津解放并成立天津市人民政府。当时，天津辖区面积 173 平方公里，人口 186 万②，临时沿用解放前行政区划，在全市设立第一区到第十一区 11 个市辖区及 1 个水上街。1 月 17 日，塘大市解放，塘大区域（包括塘沽、大沽、新河、新港）由天津市管辖。解放初期，天津市属华北人民政府管辖，11 月 1 日起，设立天津市为中央直辖市。

1955 年 6 月，天津市人民委员会批准将津东郊区、津南郊区、津西郊区、津北郊区分别更名为东郊区、南郊区、西郊区、北郊区。第一区至第八区分别更名为和平区、城厢区、河北区、河东区、新华区、河西区、南开区、红桥区。与北京相类似地，经过这一阶段行政区地名的调整后天津摆脱了原有军事管制区的影子，开始逐步走上正轨。1956 年，河北省静海县薛家庄村划归天津市管辖。

---

① 数据来源于《天津统计年鉴 2014》。
② 数据来源于《天津统计年鉴 2014》。

2. 1958—1967 年，归入河北管辖阶段

历史上，河北省省会就在保定市与天津市之间不断更替，因此天津与河北之间也存在着千丝万缕的联系，如图 5-1 所示。1949 年 7 月，冀东、冀中、冀南三区撤销，恢复河北省建制，省会设于保定。彼时，保定不论从地理位置、交通条件，还是从文化底蕴、历史传承来看都具备先天优势。但此后，出于政治和经济考虑，河北省省会在保定与天津之间三度搬迁，最终于1967 年迁往石家庄，结束了保定、天津"轮流坐庄"的局面。

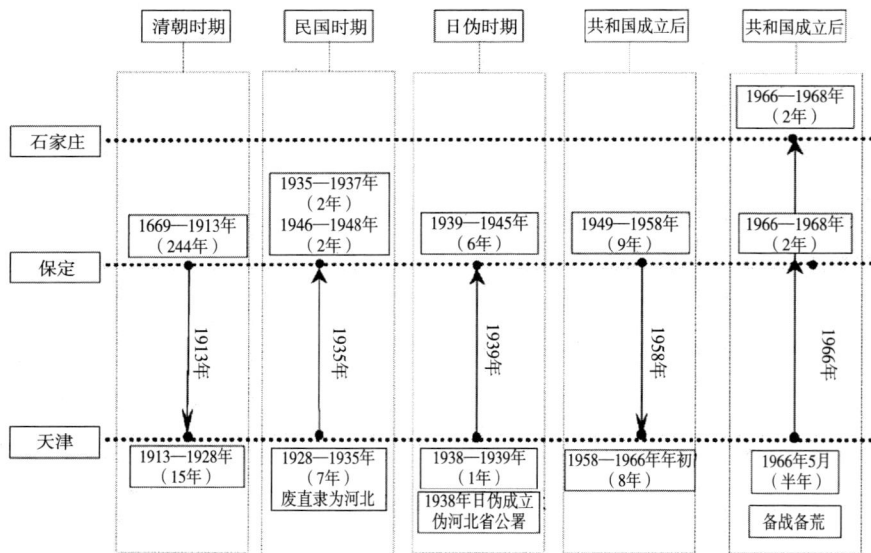

清朝时期	民国时期	日伪时期	共和国成立后	共和国成立后
				1966—1968年（2年）
石家庄				
	1935—1937年（2年）1946—1948年（2年）	1939—1945年（6年）	1949—1958年（9年）	1966—1968年（2年）
保定				
1669—1913年（244年）				
1913年	1935年	1939年	1958年	1966年
天津				
1913—1928年（15年）	1928—1935年（7年）废直隶为河北	1938—1939年（1年）1938年日伪成立伪河北省公署	1958—1966年年初（8年）	1966年5月（半年）备战备荒

图 5-1　河北省省会城市更迭

资料来源：孟祥林、王妙英：《行政区划沿革视角下京津冀城市群的发展思路分析》，《城市发展研究》2013 年第 6 期。

1957 年 9—10 月，中共中央在北京召开八届三中全会，席卷全国的"大跃进"由此拉开帷幕。在这一背景下，1958 年 2 月 11 日第一届全国人民代表大会第五次会议决定，天津市直辖市改为河北省省辖市。作为农业大省的河北希望通过将省会搬迁到天津市，实现工业带动农业，进而全面发展。1958 年 4 月 25 日，河北省人民委员会由保定市迁至天津市。至 1958 年年底，河北省省政府驻天津，市辖 8 区 12 县。

"三五"计划提出：把国防建设放在第一位，加快三线建设，逐步改变工业布局。依据我国的地理区域划分，沿海地区为一线，中部地区为二线，后方地区为三线。此时天津作为沿海城市不再适合作为省会，1967 年 1 月 2 日，中共中央决定再度将天津市由河北省辖市改为中央直辖市。

3. 1968—1973 年，大幅扩界阶段

1973 年，河北省蓟县、宝坻、武清、静海、宁河五县划归天津市。一方面，这是天津自 1949 年以来规模最大的一次扩界，此次行政区划变更完成后天津的管辖范围进入相对稳定阶段，仅在北部有小幅的边界调整。另一方面，京、津两市的先后扩张使得三河市、香河县和大厂回族自治县三地与河北省主要区划范围相脱节，孤悬于北京、天津之间，形成了中国版图中面积最大①、行政级别最高、人口数量最多的一块飞地。借助其优越的地理位置和京津两市的辐射效应，三河市目前已经发展成为河北省综合经济实力最为强劲的地区之一。此外，这块飞地与京津两市之间的经济联系和人员往来日趋密切。1992 年，三河成立燕郊经济技术开发区，重点发展高新技术、房地产、家具制造和家畜屠宰等产业，为北京市科技发展和人民生活提供支撑和保障。

4. 1974—1999 年，相对稳定阶段

1979 年，国务院批准将河北省遵化县的官场、出头岭、西龙虎三个公社和石门公社的西梁各庄大队、小辛庄公社的景各庄、赵各庄两个大队划归天津市。设立大港区，以原北大港全部和南郊区部分行政区域为其行政区域。1992 年，天津市东郊区更名为东丽区，南郊区更名为津南区，西郊区更名为西青区，北郊区更名为北辰区。

5. 2000—2015 年，县改区阶段

2000 年 6 月，国务院批准撤销武清县，设立天津市武清区，以原武清

---

① 其中，三河市 643 平方公里、香河县 458 平方公里、大厂回族自治县 176 平方公里，合计 1277 平方公里。

县的行政区域为武清区的行政区域。2001 年 3 月，批准撤销宝坻县，设立宝坻区，以原宝坻县的行政区域为宝坻区的行政区域。2015 年 7 月 23 日，国务院同意撤销宁河县、静海县，设立天津市宁河区、静海区，保持原行政区域范围不变。2016 年 7 月 28 日，根据《国务院关于同意天津市调整部分行政区划的批复》，天津市委、市政府决定，撤销蓟县，设立蓟州区，原行政区域和政府所在地不变。至此，天津市县级行政建制成为历史，全部实现城区化管理，城市发展进入新阶段。

1949 年以来天津市主要行政区划调整情况如表 5-7 所示。

表 5-7　1949 年以来天津市主要行政区划调整情况

主要阶段	年份	区划调整内容	备注
第一阶段	1949	全市辖 12 个市辖区	
	1950	6 月，河北省宁河县第九区的北窑村、河头村、中心桥、五十间房、义和庄等五个行政村划归天津市塘大区； 8 月，将河北省汉沽镇的北塘车站以北至金钟河北岸及天津县七区大梁子等五个村划归天津市； 11 月，批准将河北省汉沽镇的北塘车站以北至金钟河北岸，以及天津县第七区大梁子等五个村划归天津市	
	1952	天津市将原第一区至第十一区行政区合并为 8 个行政区	同时将市区农村部分划归天津县，将原天津县的灰堆地区划入市区
	1953	天津县行政建制撤销，设立了津东、津西、津南、津北 4 个郊区	津东、津西、津南、津北 4 郊区即现东丽、西青、津南、北辰 4 区
	1955	津东郊区、津南郊区、津西郊区、津北郊区分别更名为东郊区、南郊区、西郊区、北郊区； 第一区至第八区全部更名	第一区至第八区分别更名为和平区、城厢区、河北区、河东区、新华区、河西区、南开区、红桥区
	1956	河北省静海县薛家庄村划归天津市管辖	

续表

主要阶段	年份	区划调整内容	备注
第二阶段	1958	天津市直辖市改为河北省省辖市； 至1958年年底，河北省省政府驻天津，市辖8区12县	
	1967	1月2日，中共中央决定再度将天津市由河北省辖市改为中央直辖市	
第三阶段	1969	撤销北大港区，将其行政区域并入南郊区管理	
	1973	河北省蓟县、宝坻、武清、静海、宁河五县划归天津市	天津市自1949年以来规模最大的一次扩界； 京、津两市先后扩界形成了中国版图中面积最大的一块飞地
第四阶段	1979	河北省遵化县的官场、出头岭、西龙虎三个公社和石门公社的西梁各庄大队、小辛庄公社的景各庄、赵各庄两个大队划归天津市； 设立大港区，以原北大港区全部和南郊区部分行政区域为其行政区域	
	1992	东郊区更名为东丽区，南郊区更名为津南区，西郊区更名为西青区，北郊区更名为北辰区	
第五阶段	2000	撤销武清县，设立天津市武清区	
	2001	批准撤销宝坻县，设立宝坻区	
	2015	撤销宁河县、静海县，设立天津市宁河区、静海区	
	2016	撤销蓟县，设立蓟州区	天津市县级行政建制成为历史，全部实现城区化管理，城市发展进入新阶段

资料来源：根据公开资料整理。

（三）河北历次行政区划调整情况

河北省位于华北平原东北部，东临渤海，全省内环首都北京市和北方重要商埠天津市。清代称直隶省，1928 年更名为河北省。原省会为北平特别市（今北京市），1930 年迁至天津市，1934 年迁至清苑县（今河北省保定市）①，此后历经多次搬迁，最终于 1967 年迁往石家庄。京津冀三地中，河北省面积、人口和辖区层级数量均居于首位，因此其行政区划调整空间最大，1949 年以来调整次数也最多。根据河北省 1949 年以来行政区划调整的原因与特点不同，可以大致分为以下五个阶段：全面建设时期（1949—1957 年）、剧烈变动时期（1958—1973 年）、相对稳定时期（1974—1982 年）、行政建制时期（1983—1996 年）、持续稳定时期（1997—2015 年）。

1. 1949—1957 年，全面建设时期

1949 年 1 月 31 日，平津战役结束，河北全境解放。8 月，河北省人民政府成立，隶属于华北行政区，省会保定市。旧河北省所辖县份除东光、南皮、盐山、庆云、宁津、吴桥、南乐、长垣等 11 县划归他省外，原冀中、冀南、冀东、太行各行署及察哈尔省所辖县份中，其原属旧河北省建制者，均划入新建河北省；原属冀南行署之旧山东省馆陶、临清、丘县、夏津、武城、恩县等 6 县及原属太行行署之旧河南省武安、涉县、临漳等 3 县亦划归河北省；原属冀南行署所属冠县、莘县、高唐、永智、武训、元朝之朝城部分，及平原等 7 县则划归他省。全省划分 10 个专区，共辖 132 县及保定、石门、唐山、秦皇岛等 4 直辖市。冀中行政公署、冀南行政公署、冀东行政公署即宣布撤销。② 同年 10 月，华北行政区撤销，河北省由中央直辖。

1952 年，察哈尔省、平原省建制撤销，原辖区部分县市划归河北省，与此同时河北省部分地区划出至北京、天津两市管辖。1953 年，山海关市划归秦皇岛市，改设山海关区。1 月，将原平原省所属的六河沟煤矿区划归河北省峰峰矿区；同年 7 月，将山西省繁峙县第二区所辖 4 个行政村划归河北省阜平县；11 月，山东省德州市的桑园镇和德县的刘池庄、大兴庄、罗

---

① 史为乐：《中华人民共和国政区沿革（1949—2002）》，人民出版社 2006 年版，第 52 页。

② 《河北省人民政府布告〔秘布字第一号〕》，1949 年 8 月 1 日。

辛庄、第五、第六、小第八、大第八、小丁庄 8 个村划归河北省吴桥县。政务院 11 月 6 日批准撤销汉沽、泊头、邢台、通县 4 镇，设立汉沽、泊头、邢台、通州 4 县级市。12 月，邯郸市升为地级市。

　　1957 年 3 月，将山西省平定县汪里、梁江两个乡划归河北省井陉县；6 月，将河北省青龙县写字洞乡所辖的沙果子沟村划归辽宁省凌源县；9 月，将河北省大兴县所辖的新建乡划归北京市；12 月，又将河北省顺义县境内中央机场场区和进场公路划归北京市。经过这一时期的地域调整，形成了如今河北省行政区划的基本框架。通过对省内部分县的撤置及对县级建制的梳理，形成了全省 150 个左右县的行政建制，奠定了河北省行政区划的基本格局。到全面建设阶段末期，河北省已经基本形成以地（专）区—县—乡与地级市—县级市—镇为基本层级构架的地域性和城市型行政区划体系。

　　2. 1958—1973 年，剧烈变动时期

　　1958 年 2 月，原由中央直辖的天津市改为河北省辖市（地级）。3 月，将原属河北省的通县、顺义、大兴、良乡、房山 5 县和通州市划归北京市领导。4 月，省会迁至天津市；邯郸、石家庄、张家口、保定、唐山、秦皇岛 6 市改为县级市；撤销通县、邢台、沧县 3 专区并将所属县市并入唐山、承德、天津、石家庄、邯郸 5 专区①。6 月，天津专区所属汉沽市划归天津市。10 月，将河北省怀柔、密云、平谷、延庆 4 个县划归北京市。12 月，撤销天津专区，并将原辖区内各县划归天津市领导。至 1958 年年底，河北省省政府驻天津市。

　　1959 年 5 月，撤销张家口专区，张家口市升为地级市，改由省直辖，原张家口专区所属各县划归张家口市。1960 年，先后撤销唐山、邯郸、石家庄、保定、承德专区改设地级市，由省直辖，所属各县相应重新进行调整。5 月，撤销唐山市汉沽区，复设汉沽市（县级市），由唐山市领导；撤销张家口市宣化区，复设宣化市（县级），由张家口市代管。1961 年 5 月，

　　①　史为乐：《中华人民共和国政区沿革（1949—2002）》，人民出版社 2006 年版，第 59 页。

保定、石家庄、邯郸、唐山、承德、张家口 6 市改为县级市，恢复设立邯郸、邢台、石家庄、保定、张家口、唐山、承德、天津、沧州 9 专区。7 月，复设邢台、沧州两县级市，分别由邢台和沧州专区领导。1966 年 4 月，河北省会迁回保定；1967 年 1 月，天津市恢复为中央直辖市；1968 年 1 月，河北省会迁至石家庄市，年内各专区改称地区。这一时期内，河北省省会频繁更换。这一现象反映了河北省行政区划受到当时动荡的政治局势和京津特殊地理位置的影响。省会的频繁变动对行政区划建设及经济发展也会带来不利影响。1973 年 7 月，河北省蓟县、宝坻、武清、静海、宁河 5 个县划归天津市。12 月，天津地区更名为廊坊地区。

3. 1974—1982 年，相对稳定时期

1973 年以后，河北省边界已基本划定，主要的行政区划变动发生在县级层面。主要区划调整包括：1978 年 3 月，石家庄、唐山 2 市恢复为地级市，由省直辖；1979 年 5 月，河北省遵化县的官场、山头岭、西龙虎峪 3 公社全部，石门公社西梁各庄大队，小辛庄公社景各庄、各庄大队，共计 50 个生产大队（182 个生产队）划归天津市蓟县；1981 年 12 月，由安次县析置廊坊市（县级），以廊坊镇和尖塔、桐柏、北旺 3 公社为廊坊市的行政区域，由廊坊地区领导；1982 年 1 月，由衡水县析置衡水市（县级），由廊坊地区领导；同年 12 月，复设泊头市（县级），由沧州地区领导。

4. 1983—1996 年，行政建制时期

1983 年，中共中央、国务院发出《关于地市州党政机关机构改革若干问题的通知》，指出改革的"主要办法是，实行地、市合并，由市领导县。一个市领导县数的多少，应根据每个市的经济发展程度，城乡自然联系和交通是否便利等条件确定，不受一地一市限制除此以外，还可采用扩大大中城市郊区，让它多带几个县；把新兴工矿区或镇改为市，管辖一部分农村；县、市（镇）合并，以及其他适当办法"，由此全国进入地级市建制阶段。

1983 年撤销唐山地区，设秦皇岛、邯郸、邢台、保定、张家口、承德、沧州为地级市；同年以唐山、石家庄和秦皇岛行政建制的调整为试点，实施

了市管县体制。1988 年廊坊由县级市升格为地级市，同时实施市管县体制。河北省在缺少中心城市的地区，尝试通过设置县级市培育地区经济中心。1983—1996 年，河北省共撤销 22 个县①，共设包括沙河市、黄骅市、藁城市、晋州市等在内的 22 个县级市②。从 1984 年开始先后撤销秦皇岛、邯郸、保定、邢台等市郊区，并入市辖区，乡镇建制全面落实，建制镇数量明显增多，10 年间从 58 个迅速增长到 700 多个。

随着我国市场经济的初步建立，20 世纪 90 年代开始我国又出现了地市合并引致的市管县热潮。1993 年《政府工作报告》中提出："地区机构改革要同调整行政区划相结合。各级派出机构要大力精简。地和地级市并存一地的，原则上要合并。"在此阶段，河北省内地级市的行政区划调整逐步推进。1993 年 6 月，撤销石家庄、张家口、邯郸、邢台、承德、沧州 6 地区，所属各县分别由相应地级市接管；1994 年 12 月，撤销保定地区并将所属各县划归保定市；1996 年 5 月，撤销衡水地区，升格衡水市为地级市，管辖原衡水地区所属各县。地市合并后，行政层级划分更为清晰明了，有利于促进市场经济发展及推动城镇化进程。

5. 1997—2015 年，持续稳定时期

1997 年后，河北省行政区划没有出现大的调整，县级以上行政区划基本稳定，行政建制数量、类别基本没有变动，主要表现为行政机关驻地迁移、隶属关系变更、更名和命名。2012 年 7 月 11 日，国务院批复撤销唐海县，设立唐山市曹妃甸区，将唐山市丰南区滨海镇划归曹妃甸区管辖。2013 年 1 月，批准设立曹妃甸国家级经济技术开发区，为带动河北经济发展、促进京津冀一体化奠定了坚实基础。

---

① 具体包括定县、任丘县、南宫县、束鹿县、涿县、沙河县、武安县、藁城县、黄骅县、霸县、河间县、安国县、晋县、遵化县、新乐县、三河市、新城县、冀县、丰南县、获鹿县、深县、迁安县（按照撤县设市时间先后顺序排列）。

② 具体包括定州市、任丘市、南宫市、辛集市、涿州市、沙河市、武安市、藁城市、黄骅市、霸州市、河间市、安国市、晋州市、遵化市、新乐市、三河市、高碑店市、冀州市、丰南市、鹿泉市、深州市、迁安市（按照撤县设市时间先后顺序排列）。

截至 2018 年，河北省下辖 11 个地级行政区划单位（包括石家庄市、唐山市、秦皇岛市、邯郸市、邢台市、保定市、张家口市、承德市、沧州市、廊坊市、衡水市），172 个县级行政区划单位（其中 37 个市辖区、22 个县级市、107 个县、6 个自治县），具体的行政区划情况如表 5-8 所示。

表 5-8　2018 年年底河北省行政区划情况

地级市	下辖行政区数量	下辖行政区
石家庄市	8 区 11 县 3 市	长安区、桥西区、新华区、井陉矿区、裕华区、藁城区、鹿泉区、栾城区、井陉县、正定县、行唐县、灵寿县、高邑县、深泽县、赞皇县、无极县、平山县、元氏县、赵县、晋州市、新乐市、辛集市
唐山市	7 区 5 县 2 市	路北区、路南区、古冶区、开平区、丰南区、丰润区、曹妃甸区、滦县、滦南县、乐亭县、迁西县、玉田县、遵化市、迁安市
秦皇岛市	4 区 3 县	海港区、山海关区、抚宁区、北戴河区、青龙满族自治县、昌黎县、卢龙县
邯郸市	4 区 14 县 1 市	邯山区、丛台区、复兴区、峰峰矿区、邯郸县、临漳县、成安县、大名县、涉县、磁县、肥乡县、永年县、邱县、鸡泽县、广平县、馆陶县、曲周县、魏县、武安市
邢台市	2 区 15 县 2 市	桥东区、桥西区、邢台县、临城县、内丘县、柏乡县、隆尧县、任县、南和县、巨鹿县、新河县、广宗县、平乡县、威县、清河县、临西县、宁晋县、南宫市、沙河市
保定市	5 区 15 县 4 市	竞秀区、莲池区、满城区、清苑区、徐水区、涞水县、阜平县、定兴县、唐县、高阳县、容城县、涞源县、望都县、安新县、易县、曲阳县、蠡县、顺平县、博野县、雄县、安国市、高碑店市、定州市、涿州市
张家口市	6 区 10 县	桥东区、桥西区、宣化区、下花园区、崇礼区、万全区、张北县、康保县、沽源县、尚义县、蔚县、阳原县、怀安县、涿鹿县、赤城县、怀来县

资料来源：根据公开资料整理。

1949 年以来河北省主要行政区划调整情况如表 5-9 所示。

表 5-9　1949 年以来河北省主要行政区划调整情况

主要阶段	年份	区划调整内容	备注
第一阶段	1949	下辖 10 专区，4 个省辖市，132 县，29 个市辖区	
	1952	撤销察哈尔省，原察哈尔省下辖张家口市、宣化市、察南专区、察北专区划归河北省	
	1955	撤销热河省，其中将原承德市部分县市划归河北省	主要包括承德县、平泉县、围场县、青龙县、隆化县、丰宁县、滦平县、兴隆县八县
	1956	撤销昌平县以及通县所属金盏等 7 个乡划归北京市	
第二阶段	1958	中央直辖市天津市改为河北省省辖市，省会由保定市迁至天津市；河北省的顺义县、延庆县、平谷县、通县、房山县、密云县、怀柔县、大兴县、良乡县等地划归北京市	
	1966	省会由天津市迁至保定市	
	1967	河北省天津市重新升为中央直辖市	
	1968	省会由保定市迁至石家庄市	
	1973	河北省的蓟县、宝坻县、武清县、静海县、宁河县等 5 地划入天津市	自此形成河北省现有的地域范围
第三阶段	1974—1982	石家庄、唐山 2 市恢复为地级市，由省直辖；1979 年 5 月，河北省遵化县的官场、山头岭、西龙虎峪 3 公社全部，石门公社西梁各庄大队，小辛庄公社景各庄、各庄大队，共计 50 个生产大队（182 个生产队）划归天津市蓟县；1981 年 12 月，由安次县析置廊坊市（县级），以廊坊镇和尖塔、桐柏、北旺 3 公社为廊坊市的行政区域，由廊坊地区领导；1982 年 1 月，由衡水县析置衡水市（县级），由廊坊地区领导；同年 12 月，复设泊头市（县级），由沧州地区领导	主要调整发生在县级单位

续表

主要阶段	年份	区划调整内容	备注
第四阶段	1983	撤销唐山地区，设秦皇岛、邯郸、邢台、保定、张家口、承德、沧州为地级市	1983年由中共中央、国务院发出《关于地市州党政机关机构改革若干问题的通知》，明确改革中要实行地市合并
	1988	廊坊由县级市升为地级市	
	1993	撤销石家庄、邯郸、邢台、张家口、承德、沧州等地区，实现地市合并，并称市	1993年《政府工作报告》进一步强调，地区机构改革要同调整行政区划相结合，地和地级市并存一地的，原则上要合并
	1994	撤销保定地区，实现地市合并，并称市	
	1996	撤销衡水地区，设立衡水市，并实行市管县体制	全面完成市管县体制
第五阶段	2002	河北省唐山市丰南县设市改区，唐山市丰润县、唐山市新区合并，设唐山市丰润区。撤销河北省石家庄市郊区，设石家庄市裕华区，划拨石家庄市长安区周边几个镇、村到长安区	以行政区划变更批复时间为准
	2014	撤销石家庄市桥东区，将原桥东区下辖区域分别划拨石家庄市长安区、石家庄市桥西区；藁城县、鹿泉市、栾城县三地撤县（市）改区	以行政区划变更批复时间为准
	2015	撤销保定市北市区、南市区为保定市莲池区；满城县、清苑县、徐水县撤县设区；保定市新市区更名为竞秀区；撤销秦皇岛市抚宁县，其下辖的各镇分别由新设的抚宁区，以及秦皇岛市海港区、秦皇岛市北戴河区管辖	以行政区划变更批复时间为准

资料来源：根据公开资料整理。

三、京津冀行政区划的基本特征

从京津冀目前行政区划基本情况以及动态演变情况分析，京津冀行政区划目前存在如下六个特征。

第一，京津冀地区间存在密切的跨地区生态体系联系。京津冀地区山水相连、唇齿相依，共处一个生态单元，共享一地自然资源。作为水生态脆弱、环境保护压力巨大的区域，水资源短缺已成为制约京津冀地区经济社会可持续发展的主要因素之一，也是不同区域间产生利益纠纷的领域。如在原环境保护部（现生态环境部）、财政部的组织协调下，河北省与天津市首先就引滦入津上下游横向生态补偿达成一致意见，在前期合作的基础上，两地人民政府共同签订了《关于引滦入津上下游横向生态补偿的协议》，北京与河北水源涵养区生态环境保护补偿机制建立工作于 2017 年正式启动。目前两省市已就京冀流域生态补偿事宜基本达成共识，河北省和北京市人民政府均已批复同意签署协议，河北省已向国家有关部委报送了《关于下达密云水库上游潮白河流域水源涵养区横向生态保护补偿奖励资金的请示》。因此，这种天然的生态系统利益联系不会因为区域行政属性的存在而断裂。

第二，京津冀地区存在数量较多的飞地。飞地是一种特殊的人文地理现象，指隶属于某一行政区管辖但不与本区毗连的土地。通俗地讲，如果某一行政主体拥有一块飞地，那么它无法取道自己的行政区域到达该地，只能"飞"过其他行政主体的属地，才能到达自己的飞地。从空间上看，位于北京市和天津市中间的三河市、香河县、大厂县等北三县是一块明显的飞地。此外，京津冀三地还存在多处飞地，如河北省唐山市路南区新华路街道位于天津市宁河区，河北省唐山市路南区振兴街道位于天津市滨海新区，河北省唐山市路南区海北镇位于天津市宁河区，河北省唐山市路南区汉丰镇位于天津市滨海新区。飞地情况的存在也为行政区划的调整提供了空间。

第三，京津冀地区存在跨地区管理的机构和跨地区举办的活动。2022年北京冬季奥运会将在北京市和河北省张家口市联合举行，北京、张家口同为主办城市，借此契机，北京与河北等地的交通一体化水平大大提升。除此之外，北京大兴国际机场也地处北京大兴与河北廊坊交界之地，根据2016年国家发展和改革委员会印发的《北京新机场临空经济区规划（2016—2020年）》，北京市将与河北省合作共建临空经济区。初步规划，临空经济区总面积约150平方公里，其中北京部分约50平方公里，河北部分约100平方公里。

第四，从地理结构看，北京的行政区划呈现明显的隔离情况。在北京16个区中，处于北京城市内部城区的经济发展水平远远高于北京城市外沿的区，以2018年的数据为例，北京处于城市内部五个区的GDP分别是海淀区5915亿元、朝阳区5629亿元、西城区3916亿元、东城区2243亿元，而处于与河北临近的怀柔区GDP为286亿元、密云区278亿元、平谷区234亿元、门头沟区175亿元、延庆区138亿元。[1] 换言之，北京区域经济的发达部分被相对不发达地区所包围，这种包围也削弱了北京核心区域对外的辐射与带动能力。

第五，从县级行政区划数分析，河北的县级行政区数量较多，带来了较大的管理负担，也在无形中给区域协同发展形成了阻碍。河北有18.88万平方公里的辖区面积，县级行政区168个，单个县级行政区的面积为1119平方公里，而吉林面积与河北相当，约18.64万平方公里，县级行政区仅有60个，单个县级行政区的面积为3107平方公里，接近河北的3倍；湖北有18.59万平方公里辖区面积，县级行政区103个，单个县级行政区的面积为1805平方公里，约为河北的1.7倍；四川有48.6万平方公里辖区面积，县级行政区183个，单个县级行政区的面积为2639平方公里，约为河北的2.5倍。[2] 因此，无论是与东北、中部还是西部省份相比，河北的县级行政区数量偏多。实际上，河北的县级行政区数量居全国第二位，仅次于四川省。

---

[1] 根据2018年各区县统计公报而得。
[2] 根据各地行政区划基本数据测算而得。

第六，从不同级别行政区域数量的动态演变分析，北京与天津的县区级调整思路比较清晰，两市的县都已经顺利调整为市辖区，但是从乡镇层面看，北京市乡镇数自 2000 年的 210 下降至 2017 年的 181 个，减少 29 个，街道数量由 2000 年的 127 个上升为 2017 年的 150 个，增加 23 个；天津市乡镇数自 2000 年的 212 下降至 2017 年的 127 个，减少 85 个，街道数量由 2000 年的 90 个上升为 2017 年的 121 个，增加 41 个；河北乡镇数自 2005 年的 1909 上升至 2017 年的 1946 个，上升 37 个，街道数量由 2000 年的 242 个上升为 2017 年的 308 个，增加 66 个。① 可以很明显地发现，天津的行政区划调整力度是最大的，在乡镇数量减少以及街道数量等两方面都远远领先于北京与河北，这种结构转变是符合快速城镇化背景下城市管理能力提高的方向。

第四节　实施行政区划的现实基础与依据

行政区划作为一种直接调整行政区域格局的重大手段，其影响范围与程度远远较其他政策大，在现实经济活动中被采取的频率也较低。不过由于京津冀协同发展战略存在如下三方面特征，行政区划手段在京津冀地区出台的现实基础较好，具有可操作性的空间。

一、行政区划手段在京津冀协同发展实施的现实基础

从现实基础而言，行政区划手段在京津冀协同发展战略中具有比较紧迫的现实需求。

（一）京津冀协同发展战略紧迫性

京津冀协同发展战略作为一项重大的国家战略，其战略目标的实现不可能没有时间限制，根据中央的安排，2014 年开始推动的京津冀协同发展战

---

① 根据各地行政区划基本数据测算而得。

略，在十年左右的时间就应该有所成效，而目前距离这一时间节点已经非常近。从目前的现实情况分析，在硬件一体化方面，京津冀已经取得较大进展，但是在经济、产业、生态等方面的良性互动仍然进展缓慢，实现京津冀更为深入的协同发展无疑需要更有力的手段，而从目前的政策工具箱分析，没有比行政区划这一手段更有力、也更能短时间取得立竿见影效果的工具了。因此，从京津冀协同发展战略目标的紧迫性分析，采取行政区划手段是很有可能的。

（二）京津冀地区历史文化统一性

行政区划涉及不同行政区域空间的重新调整与布局，不同行政区域在行政区划后的融合质量与稳定程度将影响决策部门最终是否会采取行政区划手段的可能性。从不同行政区域的相互融合过程这一点分析，京津冀地区的行政区划调整具有天然的优势和很好的基础，一方面，京津冀尤其是京津两地历史上长期是一个行政区域，正如习近平总书记在 2014 年指出：北京、天津、河北人口加起来有 1 亿多，土地面积有 21.6 万平方公里，京津冀地缘相接、人缘相亲，地域一体、文化一脉，历史渊源深厚、交往半径相宜，完全能够相互融合、协同发展。另一方面，京津两地作为中国经济发展水平较高地区，如果在行政区划过程中涉及将河北的某部分地区划给京津两市，由于对于被划分区域而言属于行政级别升格，各方面待遇都会提高，所以其面临的阻力并不太大。因此，从这一角度分析，在京津冀地区调整行政区划的难度可能比其他地区更低。

（三）行政区划手段的现实预期性

除了上述两个可能性之外，另外一个重要的可能在于关于京津冀地区的行政区划方案已经传播多年，尤其是近年北京上收北三县的规划管理权、地铁修到河北等行为已经给社会群众尤其给河北政府与人民形成了一种即将进行行政区划调整的预期，实际上，无论是从河北省的省级层面、市级层面、县级层面还是社会层面，对于京津冀地区出现行政区划调整是早有准备的，这就大大降低了行政区划可能给不同行政区域带来的冲击，极大降低了行政区划有可能引发的社会稳定风险从而提高了行政区划手段应用的可能性。

二、行政区划在京津冀协同发展战略中的实施依据

与其他促进区域协调发展的手段相比，行政区划的涉及领域更多，产生的影响所波及的范围更广，是一种非常规、不常见、影响大的手段。因此，必须深入、准确、正确地分析行政区划手段在京津冀协同发展过程中的适用条件。从如下五个方面分析，导致京津冀地区发展失衡的很大一部分原因在于京津冀三地的政治地位不平等而不是单纯的市场经济条件下的区域发展失衡问题。因此，在解决京津冀发展失衡问题时，完全依靠市场或者简单的区域政策手段的效果可能不容乐观。

（一）北京的经济地理结构决定了北京难以直接辐射河北

从区域经济空间结构分析，临近行政区的边界区域的发展水平会直接影响临近行政区的相互辐射水平。边界区域的发展水平越高，发达地区核心地区对外的辐射能力就越强，当边界区域发展水平远远低于核心区域时，核心地区的辐射能力就很会减弱。而北京的经济地理结构恰恰呈现较为落后的边界地区和极为发达的核心地区，欠发达的边界地区完全将核心地区所包围。虽然经济辐射效应并不完全依靠地理临近，但是倘若地理相邻的地区处于发展水平较低状态，无疑会极大地影响核心区域的辐射力。

（二）北京的产业结构演变过程决定了北京难以通过产业合作渠道带动河北发展

从产业结构路径演变过程分析，北京的产业结构演变是异常的。以三产结构变化为例，北京第三产业比重从 2000 年的 58.3% 提高至 2013 年的 76.9%，13 年来第三产业比重增加了 18.6 个百分点，年均增长率 1.43 个百分点；上海第三产业比重由 2000 年的 52.1% 提高至 2013 年的 62.2%，13 年来第三产业比重只增加了 10.1 个百分点，年均增长率 0.78 个百分点。2000 年，北京第三产业比重比上海的高，在正常的情况下，基数较高的城市提高速度要低于基数较低的城市，但 21 世纪头 13 年北京第三产业比重增加速度

居然是上海的 1.83 倍①。之所以导致这种现象，其根本原因在于北京 2001 年申奥成功，申奥成功后它干预了自身的产业演进过程。2002—2008 年北京第三产业比重由 2002 年的 61.3% 提升至 2008 年的 75.4%，6 年间提升了 14.1 个百分点，年均提高 2.35 个百分点，而奥运会举办成功后的 2009 年至 2014 年，北京市的第三产业比重由 75.8% 提升至 2014 年的 77.9%，5 年间只提升 2.1 个百分点，年均增长只有 0.42 个百分点。在奥运会举办前北京第三产业比重年均增长率是奥运会后年均增长率的 5.6 倍。第三产业的飞快增幅意味着第二产业的快速消退，由于第二产业的细分产业最多、产业链条最长，通过第二产业内部的上下游产业链合作是区域协同发展的典型做法，而在京津冀地区，由于北京自身产业体系演变异常，河北无法通过发展与北京第二产业相配套的产业而发展。同时考虑到产业结构的演变可逆性非常小，通过产业合作手段来带动河北发展这一渠道的难度会非常大。

（三）京津冀之间的特殊生态补偿历程也决定了京津冀地区难以通过平等的市场手段实现协同发展

在所有影响京津冀地区协同发展的因素中，生态补偿是关键变量。这是因为京津两市自身的自然资源禀赋并不丰富，很大程度上需要河北支援。以水资源为例，北京市人均水资源占有量低于世界重度缺水标准，且两市大量水源依靠河北。而另一方面京津冀地区属于中国的高污染区尤其是空气污染区之一。根据 2013 环境保护部公布的城市空气质量排行榜，在前十位污染城市中，仅河北一省就占据 7 席，治理北京的雾霾问题无法避开河北的产业结构和环境污染问题。因此，无论是生态资源的依赖程度，还是生态系统的不可分割程度，京津冀地区理应是一个完整的系统，然而在现实世界中，河北为这个生态系统作出了或者需要作出巨大牺牲，但是却迟迟难以获得足够的生态补偿，而且长期来看，河北缺乏与京津尤其是北京平等地商讨生态补偿问题的地位，解决这一问题短期只能依靠中央干预，长期可能需要考虑行

---

① 根据北京与上海两市的统计年鉴数据测算而得。

政区划手段。

（四）京津冀地区严重的发展失衡也使得难以通过完全的市场手段实现京津冀协同发展

另外一个使得行政区划在京津冀协同发展过程中能够被采用的原因是京津冀地区的发展失衡程度过高且部分欠发达地区未来发展空间也被各自条件所限制，某种程度上只能依靠行政区划手段。亚洲开发银行 2005 年曾经提出“环首都贫困带”的概念，位于这一贫困带上的张家口、承德、保定三市 25 个国家级和省级贫困县因为承担保护首都生态与水源的功能而无法正常发展产业，最终陷入贫困状态。对这些地区而言，可以预见的是这些地区未来仍然无法改变这一情况。在这种情况下，除了行政区划手段以及强有力的中央政府干预，京津冀协同发展目标实现的可能性将非常小。

（五）京津冀三地不平等的地位也决定了市场机制难以实现三地之间的协同发展

区域政策想要发挥效果，一方面需要科学的顶层设计和强有力的上级政府的推动，另一方面更需要保证参与区域合作的各个区域主体地位平等，只有保证各个区域主体地位平等才能确保最终的区域合作机制与体系能够令诸多主体皆大欢喜。然而，这一点在京津冀地区很难实现，这不仅因为京津是中国四个直辖市中的两个，最为特殊的在于北京是独一无二的首都。这种双重属性决定了北京在京津冀地区高高在上的地位，河北也许可以和北京平等地磋商，但是绝不能也不会跟首都磋商，而问题的关键在于首都属性与北京城市功能如此密不可分，任何区域合作都不可能将首都与北京区分开来，这就决定了平等的合作地位在京津冀协同发展过程中几乎不可保障。

三、京津冀行政区划调整原则

运用行政区划手段推动京津冀协同发展既具有必要性，也具有可能性，在具体工作部署中，为了保证京津冀协同发展目标的顺利实现和保障行政区划工作的平稳性，应该坚持如下几个方向。

第一，区划手段与其他手段并重。虽然行政区划手段对直接促进京津冀协同发展具有重要作用，但是必须明确推动多个地区的协同发展目标，不能完全依靠行政区划这种直接手段，这是因为区域合作有其自身的独特规律，地区发展分化也有其自身内在的规律，简单地通过行政区划手段来实现区域协同，容易陷入一种路径依赖，即未来一旦出现比较严重的区域差距问题，就寄希望于调整行政区划。这种思路不是可持续发展，而是不切实际的思路。因此，在调整行政区划的同时，一方面，必须意识到之所以京津冀地区能够采取行政区划手段，有其特殊性和优势，并不能以此类推到其他地区；另一方面，行政区划手段消除了旧的区域差距，但同时又会产生新的差距，假如将"环首都贫困带"并入北京，"环首都贫困带"可能消失了，但是与这些贫困县临近的地区与北京的区域差距又会凸显出来，因此，在调整行政区划的同时，仍然需要高度重视经济和产业手段。

第二，空间调整与功能调整并重。行政区划往往被认为就是调整行政区域的管辖空间，实际上，根据我们对行政区划的分类，调整行政区划的空间固然是行政区划的典型思路，但是调整不同行政区域的管理权限和职能同样应该属于行政区划，比如北京将北三县的管理规划权上收，某种程度上实际上也是一种行政区划。从国内的实践看，在不涉及行政区域空间调整前提下，只是调整行政区域的管理规划权限同样具备很大的潜力，比如深圳与汕头合作建设的"深汕合作区"，合作区的空间和土地完全是汕头的，但是建设、规划、经营、管理的权限则全部属于深圳，合作区产生的税收则在深圳、汕头、广东三地之间按比例分配。相比于涉及空间范围调整的行政区划手段，这种调整功能而不动空间的行政区划手段京津冀地区或许可以借鉴。

第三，个体调整与整体调整并重。显然，绝大部分行政区划手段都涉及不同行政区域主体之间空间范围的重新调整，然而，我们也必须注意，在采取行政区划手段推动京津冀协同发展过程中，除了采取行政区划对京津冀地区的整体和相互关系进行调整外，京津冀三地还需要高度重视自身内部的行政区划问题，比如北京的街道比例远远滞后于国内其他大城市，又比如河北的县级行政区域数量过多的问题等，这都是行政区域内部需要关注和解决的问题。因此，行政区划手段不仅关注京津冀三地之间的关系，同时也需要关注自身内部的行政区划问题。

第四，近期调整与远期调整并重。行政区划作为一项影响面广、涉及领域多的政策工具，在经济活动实践中采取这种政策工具需要经过反复政策模拟和风险评估，对行政区划产生的冲击、成本和影响都需要做好准备。同时，在制订行政区划方案时，应该将近期调整和远期调整结合起来，对于目前迫在眉睫的比如北三县、雄安新区、北京内部城市管理体制问题应该尽快予以调整，对于波及范围比较大的如张家口、承德与北京的关系则需要设立长期方案，稳步推进，避免短时间内出台过多、过大、过密的行政区划方案所带来影响太大。

第五节　京津冀未来可能存在的调整方案

根据行政区划调整的原则，我们认为未来京津冀地区的行政区划调整可以从如下两个方面进行。

一、近期京津冀行政区划调整方案

根据面临问题的紧迫性，近期京津冀地区可能进行行政区划的主要包括如下几方面。

（一）北京中央政务区的行政区划调整

在 2019 年颁布的《北京市城乡规划条例》中，明确提出首都功能核心规划将由市人民政府编制，报中央批准，这意味着首都功能核心区将是继雄安新区、通州城市副中心之后，第三个由省市一级编制规划，同时报中央批准的功能区规划。同时，随着北京市四套班子从东城区迁移至北京城市副中心，东西城的一体化发展为首都更好服务是明显的趋势。有鉴于此，建议近期将东城区与西城区合并，成立中央政务区和首都管理委员会，由首都管理委员会代表中央对中央政务区进行直接管理。由于东城区与西城区在北京的整体经济规模和税收规模中占据重要比重，两区的合并并由中央管辖将对北京市的经济发展和税收收入产生巨大影响。因此，在出台该方案之前，需要对这种利益调整与分配格局进行研究。

（二） 雄安新区的行政区划调整

设立河北雄安新区，是以习近平同志为核心的党中央作出的一项重大历史性战略选择，是千年大计、国家大事。考虑到雄安新区的高级别和雄安新区到 21 世纪中叶年的发展目标，建议在 2022 年前继续保留雄县、安县、容城县等三县在雄安新区管委会领导下的行政管理权限，推动雄安新区的拆迁、建设等工作；根据基础性工作的完成情况，在 2022 年左右取消三县的行政管理权限，完全由雄安新区管委会管理；在 2027 年左右可以考虑将雄安新区调整为副省级新区或副省级的计划单列市。考虑到雄安新区对京津冀协同发展的推动作用，雄安新区不宜直接由中央管辖尤其是未来产生的税收不宜全部上缴国库，而应该在中央政府、河北省政府以及雄安新区三者之间构建一个合理的利益分享机制，这样既能保证雄安新区对京津冀协同发展的促进作用，也能够为国家发展大局创造条件。

（三） 北京城市副中心与北三县的行政区划调整

作为河北的一块飞地，北三县与北京和城市副中心的经济联系实际上远远超过其余河北省的联系。在 2019 年，中共中央、国务院正式批复《北京城市副中心控制性详细规划（街区层面）（2016 年—2035 年）》中，已经明确提出城市副中心与河北省廊坊北三县地区协同发展，统一规划、统一政策、统一管控、统一标准。有鉴于此，为了更好地推动北京城市副中心与北三县的一体化发展，建议近期将北三县进行合并，成立北三新区，由河北省直接管辖。其中北三新区的经济发展战略、产业规划、城市规划、公共产品等诸多领域的政策与标准都与北京城市副中心对齐，在此基础上推动北京城市副中心与北三新区的深度合作，努力提高北三新区的各项发展指标，从而缩小北三新区与北京城市副中心的发展差距，为北三新区在远期正式融入北京奠定基础。

（四）北京门头沟区与石景山区的行政区划调整方案

在北京 16 个区中，石景山区面积为 86 平方公里，仅高于东城区与西城区的面积，空间范围相对于其他区而言非常小。与之相邻的门头沟区虽然面积超过 1400 平方公里，但是其地理结构多为山地，发展空间受到极大限制。同时，两者的地理结构联系比较紧密，存在较多交集，尤其是长安街西延的开通和永定河生态景观带两侧的开发都给两区的一体化发展提出了更高要求。有鉴于此，建议将石景山区与门头沟区合并，更名为永定区。理顺永定河流域治理，形成西部高端功能区和新的经济增长极。

（五）北京基层行政区划单位乡镇与街道的调整

从当前乡镇与街道的结构比例分析，北京市的街道数量占比远远滞后于其城市化水平，也滞后于国内的其他大城市，用乡镇管理体制继续管理高城市化率和城市化水平的地区会严重影响城市管理能力和城市形象。有鉴于此，建议北京市针对各区的城市化水平与乡镇街道结构比例情况，出台相关规定，明确要求城市化率达到一定水平的地区必须将街道占乡级行政单位的比例也随之提高到一定水平，同时对不按照规定进行调整的地区制定相应的处罚措施。

二、远期京津冀行政区划调整方案

根据近期调整方案，京津冀地区远期行政区划方案包括如下几方面。

（一）北三县与北京行政区划调整方案

在近期方案设立北三新区的基础上，通过推动北京城市副中心与北三新区的一体化发展，当北三新区与城市副中心的一体化发展程度较高时，可以将北三新区彻底合并到北京市，作为北京的一个区存在。

（二）京津冀地区的行政区划调整

从长期来看，京津冀地区面临的重要问题就是生态系统保护和生态补偿问题，而从地理结构分析，京津冀地区又天然地是一个完整的生态系统。因此，在未来比较长的时间点，可以考虑对京津冀地区进行大幅度的行政区划调整。

这种调整主要包括：一方面，可以考虑将承德、张家口与北京进行合并，将京冀间近乎无解的生态补偿难题内生化，也从根本上解决承德与张家口两市因为生态保护和缺乏生态补偿而无法发展的难题；另一方面，可以考虑将唐山、秦皇岛与天津进行合并，由于都是沿海城市，这三个城市之间存在密切的经济联系，尤其是大量的港口间也存在激烈的竞争，考虑到冀北的张家口、承德与北京市合并，冀北剩下的两市可以与天津合并，实现一体化发展。

第六章 动态空间：京津冀地区内部
经济联系实证研究

作为区域增长极，中心城市的发展对区域经济协调发展程度具有重要作用，区域增长极作用周边区域的效果取决于"扩散效应"（spread effects）与"回流效应"（backwash effects）之和。在区域发展实践中，大城市与周边区域存在巨大差距的现象表明大城市带动周边区域发展的程度甚至是类型都是不一样的，如北京作为我国经济发展水平最高、综合实力最强的城市之一，其周围却被"环首都贫困带"所包围。这启示我们应该对中心城市与周边区域的发展关系进行研究，以期为发挥中心城市的增长极作用提供对策建议。

第一节 北京与周边地区的发展关系

作为核心城市，北京对周边地区辐射程度会直接影响整个京津冀地区的协调发展程度。可以从基本经济指标、辐射能力、影响因素等方面对北京与周边区域发展关系进行研究。

从基本指标看，在京津冀协同发展战略提出之处，北京与周边区域的发展差距非常明显，如表6-1所示。

表 6-1　北京与其周边城市基本情况

比较指标	北京	张家口	承德	廊坊	保定	唐山
GDP（亿元）	19051	1317	1272	1943	2651	6121
人均 GDP（元）	93213	29907	33650	44159	25982	79588
常住人口（万人）	2114	441	378	440	1023	757
第一产业比重（%）	0.83	18.32	16.54	10.24	14.09	9.03
第二产业比重（%）	22.32	42.13	51.08	52.6	54.36	58.7
第三产业比重（%）	76.85	39.56	32.38	37.16	31.54	32.27
公共财政收入（亿元）	3661	1185	103	205	180	318

注：GDP、人均 GDP、常住人口数据来自各区域的 2013 年国民经济和社会发展统计公报，下同。

通过比较北京与周边区域的基本指标，可以发现北京与周边区域的差距较大。以经济规模为例，2013 年北京市人均 GDP 为 93213 元，高于第二名唐山市 14000 元左右。从均值看，北京市周边区域的经济规模均值为 2650 亿元，仅为北京市的八分之一左右，差距是比较明显的。

此外，还可以利用市场潜能指标对北京与周边区域的发展关系进行比较。市场潜能概念由于新经济地理学（NEG）理论的兴起而被人所熟知，实际上市场潜能早在 20 世纪 50 年代由哈里斯（Harris）提出，该概念衡量的是在运输成本存在的前提下，企业基于节约运输成本的考量会将企业地址定位于靠近市场的地位，因此，市场潜能实际上能够反映一个区域的经济发展潜力，一般而言，市场潜能越大的区域，其经济规模也应该越大。基于这一点，可以通过比较同一个区域内部不同区域的经济规模地位与市场潜能地位的差异来判断区域间的发展关系。市场潜能指标设置方面，其基本原理如下：

$$MP_{it} = Y_{it}/d_{it} + \sum_{j \neq i}^{N} Y_{jt}/d_{jt}^{\delta} \tag{6-1}$$

其中，MP_{it} 为市场潜能，Y_{it} 为地区生产总值，其中等式右边第一项表示自身市场潜能，第二项表示其他城市对目标城市的影响之和，d_{it} 为城市内部自身距离，它由城市的实际面积得到，如式（6-2）所示。

$$d_{it} = 2/3\sqrt{area_i/\pi} \qquad\qquad (6-2)$$

d_{it} 用百度地图测量，δ 为距离折算系数，该系数参照赫林和庞赛特（Hering & Poncet，2010）对中国研究的测算结果。首先利用百度地图和式（6-2）得到 10 个特大城市以及其与各自周边城市的距离，然后根据式（6-1），测算得到北京与周边城市的市场潜能和 GDP 分布情况，如表 6-2 所示。

表 6-2　北京与其周边城市的市场潜能和经济规模占比结果比较 单位:%

指标	北京	张家口	承德	廊坊	保定	唐山
城市 GDP 占区域 GDP 比重	58.88	4.07	3.93	6.01	8.19	18.92
城市市场潜能占区域比重	29.16	6.39	6.92	22.58	7.19	27.77

可以发现在整个区域中，北京经济规模占整个区域 GDP 比例为 58.88%，然而其市场潜能占区域市场潜能比例只有 29.16%，换言之，北京在地理位置、市场规模等因素并不占优的情况下，以整个区域内部 29.16% 的市场潜能获得了 58.88% 的 GDP，由于市场潜能反映企业的区位抉择，这种结果表明北京占有了整个京津冀区域内部的大部分市场，实际上北京周边城市的 GDP 区域占比都低于其市场潜能区域占比就很好地证明了这一点。

第二节　北京增长极辐射能力的检验

基本发展指标与市场潜能测算结果比较都表明北京与周边区域间存在巨大的发展差距，但是并不能由此断定北京没有带动周边区域发展，我们将继续采用空间计量模型对北京是否带动周边区域发展进行更为严谨的检验。

一、实证模型

经济增长收敛模型是探究区域间发展关系的经典模型，我们的基准模型来自经济绝对收敛模型，如式（6-3）所示。

$$\ln\left(\frac{y_{T,\,i}}{y_{0,\,i}}\right) = \alpha + \beta\ln(y_{0,\,i}) + \varepsilon_i \tag{6-3}$$

式中，$\ln\left(\dfrac{y_{T,\,i}}{y_{0,\,i}}\right)$ 代表 i 地区经济在 T 期内的经济增长率，y_T 代表地区 T 期经济发展水平，y_0 代表地区初期经济发展水平，ε_i 为误差项，估计系数 $\beta < 0$ 代表初期发展水平较低的地区具有较高的经济增长率。在我们的研究设想中，由于不同区域尤其是特大城市的经济发展会对其他区域的经济发展产生影响，因此，必须考虑区域间经济发展的相互影响尤其要凸显特大城市在区域发展空间关系中的作用，在这种思路下，可以将我们的实证模型扩张为式（6-4）。

$$\ln\left(\frac{y_{T,\,i}}{y_{0,\,i}}\right) = \alpha + \beta\ln(y_{0,\,i}) + \sigma\sum_{j=1}^{n} w_{ij}\ln\left(\frac{y_{T,\,j}}{y_{0,\,j}}\right) + \varepsilon_i \tag{6-4}$$

与式（6-3）相比，式（6-4）在研究区域经济增长率影响因素时加入了其他区域对研究区域的影响之和，即 $\displaystyle\sum_{j=1}^{n} w_{ij}\ln\left(\frac{y_{T,\,j}}{y_{0,\,j}}\right)$ 项，因此，当前关键问题在于选择合适的空间权重矩阵。

在空间计量经济学中，空间权重矩阵 W 主要根据现实的地理空间关联或者经济联系进行构建，距离 d 既可以是现实地理距离，也可以是某项经济指标距离。基于距离的权重矩阵假设区域的空间作用与距离密切相关，这种方法假设不同区域间的相互作用强度与区域距离关系密切。我们的研究目的在于分析特大城市与其周边区域的发展关系，由于地理临近矩阵赋予所有研究对象同等的研究权重，没有体现特大城市的独特性，也不能刻画特大城市对周边区域的影响和经济发展的增长作用，故并不适用。实际上在交通条件日渐发达的背景下，地理区位对区域经济发展的作用逐渐降低，而一个城市的区域影响力越来越取决于其自身经济规模。一般而言，区域或城市的经济规模越大，其对周边区域的影响也就越大，因此我们将利用经济距离矩阵进行实证检验，其中经济距离矩阵如式（6-5）所示。

$$w_{ij} = \begin{cases} \dfrac{y_j}{\sum\limits_{n=1}^{N} y_n} (i \neq j) \\ \\ 0 \quad (i = j) \end{cases}$$　　　　　　　(6-5)

式（6-5）表明一个地区在区域内部对其他区域经济发展的影响力体现为该地区经济规模占整个区域经济规模的比例，基本指标比较已经证明特大城市的经济规模在整个区域经济规模中明显占有更高比例。

式（6-4）存在的第一个问题来自该模型是横截面模型，无法控制样本异质性，虽然本章不讨论资本、劳动和技术变化等可变因素对区域间发展关系的影响，但是在横截面回归中，区域自身固定的异质性（自然条件、资源禀赋等）却与周边地区的辐射无关，忽略这一点进行界面回归使得最终估计结果会包含与特大城市辐射无关因素的影响，从而导致估计结果出现偏差。为了弥补这一不足，我们将采用空间计量面板数据模型，面板数据能够充分利用多个体的丰富的数据优势，通过固定效应方法剔除不可观测的地区异质性，因此将式（6-4）进一步扩展为面板数据模型，如式（6-6）所示。

$$\ln\left(\frac{y_{i,\,t+1}}{y_{i,\,t}}\right) = \alpha + \beta\ln(y_{i,\,t}) + \rho\sum_{j=1}^{n} w_{ij}\ln\left(\frac{y_{j,\,t+1}}{y_{j,\,t}}\right) + \varepsilon_{i,\,t}$$

$$\varepsilon_i = \lambda\sum_{j=1}^{n} w_{ij}\varepsilon_j + \eta_j$$

$$\eta_i \in N(0,\ \sigma^2)$$　　　　　　　(6-6)

其中，λ 为空间误差项系数，表示地区误差项通过空间权重加权后的相互影响。这是我们进行敏感性分析的主要模型，我们采用广义空间两阶段最小二乘法（generalizedspatial two-stage least squares，GS2SLS）进行模型估计。

二、检验结果

《地市县财政统计资料》提供了地级市下所有区和县的 GDP 数据，但是目前只能搜集到 1995—2008 的《地市县财政统计资料》，2009—2012 年区县 GDP 数据根据各区县统计公报整理而得。同时为了满足计量检验的样本规模需求，我们将周边区域由地级市扩展至区县级，如表 6-3 所示。

表 6-3　北京周边区域的区域样本

北京市周边区域	路北区、路南区、丰南区、开平区、丰润区、古冶区、迁西县、滦县、滦南县、玉田县、乐亭县、唐海县、迁安市、遵化市、南市区、北市区、新市区、清苑县、满城县、定州市、涿州市、安国市、高碑店市、易县、徐水县、涞源县、定兴县、顺平县、唐县、望都县、涞水县、高阳县、安新县、雄县、容城县、曲阳县、阜平县、博野县、蠡县、桥东区、桥西区、宣化区、下花园区、宣化县、张北县、康保县、沽源县、尚义县、蔚县、阳原县、怀安县、万全县、怀来县、涿鹿县、赤城县、崇礼县、安次区、广阳区、三河市、霸州市、香河县、固安县、永清县、文安县、大城县、大厂回族自治、县双桥区、双滦区、鹰手营子矿区、宽城满族自治县、兴隆县、平泉县、滦平县、丰宁满族自治县、隆化县、围场满族蒙古族自治县、承德县、武清区、蓟县

我们选取的样本区间为 1997—2012 年，为了保证估计结果的稳健性，我们采取 1997 年和 2012 年的空间权重矩阵进行估计，估计结果如表 6-4 所示。

表 6-4　北京市空间误差相关面板模型的回归结果

样本区间	I	II
β	-0.1434^{***}	-0.1434^{***}
	(0.0337)	(0.0337)
ρ	-0.0929^{***}	-0.0866^{***}
	(0.0034)	(0.0098)
λ	0.9007^{***}	0.6234^{***}
	(0.0049)	(0.0024)
adj_R^2	0.15	0.19
N	1185	1185

注：***、**、* 分别表示在 1%、5% 以及 10% 水平上显著。

ρ 是我们分析的关键参数，ρ 显著大于 0 意味着特大城市对周边区域产生了正向的带动作用，而 ρ 显著小于 0 则意味着特大城市对周边区域产生了负向的空吸作用，而 ρ 不显著则表明特大城市与周边区域的关系并不明显。从 ρ 估计结果看，北京市 ρ 显著小于 0，各样本区间内的估计都是稳健的，说明北京不仅没有带动周边区域发展还对周边区域产生了负向的空吸作用。

三、影响北京辐射能力的产业关联因素分析

从中心城市辐射能力分析，未来京津冀协同发展的关键在于如何发挥北京和天津的辐射能力。影响这种辐射能力的因素既包括欠发达地区的自我发展能力，也包括发达地区的辐射能力，这两者能力的结合点就在于产业匹配程度。这是因为产业是经济活动的主体，区域间的经济联系也多由产业间联系来体现，因此，产业结构特征将对区域协调发展产生重要影响。同时，为了更好发现产业关联因素的重要作用，我们同时对我国另外一座特大城市——上海的发展情况进行比较研究。

（一）两个命题

根据产业结构、匹配容易度以及区域协调发展的关系，可以得到如下两个命题。

命题 1：不同类型的产业，在不同区域间建立起该产业联系的难易程度是不同的。不同的产业在产业链条数量、专业化程度、分工程度、技术含量等方面都是不同的，而这些方面的差异会影响产业间建立联系的容易程度。以产业链条数目为例，一个产业内部的产业链条数量越多，这个产业在不同区域间建立起联系的难度也就越低，可能性就越大，相反，如果一个产业的产业链条数量较少，不同区域间在该产业上形成经济联系的难度也就越大。

命题 2：对区域协调发展而言，中心城市产业结构的产业匹配容易度越高，其对周边区域的辐射能力就越强，整个区域的协调发展程度就越高。作为区域经济增长中心，增长极城市的产业结构如果具有较高的产业匹配容易

度，周边区域就能够相对容易地与增长极城市建立起产业联系，整个区域的协调发展程度就高，在这个过程中由于增长极城市经济规模大、产业结构复杂度高，产业区域分工体系的形成主要依靠增长极城市的辐射能力。

两个命题很好地揭示了增长极城市带动周边区域从而实现区域协调发展的机理，接下来我们将界定产业匹配容易度内涵，并测算各产业的匹配容易度。产业匹配容易度实际上包含两层含义：第一层含义是单个产业建立联系的容易程度，比如有的产业其产业链分工程度特别高，其他区域很容易选择某一产业链作为主导产业发展从而建立起与该产业的联系，可以将该值命名为产业的匹配容易度 DIMF（the degree of industry match facility）。第二层含义是指一个城市或区域全体产业的匹配容易度，该值是根据单个产业匹配容易度和自身产业结构比例构成测算出的产业匹配容易度，可以将其命名为 DCIMF（the degree of city industry match facility），其与 DIMF 的关系为

$$\text{DCIMF} = \sum_{i=1}^{n} w_i \cdot \text{CIMF}_i，其中 W_i 是城市各产业的比例。$$

（二）产业匹配度的测算

我们选择投入产出方法中的影响力系数和感应度系数之和作为 DIMF。其中，影响力系数和感应度系数的测算方法见式（6-7）和式（6-8）。

影响力系数：

$$F_j = \frac{\sum_{i=1}^{n} \overline{b_{ij}}}{\frac{1}{n} \sum_{i=1}^{n} \sum_{j=1}^{n} \overline{b_{ij}}} \quad (j=1，2，\cdots，n) \tag{6-7}$$

其中，$\sum_{i=1}^{n} \overline{b_{ij}}$ 为列昂惕夫逆矩阵的第 j 列之和，表示 j 部门增加一个单位最终产品，对国民经济各部门产品的完全需要量；$\frac{1}{n} \sum_{i=1}^{n} \sum_{j=1}^{n} \overline{b_{ij}}$ 为列昂惕夫逆矩阵的列和的平均值。

感应度系数：

$$E_i = \frac{\sum\limits_{j=1}^{n} \overline{b_{ij}}}{\frac{1}{n}\sum\limits_{i=1}^{n}\sum\limits_{j=1}^{n} \overline{b_{ij}}} \quad (i=1,\ 2,\ \cdots,\ n) \tag{6-8}$$

其中，$\sum\limits_{j=1}^{n} \overline{b_{ij}}$ 为列昂惕夫逆矩阵的第 i 行之和，反映当国民经济各部门均增加一个单位最终使用时，对 i 部门的产品的完全需求；$\frac{1}{n}\sum\limits_{i=1}^{n}\sum\limits_{j=1}^{n} \overline{b_{ij}}$ 为列昂惕夫逆矩阵的行和平均值，反映当国民经济各部门均增加一个单位最终使用时，对全体经济部门产品的完全需求的均值。

由影响力系数和感应度系数的测算公式可以发现，两值都能够反映一个产业被建立联系的容易程度，该值越大就表明该产业越容易与其他产业建立起联系。因此，我们将利用 2012 年投入产出表测算出各产业的产业匹配容易度。最终测算结果如表 6-5 所示①。

表 6-5 基于投入产出表 41 个产业影响力系数和感应度系数的测算结果

产业	感应度系数	影响力系数	匹配容易度系数	顺序
化学工业	3.5174	1.2125	4.7300	1
金属冶炼及压延加工业	2.5877	1.2257	3.8134	2
电力、热力的生产和供应业	2.2777	1.0996	3.3773	3
通用、专用设备制造业	1.6442	1.2581	2.9023	4
通信设备、计算机及其他电子设备制造业	1.4943	1.3938	2.8881	5
交通运输及仓储业	1.6033	0.9267	2.5299	6
石油加工、炼焦及核燃料加工业	1.5082	1.0004	2.5086	7
农林牧渔业	1.7838	0.7164	2.5002	8
交通运输设备制造业	1.1467	1.3121	2.4587	9
电气、机械及器材制造业	1.1005	1.3361	2.4366	10
食品制造及烟草加工业	1.3216	1.0044	2.3261	11

---

① 测算影响力系数和感应度系数需要测算列昂惕夫逆矩阵，限于文章篇幅，此处略去。

产业	感应度系数	影响力系数	匹配容易度系数	顺序
造纸印刷及文教体育用品制造业	1.0863	1.2024	2.2886	12
纺织业	1.1158	1.1568	2.2726	13
金属制品业	0.9868	1.2786	2.2654	14
石油和天然气开采业	1.4732	0.7756	2.2487	15
煤炭开采和洗选业	1.3437	0.8775	2.2211	16
非金属矿物制品业	0.9175	1.1620	2.0795	17
金属矿采选业	0.9867	1.0370	2.0237	18
仪器仪表及文化办公用机械制造业	0.6268	1.3039	1.9307	19
木材加工及家具制造业	0.7146	1.1940	1.9086	20
租赁和商务服务业	0.8517	1.0048	1.8565	21
纺织服装鞋帽皮革羽绒及其制品业	0.6203	1.2150	1.8352	22
金融业	1.1960	0.6324	1.8284	23
住宿和餐饮业	0.7889	0.9137	1.7025	24
批发和零售贸易业	1.0461	0.5998	1.6458	25
工艺品及其他制造业	0.7236	0.9032	1.6268	26
建筑业	0.4211	1.1521	1.5732	27
非金属矿及其他矿采选业	0.4955	1.0518	1.5473	28
卫生、社会保障和社会福利	0.3698	1.0646	1.4344	29
研究与实验发展业	0.4034	1.0207	1.4240	30
燃气生产和供应业	0.3972	1.0061	1.4033	31
综合技术服务业	0.5552	0.8422	1.3974	32
信息传输、计算机服务和软件业	0.5666	0.8212	1.3877	33
居民服务和其他服务业	0.5325	0.8367	1.3693	34
水利、环境和公共设施管理	0.3975	0.9559	1.3534	35
邮政业	0.3783	0.9321	1.3104	36
水的生产和供应业	0.3677	0.9082	1.2759	37
文化、体育和娱乐业	0.4275	0.8387	1.2662	38
房地产业	0.5389	0.5635	1.1024	39
公共管理和社会组织	0.3368	0.6794	1.0162	40
教育	0.3487	0.5845	0.9332	41

测算结果表明：第二产业的产业联系度比第一产业联系度高，第三产业联系度最低，换言之，以第三产业为主要产业结构的城市，与外部区域建立密切的产业联系比较困难，而以第二产业为主要产业结构的城市，其与外部区域建立密切产业联系的难度相对较低。在测算得到各产业匹配容易度指数后，我们将利用京沪两市的产业结构数据测算两市的产业匹配容易度指数。

（三）测算结果

在数据可得性的要求下，理论上可以利用产业数据测算出京沪产业匹配容易度指数，但是当前统计体系没有提供京沪两市 41 个细分产业的经济规模数据。通过查阅不同类型的统计年鉴，发现只有《中国城市统计年鉴》提供了地级及以上城市 19 个产业的就业数据。因此我们首先将 41 个产业的匹配容易度整合为 19 个产业，随后以产业的就业比例为基准，测算出京沪两市 2003—2013 年的产业匹配容易度，数据来源于 2004—2014 年《中国城市统计年鉴》。表 6-6 是根据表 6-5 中 41 个产业经过合并后测算的 19 个产业匹配容易度结果。

表 6-6　合并后的 19 个产业匹配容易度

产业	匹配容易度	产业	匹配容易度
农、林、牧、渔业	2.50020	房地产业	1.10240
采矿业	2.09610	租赁和商业服务业	1.85650
制造业	2.40120	科学研究、技术服务	1.42400
电力、燃气及水的生产供应	2.32660	水利、环境和公共	1.35340
建筑业	1.57320	居民服务和其他服务业	1.36930
交通运输、仓储及邮政业	2.52990	教育	0.93320
信息传输、计算机	1.38770	卫生、社会保障和	1.43440
批发和零售业	1.65480	文化、体育和娱乐业	1.26620
住宿、餐饮业	1.70250	公共管理和社会组织	1.01620
金融业	1.82840		

注：根据表 6-5 测算而来，其中采矿业、制造业、电力、燃气及水的生产供应产业匹配容易度指数经过权重均值调整。

根据 2004—2014 年《中国城市统计年鉴》京沪两市 19 个产业的就业人员数据，我们测算得到两市 2003—2013 年的产业匹配容易度指数，如表 6-7 与图 6-1 所示。

表 6-7　2003—2013 年京沪两市的产业匹配容易度指数

DCIMF	2003 年	2004 年	2005 年	2006 年	2007 年	2008 年	2009 年	2010 年	2011 年	2012 年	2013 年
北京市	2.092	2.004	1.981	1.963	1.912	1.803	1.721	1.712	1.713	1.699	1.677
上海市	2.210	2.242	2.215	2.189	2.176	2.108	2.007	2.001	1.933	1.916	1.895

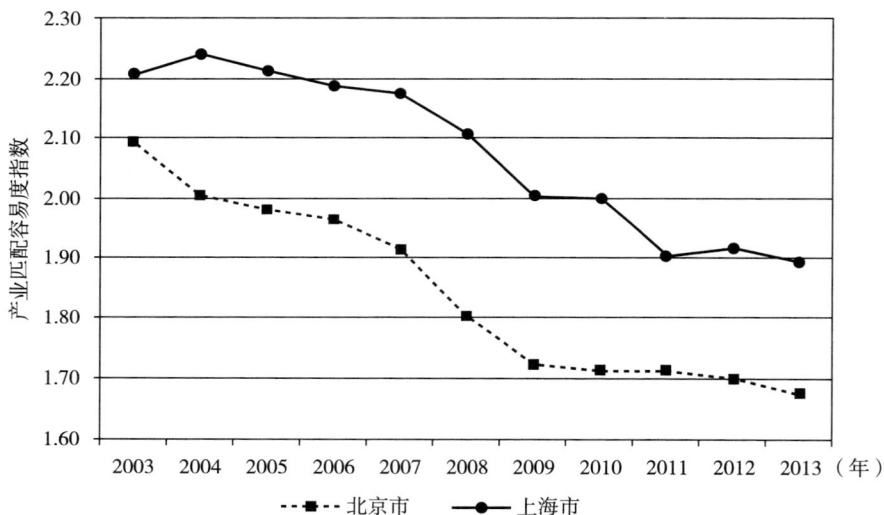

图 6-1　2003—2013 年京沪两市的产业匹配容易度指数

从测算结果可以得到如下结论。

第一，2003—2013 年，上海的产业匹配容易度指数一直高于北京，且两者之间的差距在拉大，2003 年上海产业匹配容易度指数为 2.21，比北京高 0.118，而 2013 年上海产业匹配容易度指数降为 1.895，同年北京产业匹配容易度指数为 1.677，两者差距已经扩大到 0.218。这表明在两市周边区域的发展过程中，上海的周边区域更容易与上海建立起产业发展上的联系，这种联系表现为上海对周边区域具有较大的辐射能力。

第二，2003—2013年，京沪两市的产业匹配容易度指数始终是在下降的。这意味着京沪两市的产业结构逐渐转向服务业化，这也是比较好理解的，作为中国最大的两座城市，京沪两市的第三产业比例是逐渐提高的，实际上2014年京沪两市的第三产业比例已经分别接近70%和80%，在这种趋势下，京沪两市对周边区域的辐射能力是逐渐下降的。

第三，2003—2013年，北京的产业匹配容易度指数下降速度更快。2003—2013年10年间，北京产业匹配容易度指数下降了0.415，而同时期内上海的产业匹配容易度指数只下降了0.315，这表明2003—2013年北京产业转型速度极快，以第三产业的比重变化为例，北京第三产业比重由2000年的58.3%提高至2013年的76.9%，13年间增加了18.6个百分点，年均增长率达到1.43个百分点，而上海2000年的第三产业比重为52.1%，2013年为62.2%，13年间第三产业比重只增加了10.1个百分点，年均增长率只有0.78个百分点。同时在正常情况下，基数较高的城市其增长速度应该要低于基数较低的城市，也就是说北京第三产业比重的提高速度应该是低于上海市的，然而这13年间北京第三产业比重增加速度却是上海的1.83倍之多。前文已经表明第二产业的产业匹配容易度指数高于第三产业，因此，第三产业比重增速更快的北京其对周边区域的辐射能力也随着第三产业比重的快速增加而逐渐下滑。

第三节　研究结论与政策启示

根据对京津冀地区内部的区域经济联系进行研究，我们可以得到如下结论。

第一，区域发展和地方发展是两个重要的研究课题，区域发展注重跨行政区域的发展，而地方发展更注重单一行政区域的发展。从我们的研究中可以发现区域关系问题十分复杂，影响北京发挥增长极作用从而顺利带动周边区域发展的因素众多。因此，在推动区域发展时应该充分考虑不同因素的不同影响，在制定区域发展战略时应该将作用对象是跨行政区域的区域政策与作用对象是单一行政区的地方发展政策予以有机结合，提高中心城市与其周边区域的联系程度从而发挥中心城市对周边区域的带动作用。

第二，中心城市应该重视自身内部经济的均衡发展。中心城市对周边区域的带动作用固然受其综合实力影响，但是我们的研究发现北京内部经济地理格局对其带动作用的影响同样明显。实际上，北京之所以对周边区域发展呈现负向的空吸效应，很重要一个原因在于北京内部经济均衡程度过低，边缘区域发展水平过于落后，无法发挥其自身的辐射带动作用。因此，中心城市在提高自身经济发展实力的同时，应该更加关注城市内部空间格局的均衡，提高内部经济的均衡程度，降低边界地区的障碍效应从而带动周边区域发展，缩小整个区域内的发展失衡程度。

第三，周边区域应该辩证看待与中心城市的发展关系。一方面，周边区域应该通过与中心城市构建密切的产业联系来提高自身发展速度，这种思路已经在无数区域发展实践中被证明是见效最快的发展模式之一；另一方面，周边区域的发展不能完全依赖于中心城市。随着中国区域经济均衡发展战略推进和区域经济格局的变化，未来会出现越来越多的具有重大红利的区域战略，对河北而言，当前应该抓住京津冀协同发展规划上升为国家级区域发展战略的重大机遇，采取各种措施大力发展经济，从而实现自身经济发展水平和发展能力的提高。

第七章　生态空间：京津冀区域间
生态补偿机制构建研究

在所有研究京津冀地区协同发展的视角中，生态视角应该是一个重要视角。这是因为，一方面京津冀地区尤其是京津两市自身的自然资源禀赋并不丰富，资源因素是制约京津冀地区可持续发展的重要影响因素。以水资源为例，北京市人均水资源占有量 2011 年为 119 立方米，天津市为 116 立方米，两地均低于世界重度缺水标准，资源缺乏可见一斑。另一方面，京津冀地区却属于中国的高污染区尤其是空气污染区之一。根据 2013 环境保护部公布的城市空气质量排行榜，在前十位污染城市中，仅河北一省就占据 7 席，而北京市的雾霾天气更是屡屡引起国内外各界人士的广泛关注。在这种背景下，我们试图从生态视角出发，对京津冀地区协同发展的生态因素如资源环境情况、生态足迹、生态承载力以及生态补偿机制的构建进行全面研究，以期为京津冀地区协同发展战略的推进提供具有一定参考意义的建议。

第一节　区域生态补偿的概念界定

区域生态补偿（regional eco-compensation）就是在区域尺度内定位生态补偿机制中的相关利益主体，这些利益主体包括生态保护者、受益者和破坏者等，其关注的内容为区域主体、区域产权和区域利益，并通过恰当的经济、政策等手段或者制度安排，根据生态保育的成本、生态系统服务价值、区域发展的机会成本等，调节各区域之间生态、环境和经济利益的不平衡，从而达到保护生态系统服务功能，提高整体环境质量，进而促进区域协调发展这一目的。简而言之，区域生态补偿是以生态补偿为手段来协调人地关系中的区域关系问题。因此，区域生态补偿与生态补偿最大的区别在于区域生态补偿更强调生态补偿的主体即不同类型的区域上。

目前，在行政区域的基础上形成的经济区域（即行政经济区域），彼此之间激烈的竞争和合作关系成为我国经济社会发展的主要推动力量，而行政区域之间形成的生态、环境和经济利益上的冲突则成为区域矛盾的主要内容，并成为区域协同发展的一重大制约因素。行政经济区域与其他类型的区域相比具有清晰的边界，即行政界限，这同时也是区域利益的边界；具有区域利益的代言人，即政府，它的利益边界也就是区域边界，根据区域利益理论，在同一个区域内部存在多重区域利益主体，而正是由于不同利益主体间的利益诉求有所不同，区域生态补偿机制的存在才尤为重要。具体而言，以下两种利益冲突是区域生态补偿机制存在的前提。

第一种利益冲突体现在地方政府与中央政府间。经济发展与生态保护并非不可兼得。但是对于中国绝大部分地方区域而言，经济发展利益仍然高于生态保护利益，很多地区长期采取先污染后治理的经济发展方式，然而随着经济发展水平的逐渐提高，生态环境在整个国家发展格局中所占据的地位也愈发重要，中央政府也一再提高生态因素在整个经济发展过程中的地位。因此，一方面，中央政府对整体发展环境的生态情况极为关注，并从最大化整体生态利益视角对全国各地区的发展情况进行了主体功能区划分，强调生态保护处于重要地位；另一方面，现实经济发展过程中许多地方政府仍然在追逐经济发展利益。换言之，地方政府与中央政府在经济利益和生态利益的侧重上出现了偏差，因此，在地方政府与中央政府间构造生态补偿机制就具有很强的现实意义。

第二种利益冲突体现在区域自身与邻近区域间。行政区域的边界是清晰的，不存在任何争议。但是自然区域尤其是流域、森林、大气等领域却不存在界限，在当前发展过程中区域间除了具备较强的经济联系外，在资源利用和环境保护上也存在较强的关系。以河流为例，处于河流上游的区域与处在河流下游的区域在水源保护方面就会出现较大冲突，下游区域会要求上游区域禁止开发和大力保护水源地区，为了使得上游区域能够按照下游区域的行动预期展开行动，下游区域将会对上游区域进行生态补偿。因此，区域间的资源利用和环境保护联系是区域间生态补偿机制存在的重要前提之一。

第二节　区域生态补偿的关键问题

在回顾了区域生态补偿概念后，接下来将探讨构建区域生态补偿机制中的几个关键问题，并在后文中对此展开详细分析。

一、构建区域间生态补偿机制的意义

构建区域间生态补偿机制的意义主要体现在如下四个方面：

首先，区域间生态性补偿制度和运作机制的建立有利于实现区域协调发展。现阶段，伴随着世界性人口压力的骤增、自然资源不断枯竭，环境资源也面临着进一步恶化和资源紧缺的紧张形势，区域环境资源关系日益成为区域关系中的重要组成部分，区域环境资源关系处理的好坏将会决定区域发展关系能否协调发展。

其次，区域间生态补偿制度和运行机制能使区域间生态安全得到基本保障，其中生态安全性包括两点：一是经济的可持续性发展不能受到自然生态环境恶化的影响；二是避免不良的环境问题引起人民群众之间的不满意情绪，从而影响社会的稳定发展。如今，经济环境压力越来越大，环境与经济的矛盾越来越突出，区域经济关系发展稳定的最关键问题就是区域性环境问题。一个地区的环境发展情况很多时候会成为相近地区经济发展的直接性影响因素，一个地区的环境污染情况也会严重威胁到其他临近地区的生态环境。这不但使区域生态环境发展能力受到影响，也使区域经济发展的可持续性下降，进而限制了本地群众的正常生活。

再次，区域间生态性补偿制度和运作机制的建立可以减少地区间的经济差距。目前，我们国家的各区域间发展呈现逐渐增大的趋势。这种差距不仅存在于整体意义上的南方和北方、东部地区和西部地区，而且还存在于微观意义上的同地区之间的市县。由于社会经济发展过程中，微观方面的距离，由于相邻的区域之间，生态间有着互相依赖的关系，使建立区域间运作制度与生态性补偿制度非常必要。

最后，区域间生态性补偿制度和运作机制的建立可以深入地推进区域间生态性补偿制度和运作机制的完善。总而言之，我国的生态性补偿机制建立时间不长，算是很新鲜的理论，还有很多的困难和问题需要处理。其中，我国现阶段都是以政府补偿为主进行生态补偿的，所有的补偿资金由政府支出。不过，实际上，生态补偿支出属于全局性、系统性的工程，只凭借政府部门来推进它后劲明显不足，还应该最大化地发挥各省市政府部门以及市场主体的力量，这样才能从根本上分担政府部门的财政压力，对人力资源与资金的压力进行弥补，使生态实现纵向与横向发展，从而健全我国的生态补偿机制。

二、区域生态补偿方向的确定

区域生态补偿方向实际上就是区域生态补偿的主客体，指的是生态补偿支出方和获得方。从中国现行区域管理体制来说，行政区域具有清晰明确的行政与利益边界，并具有区域利益的代言人，即政府。从我国已有的区域生态补偿实践来看，在相当长时期内政府将代表各自区域以区域生态补偿的主体身份出现，因此，在构建区域生态补偿框架的过程中首先要确定的就是生态补偿的支出主体和生态补偿的获得主体，同时考虑同一个区域内存在着不同级别的政府利益主体如中央政府、省市县等政府，同级别区域间发生的生态补偿可称为横向补偿方向，而中央政府与地方政府间发生的生态补偿则称为纵向补偿方向。一般情况下，保护生态环境的区域主体或者因为保护生态环境而损失其他区域能够利用的发展机遇的主体应该是生态补偿的获得者，而中央政府和因为其他区域实施生态保护的获益主体应该是生态补偿的支出方，但在实际的生态补偿机制构建过程中，补偿支出方和补偿获得方的确定需要根据生态补偿的对象、生态补偿主体的地理位置、经济实力以及不同主体间的生态环境相互影响的情况综合决定。这个过程面临两个关键问题：

第一，纵向关系方面存在的问题主要体现在转移支付理论仍有较大局限。这种局限性表现为：其一，只体现了公平性原则而忽略了效益性原则。财政性转移支出，是上级政府部门对下级提出的，重点在于地方财政系统的平衡性，这些办法仅仅体现了区域间的公平性原则，没有实现提高经济效益目标，以及优化配置资源的目标。尤其是没有显示出经济与生态效益的市场性关联，使生态经济服务中的经济效益被忽略。其二，目前的转移性支付仍然有问题，它在有些项目建设上以专项支出的方式进行转移支付，例如，生态示范区建设工程等，补偿面不宽，也没形成统一的制度化。此外，转移支付数量还比较少，并且有很大的随意性，生态地区的生态支出与责任的矛盾问题还无法及时解决，在一些经济还不发达的生态地区中，转移支付在提升经济福利水平，解决事权和财权矛盾等问题上，还没有起到应有的作用。

第二，在横向积极关系中存在的主要弊端就是现阶段横向性的经济支付转移未能突破障碍。根据政府职能制度的分级需要，很容易实现上一级政府对下级的转移支付，由于同级政府之间存在着经济利益与政治利益的竞争，在公共财政方面的界线明确，所以，发展的主要方向就是地方财政收入的最大化，非生态性区域政府就把作为公共物品的生态环境当作一项重要的选择。此外，尚未建立起横向的实际性转移支付，相对于非生态区域，生态环境服务还属于免费的午餐，在设计机制的过程中有很大的难度。由于缺少横向财政转移支付机制，使生态服务的供给效率越来越低，这也是大量区域产生生态问题，缺少生态保护的主要原因。

三、区域生态补偿标准的确定

区域生态补偿框架中另一个重要问题是生态补偿标准或者额度的确定。

区域生态补偿某种意义上是一种区域间的转移支付，由生态受益主体向生态受损或因为保护生态而遭受损失的主体进行资金支付。在实际过程中，确定合理、科学而又令补偿双方主体满意的生态补偿额度是一件极其困难的事情。一方面，如果制定的生态补偿标准或额度过高会加重生态补偿支出主体的经济负担甚至影响其经济可持续发展，而生态补偿标准或额度制定过低将会使得生态补偿保护方陷入资金缺乏的发展困局甚至会使得生态补偿方消极保护生态环境，同时更为严峻的是，由于各个区域的实际情况不同，难以制定出一套完善的生态补偿制度供不同区域在确定生态补偿标准或额度的过程中予以参考，区域生态标准和额度的确定只能依靠区域间的谈判和博弈或者中央政府的行政命令决定，这种情况下制定的区域生态补偿标准或额度很难令生态补偿双方满意。

四、构建区域生态补偿机制的其他问题

构建区域生态补偿机制是具有全面性、约束性、可靠性和操作性的区域生态补偿思路，除了确定生态补偿支出方和获得方以及生态补偿标准，应该还需要以双方的可持续健康发展为根本目的，综合考虑如补偿方式的选择即是只选择资金补偿这一种方式还是综合性的利用多种补偿方式、关于生态补偿方面的法律制定、区域协商机制的构建、生态补偿资金的用途等多方面的事物。

第三节　区域生态补偿标准的确定

生态足迹和生态承载力是区域生态补偿机制构建的基础数据，而补偿标准的确定则是区域生态补偿机制构建过程中需要测算出来的关键数字。因此，如何确定生态补偿标准对于区域生态补偿机制的构建极为重要。通过梳理相关文献，可以确定生态补偿标准的方法分为价值比较方法、市场确定方法和半市场确定方法，其中价值比较方法主要包括区域生态系统服务功能价

值法、生态效益等价分析法，市场价值法则是市场确定方法的代表，半市场确定方法主要包括机会成本法、微观经济学模型法和意愿调查法，下面对此进行简要介绍。

一、价值比较方法

价值比较方法的机理是区域生态系统具有生态价值，而这种价值的相对高低是决定不同区域在生态补偿机制中获得生态补偿额度的基准，一般情况下生态系统服务价值高的区域会获得较高的生态补偿，而生态系统服务价值较低的区域则会得到较少的生态补偿或支付生态补偿。该方法的核心在于估算区域的生态系统价值。因此，生态系统服务功能价值是该种方法中的主要方法。

生态系统服务价值功能法：这种方法是衡量生态补偿性标准的一个手段，是根据生态系统服务性功能的属性或者是更改以后的价值属性来确定的。这种衡量方法的主要内容就是利用市场经济价值规律、机会成本规律、基本的成本计算方法、人力资本运算法、生产生活基本法以及置换成本等方法评测出生态服务系统的基本价值，并且进一步确定生态补偿性措施的衡量标准。

生态效益等价分析法（HEA）：HEA 是由多种参数值共同作用的数学经济模型，是一种用于计算定量化的生态功能损害的一种方法。在研究的过程中，依据经济学发展原理，把计算出的参数值带进相应的数学模型，从而得到生态补偿的强度值。如今，比较先进的一种模型是 HEA，通过模型可以得出自然生态服务系统的功能价值，获得恢复性价值参数，计算出补偿性价值标准值。

二、市场确定方法

市场价值法运作的主要原理为，把生态系统的服务功能看作一类商品，把这一类商品作为中心来建立起一个市场，自然生态的受益者与补偿者都属于市场的参与者。在生态补偿过程中，起到决定性因素的就是市场经济的价值规律，以及由此产生的均衡性价值，即通常所讲的需求与供应曲线的交结点。自然生态系统的服务属性或者被削弱，或者被覆盖在市场的定价中。大众市场是多元化的，主要包含竞争市场和垄断市场，因此其本身的价格机制也存在差异。在当前生态补偿项目操作的过程中，对市场的经济价值规律和市场特征的研究很少，定价机制的形成主要是区域性的政府部门和企业协商的结果。

三、半市场确定方法

机会成本法：机会成本是经济学领域中的一个重要定义，可以把它理解成为了得到某种利益而必须放弃的最大利益，它是保护者为使生态系统平衡得到保障，需要舍弃的发展机遇、经济收入等。通常来讲，在生态补偿过程中，比较明显的机会成本可以分成两大类：人力资源成本、土地利用成本。机会成本法被认定为比较科学、合理且使用频率较高的生态补偿衡量标准手段，可以精确地测算出区域生态环境的保护成本并最终能够起到推动补偿者积极主动地保护环境的目标。但是机会成本法也存在一些弊端，首先，按照含义，机会成本是保护者自己主动放弃的机会。在具体的生态保护过程中，保护者失去的不仅是耕地和林业资源带来的经济收入，还失去了包括矿产资源、工业发展带来的收入等，这种机会成本投入是相当高的，现阶段考虑到的因素仅仅是机会成本的一部分收入。其次，数据的真实可靠性决定了机会成本法的精确值，大部分根据社会调查得出的结论都是带有误差的。总而言之，从市场经济的角度来看，这种理论的最终结论仅仅代表一个方面的定价方法，还需要更深入地研究补偿者的机会成本。

微观经济学模型法：把微观经济学中的原理作为基础，研究一些个体的偏好，对生态补偿衡量标准的相关问题采取经济学手段解决。近些年来，利用数学和经济学科间的紧密联系性进行生态学方面的研究已经成为一种全新的发展趋势。微观经济学模型法在不同种类的生态补偿上应用范围较广，而且根据数据得出的研究结论也符合现在社会的发展趋势。微观经济学模型测算生态补偿的衡量标准主要基于生态环境保护和收益主体的个体行为，这种方法的优势在于整个博弈过程经过了严格意义上的经济学和数学计算、推理得出的研究结果在理论上是正确的，且具有客观性，既符合客观性的推理过程也具有严谨性的特点。当然该方法也存在一定弊端，其一，该方法运用的理论数据关系还没有被实证研究证明，所以其经济价值和社会价值还处于摸索阶段；其二，其研究方式也没有进行统一性的标准化规定，所以不同的学者采用不同的研究方式，得出的研究结论也具有差异性，不利于进行深入的对比和研究。与此同时，没有相同的研究体系基础也是整个研究过程缓慢的主要障碍。

意愿调查法：此种方法主要用于访问被调查者关于完善和保护自然生态环境的愿意程度。在解释支付意愿中，意愿调查法有多方面的应用，适用范围较广。可以利用这种方法，整合发展直接使用成本和预算等多种因素，通过调查问卷的方式获取确定生态补偿标准的数据，避免了大量数据的限制，可以帮助那些生态系统的服务者为生态系统提供便捷优质的个性化服务。不过，它还是存在很多明显的缺点，如操作风险系数较高，调查数据的真实性难以得到保障。

四、方法比较与选择

将上述三类六种生态补偿标准的确定方法进行比较，比较结果如表 7-1 所示。

表 7-1 确定生态补偿标准的六种方法比较

方法	基本原理	要点	主客观性
生态系统服务功能价值法	生态系统的服务价值理论	测算出区域生态系统价值	比较客观
生态效益等价分析法	替代成本	生态修复的过程及所需资金	比较主观

方法	基本原理	要点	主客观性
市场价值法	供求关系	获得资源和环境的市场价格	比较客观
机会成本法	机会成本理论	保护者的真实机会成本	比较主观
微观经济学模型法	微观经济学	获得参与者的效用偏好	比较客观
意愿调查法	补偿者和受偿者的意愿	获得参与者的效用偏好	相当主观

在上述六种方法中，生态系统服务功能价值法、市场价值法需要大量的实际数据，数据处理量较大，其测算结果比较客观，易于比较，而其他四种方法尤其是最后两种对参与者的主观偏好依赖较大，不同的参与者可能会导致生态补偿标准的不同，这使得最后测算的结果难以比较。另外，考虑到生态系统包括多种多样的资源，市场价值法需要合理确定所有资源和环境的市场价格，难度较大，基于这两方面原因，我们将选取生态系统服务功能价值法作为基准方法对生态补偿标准进行测算。

第四节 京津冀地区生态补偿实践

虽然目前京津冀地区并没有形成全面成熟的区域间生态补偿机制，但是在经济发展过程中天然的地理关系仍然使得京津冀三地在区域生态治理和生态补偿工作上有所进展，但是总体而言，这种进展是不全面的，存在较大问题。我们从水资源领域、矿产资源领域以及大气领域对京津冀地区间的生态补偿实践进行简要回顾。

一、京津冀地区水域生态补偿

我国环保部门早在 2007 年出台的相关文件中就指出，要对现有的补偿机制进行完善，尤其是要完善与水域有关的机制。在随后颁布的治理方法中指出，国家应该采取多种方式大力保护我国的饮用水资源，建立完善的补偿制度。在《水污染防治法》中也对工程用水要履行的职责进行了明确的规定：工程用水也必须要缴纳费用，不能因为其工作的特殊性而逃避责任。同时对一些用水单位也作出明确规定，要求这些企业必须按照规定缴纳水费。这一系列规定的出台不仅为保护水资源奠定了基础，同时也为我国的其他环保项目提供了法律方面的支持。

长时间以来，京津区域的用水大多都是由河北地区提供的，这也造成了河北地区水资源破坏严重的情况。比如，河北的张家口地区现在明显出现了水资源供应不足的情况。为了弥补河北地区作出的牺牲，这几年京津地区已经采取措施向河北地区提供补偿，这种补偿的模式目前是采用政府互相协商的模式。北京市政府与河北省政府已经针对水资源这一问题展开了多次讨论，并组织了多次座谈会，《北京市人民政府　河北省人民政府关于加强经济与社会发展合作备忘录》和《北京市人民政府　河北省人民政府关于进一步深化经济社会发展合作的会谈纪要》的形成标志着双方在水资源补偿上取得一定成就，这两份文件一方面明确提出北京市应该向承德和张家口支付1亿元的水源上游补偿资金，另一方面也提出北京市应该帮助这些地区进行产业升级。此外，2009—2011年，北京市安排1亿元资金支持河北省营造生态水源保护林20万亩。天津市政府也针对这一情况颁布了《天津市在河北省境内实施引滦水源保护工程专项资金项目管理办法》，在该办法中明确指出：天津市将为河北省治理环境划拨专项资金，大力支持河北省改善目前的环境。

另外，河北省政府也采取了相关措施大力治理本地区的资源环境，河北省通过强化责任的方式，使地方政府负责起本地区的环境治理工作。河北省内的各级环保部门为了响应政府的号召，组织人力对省内的接近60条河流、300个断面进行了考核，这次考核不仅使环保部门详细了解了本地区内的水资源状况，也在一定程度上遏制了排放污水的行为，间接地降低了河流的污染程度。总体上看，相比于其他领域上的生态补偿实践，京津冀地区在水资源生态补偿实践上进展较大，所出台的相关规定与负责方也比较明确，但是出台的文件中并没有提出明确的补偿标准，所补偿的金额也较低，模式单一化，这就导致出台的补偿措施无法真正满足河北地区的实际需求。

二、京津冀地区矿产资源补偿

矿产资源补偿方面，直到 1994 年中央政府才在《矿产资源补偿费征收管理规定》中作出明确的规定：国家将矿产资源补偿费用纳入到国家预算当中，并且设立专门的部门进行管理，实现金额的透明化、合理化。每笔款项的支出都是按照规定的比例，其中勘察费用占有大部分比例。虽然规定的补偿费用较低，但是仍旧可以看出国家已经开始采取措施来对矿产开采地进行补偿。为了进一步地对矿山环境进行合理的保护，需要在明确各个部门责任的同时建立一套完善的保护机制，在 2006 年河北省政府出台的《河北省矿山生态环境恢复治理保证金管理暂行办法》规定，只要是在河北境内进行采矿作业的人，就应该依据省内的规定缴纳应该缴纳的费用，这些费用将用于治理矿山的自然环境及恢复。当采矿人放弃在一个地区采矿的时候，必须恢复已经被破坏的生态环境，当确认已经恢复好生态环境以后要交予相关部门审核，相关部门验收合格后才会将其缴纳的费用退回。

京津冀地区是矿产资源非常丰富的地区，该地区工业城市较多，以承德与唐山为例，这两个城市一直在寻求资源补偿的方法，并且采取了很多措施：承德与唐山都在结合自身基础上颁布了矿产资源的治理方案，如承德市 2007 年制定的《承德市关于恢复矿山环境保证金的实施意见》，2008 年唐山市也出台类似规定。从这两个城市所颁布的法规内容上看，谁使用谁补偿这一基本原则体现得较为明显，并通过签订协议的方式对补偿的双方所享有的权利及需要履行的义务进行了明确，使双方在开采与治理的时候有了一个标准，能够界定自己的行动边界。两市虽然在补偿制度方面取得了一定的成果，但是由于矿产资源的经济价值属性突出，补偿标准确定难度较大，京津冀等地仍然在不断探寻新的治理方法。

三、京津冀地区大气领域生态补偿

京津冀地区的空气污染问题已经引起了全国甚至全世界的关注，北京的雾霾现象已经成为制约北京进一步提高城市竞争力的重要制约因素。2009—2013 年这一段时间内，所检测到的京津冀三个地区的环境质量均不达标，空气中含有的悬浮物颗粒远远超过了环境标准。在环境保护部发布的《2013 年重点区域和 74 个城市空气质量状况》，污染情况最严重的前 10 城市京津冀地区占据 7 席，部分城市空气重度及以上污染天数占全年天数的 40% 左右，从环境部门发布的监测情况可以发现，京津冀三个地区与国内其他地区相比，环境质量要差很多，部分城市空气质量常年处于一种污染非常严重的状态，这也反映出这三个地区空气的污染严重程度，着力解决这一区域的空气质量问题具有重要的现实意义和价值。但是由于空气跨区域流动特征，单纯依靠一个省市的力量是无法解决区域环境污染问题的，更为严重的是，我国行政区之间较为独立，区域之间的信息无法真正实现共享。因此想要解决京津冀的空气污染问题，提高区域间协作程度具有重要意义。

四、京津冀地区在生态治理上所存在的问题

在长时间的京津冀地区生态治理过程中，京津冀三地政府取得了一定的成就，但是由于缺乏顶层权威的限制与协调，京津冀地区在区域生态治理中仍然存在较多问题。

第一，缺乏主动治理心态。京津冀地区内的行政划分还是比较明确的，依旧是各管各的这一种模式，没有形成共同管理局面，主动治理心态有所缺失。一方面，京津冀内部部分区域仍旧把发展经济作为重点内容而对生态环境保护等方面重视不够；另一方面，在处理大气污染问题时，京津冀三地缺乏主动出击的心态，只是当大气污染问题发生的时候才出台措施进行治理，预防工作不到位，同时在治理污染过程中单一地依靠政府的力量，这种做法只能使得大气污染被短暂控制而无法永久性解决。实际上，2008 年奥运会

期间的环境质量是非常好的，这是因为当时京津冀地区共同签订了一份保障奥运会时期空气质量的协议并最终取得很好的效果，这次联合行动体现了区域间的协同合作，极大程度上保障了大气质量，使得京津冀地区的大气质量在整个奥运会期间保持在一个良好的状态。但是这种良好的合作并没有一直维持下去，在奥运会结束以后合作也随之结束。通过 2009 年的一些空气指标与奥运会期间的指标相比较可以发现，2009 年的各项空气污染指标与 2008 年相比都呈现出加剧的状态。实际上，利益是部门间、政府间合作的基础，两个甚至多个政府部门能够实现协作治理，其前提是基于共同利益，然而在京津冀地区，一方面由于相关政府部门长时间对空气质量问题的重视程度不够，没有深刻认识到空气问题对环境产生的危害，另一方面京津冀三地产业结构并不相同，污染性企业对于各自经济发展的含义也不相同，以 2014 年环保部门发布的五省市电力企业大气污染治理名单为例，河北和天津等地的污染性企业明显要多于北京[①]。在这种局面下，治理环境污染完全寄希望于河北省自身是很难取得令人满意的效果的，而目前京津冀地区间生态补偿制度的缺失更加使得区域协同治理生态环境难以进行。

第二，缺乏权威的协调机构。由于区域主体利益间的冲突，需要构建专门的机构协调京津冀地区的生态补偿机制。在当前的实践中，2014 年成立的京津冀协同发展领导小组和 2018 年成立京津冀及周边地区大气污染防治领导小组是主要的协调机构，同时也召开了包括京津冀生态环境协同发展高端会议等多次会议。从行政级别看，由副总理领衔的京津冀协同发展领导小组具有极高的地位，但是一方面这两个小组属于新成立不久的组织，在推动区域共同治理环境方面能否取得预期效果尚须进一步观察，另一方面该组织并不是一个常设机构，只是由现有的环保部门等临时组建的机构，绝大部分领导都是身兼数职，以京津冀大气污染防治领导小组为例，该小组是由京、

---

① 《2014 年五省市电力企业大气污染治理名单：319 家（全名单）》，2014 年 7 月 30 日，见 http://news.bjx.com.cn/html/20140730/532578. shtml。

津、冀、晋、鲁、内蒙古、豫七省区市及生态环境部、国家发展改革委、工业和信息化部、财政部、住房城乡建设部、中国气象局、中国能源局、交通运输部在内的八部门联合成立的，对当前的组织结构而言，如何厘清和划定各部门的责任是一个巨大的挑战，未来需要进一步设置更具有权威性的常设和专职性机构。

第三，缺乏完善的法律制度。《环境保护法》与《大气污染防治法》是我国目前在大气污染治理方面出台的相对完善的两部法律，这两部法律均已开始实施。首先，从内容上看，前者对区域环境治理问题进行了明确的规定，要求跨区域的行政区域应该共同治理环境问题，应该实施统一的管理与统一的标准。而后者就稍显不足，后者只是对大气排放物的控制区域进行了划分，但是划分的标准尚不明确，在现实经济活动中很难发挥作用。

其次，从法律法规上来看，京津冀地区虽然都有着与大气治理有关的法律条文，但是三地出台条文的时间以及各自内容存在巨大差别，实际上与北京治理大气的法律条文相比，津冀两地治理大气问题的法律条文不仅落后而且内容不够全面，无法有效指导各自的大气治理工作，未来津冀两地在修改自身的法律条文时一方面应该基于自身经济、生态发展情况，另一方面也应该尽可能地以北京高标准的治理条文为参考依据，只有这样京津冀三地在治理大气污染问题时才能够形成协同推进的局面。

最后，从空气质量的标准上来看，尽管我国已经颁布并执行与空气质量标准有关的法律，但从结果上来看，执行的力度并没有达到预期，造成这种情况的原因主要有以下几个方面：（1）缺乏统一的标准，单一地注重控制污染源，并没有重视对污染源的治理；（2）缺乏统一的制度，地区内的政府在治理大气污染时没有一个统一的标准，只是从表面上进行治理，换句话说，我们现在的治理只是为了治理而治理，并没有从根本上认识这一问题；（3）协调性差，每个地区所实行的标准都不同，这就导致无法进行跨区域治理。北京地区目前所建立的环境标准考核体系是较为完善的，但是其他两个地区还处于落后的状态。通过表7-2的比较，可以明显地看出区域之间的差异。

表 7-2　京津冀地区的排污费用对比表　　　　单位：元／千克

	调整前	调整后	执行时间
北京	0.63	10	2014 年 1 月
天津	1.26	6.3	2014 年 7 月
河北	1.26		2009 年 7 月

注：根据相关文件整理。

北京地区与天津地区的收费标准都是 2014 年出台的，从表 7-2 列出的数据我们可以看出北京地区的收费标准要远远高于其他两个地方，尤其是北京与河北两地的收费标准相差距极为明显，这种差距的存在使得企业在选择厂址的时候往往会侧重于选择收费标准低的区域，这就是为什么河北地区污染企业较多的原因，这种情况极大地阻碍了京津冀区域内协同治理环境的进程。

第四，缺乏统一的政策公布机制。制定政策时所要花费的精力是非常巨大的，每一个环节的形成都需要合理的信息为其提供支撑。然而地区间制定政策的时候往往会因为自身的利益而忽视了与上级政策相协调，这就会导致所颁布的政策不能与中央政策相统一。下面我们采用京津冀三个地区所颁布的《环境状况公报》来说明这种区域间的不协调性，如表 7-3 所示。

表 7-3　京津冀地区大气状况的对比表

	影响空气质量的因素	改善空气质量的地区	是否完全公布出了有害气体	酸雨沉降情况有无公布
北京	PM10、SO_2、NO_2、Q_3、CO	具体到区县	完全公布	公布了一部分
天津	PM10、SO_2、NO_2	全市	有害气体没有完全公布	没有公布
河北	PM10、SO_2、NO_2	具体到市	一部分有害气体没有公布	没有公布

注：根据《环境状况公报》整理。

通过对上述三个地区所颁布的《环境状况公报》内容的分析，我们可以看出，这三个地区所公布的内容并不一致，三个地区间缺乏统一公布机制；在公布的内容方面，尽管这几个地区已经加大了信息分享力度，但是在直接信息方面的分享还较少，如北京地区无法获得详细的河北治理污染情况，使得区域间的合作机制难以形成，区域协同治理污染局面难以形成。

第五节　京津冀区域生态补偿额度

在所有不同的构建区域生态补偿方法中，区域生态补偿的前提是区域生态系统在经济发展过程中其价值受到了损害，为了保障区域的可持续发展必须对区域生态系统所受到的损害予以补偿，这是区域生态补偿机制的根本机理。在本章的研究中，我们首先必须对京津冀区域的区域生态系统服务价值进行测算，其次应该根据京津冀区域生态系统受损害情况测算出京津冀区域应该在生态补偿方面的资金，最后需要确定生态补偿资金的来源标准和分配方式。

一、现有测算区域补偿标准思路的不足

通过梳理相关文献，发现在现有测算区域生态补偿标准的方法中，式（7-1）是最为常见的一种思路，其内容如下：

$$EC_i = V_i \times R_i \times \frac{A_i - EF_i}{A_i} \tag{7-1}$$

其中，V_i 为区域生态系统服务价值，R_i 为经济调整系数，A_i 为区域生态承载力，EF_i 为区域生态足迹，该方法确定区域生态补偿额度的研究中被广泛运用，其详细介绍参见文献[1][2][3]。该思路在测算技术上没有问题，但是在

---

[1]　马爱慧、张安录：《跨区域土地生态补偿——以"两型社会"试验区为例》，《国土资源科技管理》2010 年第 1 期。

[2]　杨欣等：《武汉城市圈跨区域农田生态补偿转移支付额度测算》，《经济地理》2013年第 12 期。

[3]　刘强等：《基于生态足迹与生态承载力的广东省各市生态补偿的量化研究》，《安徽农业科学》2010 年第 21 期。

测算思路上却存在严重不足，该方法的测算思路只考虑了生态补偿支出额度的确定，却没有对生态补偿资金的分配进行研究，实际上生态补偿资金的分配某种意义上比生态补偿标准的确定更为重要，因为这直接关系到相关区域能否获得符合自身实际情况的生态补偿。因此我们将首先按照式（7-1）对京津冀三地各自的生态补偿支出进行测算，随后利用各地的生态系统服务价值分配生态补偿资金。

二、区域生态补偿调整系数的确定

在现有文献中一般利用研究对象区域的地区生产总值与全国国民生产总值的比值作为经济调整系数，但是考虑到不同区域间在经济发展水平上的差距，尤其是对于京津冀区域而言，需要补偿的区域如河北由于地域面积较大，其经济规模比京津两地更大，如果按照经济规模确定调整系数可能有失偏颇，考虑到财政收入指标既能够反映经济发展情况，其差距受区域面积的影响没有 GDP 那么大，我们用财政收入指标来确定生态补偿调整系数，即

$$R_i = Fr_i/NFr \tag{7-2}$$

其中，R_i 生态补偿调整系数，Fr_i 为三地财政收入，NFr 为全国财政收入，根据国家统计局数据，可得到三地 2000—2012 年的生态补偿额度，如表 7-4 所示。

表 7-4　京津冀三地 2000—2012 年区域生态补偿额度

年份	北京（亿元）	天津（亿元）	河北（亿元）	中国（亿元）	京调整系数	津调整系数	冀调整系数
2000	345	133.61	248.76	6406.06	0.05386	0.02086	0.03883
2001	454.17	163.64	283.5	7803.3	0.05820	0.02097	0.03633
2002	533.99	171.83	302.31	8515	0.06271	0.02018	0.03550
2003	592.54	204.53	335.83	9849.98	0.06016	0.02076	0.03409
2004	744.49	246.18	407.83	11893.37	0.06260	0.02070	0.03429
2005	919.21	331.85	515.7	15100.76	0.06087	0.02198	0.03415

续表

年份	北京 （亿元）	天津 （亿元）	河北 （亿元）	中国 （亿元）	京调整 系数	津调整 系数	冀调整 系数
2006	1117.15	417.05	620.53	18303.58	0.06103	0.02279	0.03390
2007	1492.64	540.44	789.12	23572.62	0.06332	0.02293	0.03348
2008	1837.32	675.62	947.59	28649.79	0.06413	0.02358	0.03307
2009	2026.81	821.99	1067.12	32602.59	0.06217	0.02521	0.03273
2010	2353.93	1068.81	1331.85	40613.04	0.05796	0.02632	0.03279
2011	3006.28	1455.13	1737.77	52547.11	0.05721	0.02769	0.03307
2012	3314.93	1760.02	2084.28	61078.29	0.05427	0.02882	0.03412

三、区域生态补偿的支出和分配

根据生态补偿额度公式以及生态补偿调整系数，结合前文测算的生态足迹、生态承载以及生态赤字数据，我们得到京津冀三地各自的生态补偿支出情况，如表 7-5 所示。

表 7-5 京津冀三地 2000—2012 年各自生态补偿支出 单位：亿元

年份	北京	天津	河北
2000	-112.25	-36.30	-175.40
2001	-130.37	-43.67	-205.15
2002	-149.43	-45.14	-219.16
2003	-175.73	-56.17	-253.43
2004	-212.35	-67.79	-315.24
2005	-240.14	-74.07	-373.07
2006	-267.12	-88.26	-399.13
2007	-311.78	-94.96	-243.57
2008	-295.42	-99.60	-426.44
2009	-337.25	-128.30	-632.60
2010	-395.00	-156.65	-782.02

年份	北京	天津	河北
2011	−418.44	−164.62	−777.81
2012	−403.52	−170.87	−845.09

　　表7−5表明河北需要支付的生态补偿资金要高于京津两地的生态补偿支出，绝大部分区域生态补偿相关文献在测算这一结果后就结束了研究，实际上这种结果一方面不科学，因为没有考虑到河北生态支撑能力不仅为河北的发展作出贡献，同样也为京津两地的经济发展作出贡献，另一方面也没有任何的实践意义，因为根据京津冀三地自身情况，河北每年需要支出数百亿元甚至千亿元的生态补偿资金是不现实的。因此，在得到京津冀三地各自的生态补偿支出额度后，还必须测算出京津冀三地各自应该获得的生态补偿资金。具体思路是将京津冀三地2000—2012年间需要支出的生态补偿资金，按照区域生态系统服务价值在京津冀三地进行分配，分配结果如表7−6所示。

表7−6　京津冀三地2000—2012年各自生态补偿资金的分配情况

单位：亿元

年份	北京	天津	河北
2000	21.14	23.45	279.36
2001	24.65	28.34	326.19
2002	27.55	32.41	353.76
2003	34.12	38.92	412.30
2004	42.59	47.94	504.85
2005	51.67	55.32	580.28
2006	60.15	64.10	630.24
2007	52.56	53.93	543.83
2008	66.65	68.68	686.13
2009	82.58	85.13	930.43

续表

年份	北京	天津	河北
2010	101.22	102.79	1129.67
2011	104.36	105.40	1151.11
2012	110.68	110.18	1198.61

表7-6表明，河北由于具有巨大的生态系统服务价值，将在京津冀三地生态补偿资金的分配中占据大头，结合表7-5和表7-6，可以得到京津冀三地最终获得的生态补偿资金以及支付方向，如表7-7所示。

表7-7 京津冀三地2000—2012最终生态补偿收支标准 单位：亿元

年份	北京	天津	河北
2000	-91.11	-12.85	103.96
2001	-105.72	-15.33	121.04
2002	-121.88	-12.73	134.60
2003	-141.61	-17.25	158.87
2004	-169.76	-19.85	189.61
2005	-188.47	-18.75	207.21
2006	-206.97	-24.16	231.11
2007	-259.22	-41.03	300.26
2008	-228.77	-30.92	259.69
2009	-254.67	-43.17	297.83
2010	-293.78	-53.86	347.65
2011	-314.08	-59.22	373.30
2012	-292.84	-60.69	353.52

由表7-7可知，河北2000年将获得103.96亿元的生态补偿资金，同年北京需要向河北支付生态补偿资金91.11亿元，天津则需要支付12.85亿元，而2012年河北将获得353.52亿元生态补偿资金，其中292.84亿元由

北京支付，60.69 亿元由天津支付，实际上这种标准还是比较合理的，以 2012 年北京北部与河北接壤的几个县区财政情况为例，密云县获得北京市财政转移支付达到 54.7 亿元，延庆县获得北京市财政转移支付 60.5 亿元，怀柔区获得北京市财政转移支付为 52.1 亿元，平谷区获得北京市财政转移支付 44.1 亿元，这四个区县 2012 年从北京获得的财政转移支付超过 200 亿元，而这几个区县之所以需要北京市政府的财政支撑，主要原因在于生态保护压力导致经济发展受限①。因此，对与这几个区县情况类似或者承担同样任务的河北而言，获得相当数量的生态补偿是应当的。

---

① 实际上，这几个区县恰恰属于首都生态功能涵养发展区，对整个北京市的生态支撑作用较为明显。

第八章 个体空间：北京自身内部的发展问题

作为京津冀地区的核心城市，北京的发展状况对整个地区的协调发展具有重要作用。然而，从目前北京的发展状况看，北京自身也存在较多的问题。正如前文所言，京津冀地区之所以长期发展失衡，与北京自身的发展状况是有密切关系的。

第一节 城市病及其负面影响

作为全国的政治中心、文化中心、国际交往中心和科技创新中心以及非首都功能疏解的发源地，北京的城市发展一直是社会广泛关注的话题。当前，交通拥堵、环境污染、资源紧缺等一系列"大城市病"问题制约了北京的可持续发展。尽管世界城市发展的一般规律表明，当城市发展经历快速城市化和工业化阶段以后，均会不同程度地出现"大城市病"。但如何通过非首都功能疏解，解决好北京的"大城市病"，是实现京津冀协同发展，优化京津冀城市群空间与产业布局，推动区域体制机制完善，提升国家经济增长水平的重要着力点。

一、北京城市病的特点

北京的城市病主要根源于对北京城市功能属性"二重性"认识不够，城市功能布局存在双重的过度集聚，一方面，北京中心城区集聚了过多功能，北京的经济增长和人口密度主要集中在东城、西城、海淀和朝阳四区，与周边区县发展差距较大；另一方面，在整个京津冀区域发展过程中，无论是经济密度还是经济规模，北京都要高于津冀两地，从而使得北京呈现出土地利用率偏低、水资源短缺、生态环境破坏，城市宜居水平低等特征。

第一，城市生命线保障严峻。土地和水是保障城市健康发展的两大基础性资源。由于快速增长的外来人口，北京在自然资源存量和增量方面相对短缺，尤其表现在水资源利用方面。当前，北京的人均水资源占有量只有全国平均水平的 1/10，是世界平均水平的 1/40[①]。如果按照每人每年 130 立方米水计算，北京已经是全世界"极度缺水"的城市。由于北京密云、怀柔和河北、山西等地的保水建设，及北京地下水超采工程才勉强维持北京地区水资源的持续供应。相关地区为此付出了巨大的代价，北京的地下水位埋深也以每年一米的速度下降，每年超采的地下水量可达 5 亿—6 亿立方米。相对于快速增长的人口和迅速扩张的城市，北京的自然资源短缺程度可见一斑。

第二，生态环境破坏。在全国各大城市中，北京的生态环境问题最为突出，大气污染、水污染和固体废弃物处理一直是北京市城市污染治理的关键。在 2014 年发布的《国际城市蓝皮书：国际城市发展报告》中，全球一共 40 个国际城市，北京的环境指数约为平均水平的一半，仅高于莫斯科排名倒数第二位。从统计数据上来看，截至 2014 年年底，北京 $PM_{2.5}$ 指标超标 1.5 倍，二氧化氮和可吸入颗粒物都超过了一倍以上；全市 94 条河流有 2/3 的河流水环境质量未达标；北京每天产生的 1.78 万吨垃圾中超过 1/3 的固体垃圾只能进行填埋处理，垃圾处理能力远未满足城市的生产和生活需要。[②]

第三，公共服务紧张。北京的公共服务相对紧张，表现为资源的空间分布不均以及公共服务的结构性短缺，主要反映在教育资源和医疗资源等方面。教育资源方面，当前北京中小学的优质教育资源主要集中在西城区、东

---

① 数据来源于中国科学院发布的《中国可持续发展遥感监测报告（2016）》。

② 数据来源于《2014 年北京市环境状况公报》。

城区和海淀区，而人口密集的朝阳区、丰台区、通州区等区域的重点中小学数量相对较少。此外，北京市各个区都在加快建设小学、幼儿园，但是增加的速度赶不上城镇外来人口对教育需求的增长。2000—2012 年，全市的随迁子女从 8.5 万人增长到 49 万人，入园难、入学难的矛盾不但没有缓解而且还有加剧的趋势。医疗资源方面，北京人口的过快增长导致对医疗资源的需求急剧增加，同时由于北京的医疗资源水平高，全国各地的疑难杂病患者都来北京就诊，导致北京主要三甲医院的就诊率居高不下。

第四，宜居水平偏低。北京的城市宜居水平偏低，主要反映在交通和住房两大领域。在交通领域，随着北京城市家庭收入的增长和汽车消费的普及，北京在汽车保有量、增长速度和使用率上一直维持较高水平，不仅限制了北京的出行能力和通行速度，同时对马路、广场等公共空间形成过度挤占，造成城市交通拥堵。在住房领域，多年以来住房紧张一直是北京的重大民生问题之一。一方面由于土地资源限制，住房供给严重不足；另一方面由于城市外来人口激增，北京市的房屋需求一直处于高位。长期以来供需结构的严重失衡导致北京房价一直居高不下。

二、北京过度集聚与北京城市病的关系

北京城市病的成因有多种，除了受城市资源禀赋和城市发展所处阶段影响以外，城市空间规划、城市发展模式和相关政策制度都会对城市病的出现构成影响。此外，城市功能的过度集聚又很大程度上加剧了北京的城市病蔓延，主要通过迅速激增的外来人口加以影响，表现在城市人口总量和城市人口结构两个方面。

一方面，城市功能集聚可以通过城市人口总量加剧北京的城市病问题。1949 年以来，北京市人口总量由 500 万增长到 1000 万，再增长到 1500 万和 2000 万，先后用了 33 年、19 年和 6 年时间。可以看出，北京的人口增长呈加速态势，提前十多年突破了《北京城市总体规划（2004—2020 年）》希望达到的调控目标 1800 万。这期间户籍手段能够控制的人口占总人口增量只

有 23.9%。因此，常住外来人口的规模和体量实际上决定了整个北京市总人口的变化。正是由于北京城市功能中存在的"首都＋信息中心＋优质公共资源＋就业机会"等特性，导致北京外来人口激增。北京相对巨大的人口基数和快速增长的外来人口形成了对自然资源、生态环境、公共服务等的过度挤占，也一定程度上导致城市交通拥堵和住房环境紧张等问题恶化。

另一方面，城市功能集聚可以通过城市人口结构加剧北京的城市病问题，主要包括人口组成和空间分布两个方面。在人口组成上，由于城市功能中的产业发展特点，北京市就业结构存在一定程度的扭曲。2012 年北京就业结构状况是 5.2∶9.2∶85.6。农业从业人口接近 5%，可以认为北京基本实现现代化。但是，从第三产业就业人口分布看，批发与零售业、租赁和商务服务业的从业人员数量在第三产业从业人员数量中位居第一、第二，占从业人员总数的 30.6%，而创造的地区生产总值仅占第三产业的 26.12%。① 就业结构与行业地区生产总值贡献率不匹配，劳动生产率偏低，就业质量总体不高。上述因素极容易造成两极分化现象并拉大社会贫富差距，形成社会隔离带，进而造成"城中村"等系列城市问题。

三、北京的城市病对北京自身发展的影响

北京的城市病会显著影响北京市自身发展，具体而言，会对北京的城市定位、城市效率以及社会福利带来直接影响。

第一，对城市功能定位的影响。自中华人民共和国成立以来，北京前后共经历七次正式的城市总体规划，随着这些规划的出台和实施，北京的城市定位也随之进行调整和变化。由于受到特定的历史局限和根深蒂固的工业发展思维的影响，前四次规划都坚持把北京建设成为"大而全"的全国政治中心、经济中心和文化中心。尽管取得了一些成绩，但由此导致的城市布局不合理等问题，特别是"大跃进"时期，工业畸形发展，人口激增，工厂

---

① 数据来源于北京市统计局。

过分集中在市区，环境污染日益严重，工业区挤压住宅建设等城市病问题日益突出。因此，1982 年后陆续出台的北京城市规划在城市功能定位上都不再强调现代工业基地建设。但是此后的 20 年间，北京的实际发展模式与规划目标已有所偏离，表现为人口和用地增长过快；中心城区功能过度集聚，远郊卫星城发育不良；生态环境压力大，热岛效应突出；历史文化遗产破坏严重等不良现象。21 世纪以来，尤其是北京成功申办 2008 年奥运会之后，随着北京城市影响力的扩大，北京在城市病特征和功能定位上都出现了阶段性变化。一方面，自然资源短缺、生态环境破坏、公共服务紧张、生活质量偏低已经成为制约北京健康发展的主要障碍；另一方面，北京城市功能定位开始适应于北京城市发展特点，不再强调经济中心建设。北京历年城市规划、城市功能定位及城市病特征如表 8-1 所示。

表 8-1　北京历年城市规划、城市功能定位及城市病特征

年份	规划名称	功能定位	城市病特征
1953	《改建与扩建北京市规划草案的要点》	政治、经济、文化中心，我国强大的工业基地和科学技术中心	工业畸形发展，人口激增，工厂过分集中在市区、环境污染日益严重，工业区挤压住宅建设等城市问题
1957	《北京城市建设总体规划初步方案》	现代化工业基地，"子母城"模式	
1958	《北京市总体说明》	分散集团式城市布局，控制市区、发展远郊区的工业发展设想	
1973	《关于北京城市建设总体规划中几个问题的请示报告》	发展小城镇，远郊新建工厂、现有市区工厂采用先进技术	
1982	《北京城市建设总体规划方案》	政治中心、文化中心、国际交往中心，不再发展重工业	人口和用地增长过快；中心城区功能过度集聚，远郊卫星城发育不良；生态环境压力大，热岛效应突出；历史文化遗产破坏严重等不良现象
1993	《北京城市总体规划（1991 年至 2010 年）》	伟大社会主义中国的首都，政治和文化中心，世界著名的古都和现代国际都市	

年份	规划名称	功能定位	城市病特征
2004	《北京城市总体规划（2004—2020年）》	补充四个城市发展目标：国家首都、国际城市、文化名城、宜居城市	自然资源短缺、生态环境破坏、公共服务紧张、生活质量偏低
2015	《京津冀协同发展规划纲要》	政治中心、文化中心、国际交往中心、科技创新中心	

资料来源：刘墨非、徐飞：《北京城市定位的错位与纠偏》，《北京观察》2014年第1期。

实际上，北京城市病与北京城市定位之间并不存在简单的影响和被影响关系。一方面，城市发展中存在的城市问题不同程度上受城市历史定位的影响，这是因为城市演化特征可能会被城市的初始定位锁定，进而在城市发展中形成路径依赖和循环累积，如20世纪下半叶北京出现的工业建设问题很大程度上源于初期不合理的城市规划；另一方面，城市定位也需要考虑现有的城市发展特点，尤其需要注意现有的城市发展短板，即城市病问题。21世纪初期，鉴于北京出现的诸类城市问题，中央及市领导和规划部门开始淡化城市定位中的经济中心建设功能。

随着北京人口数量的快速增长，人口与资源环境的矛盾逐渐凸显，城市定位开始着重突出城市病治理，尤其近几年来京津冀地区发展已经上升到国家战略层面，北京城市病治理已然作为京津冀协同发展的首要任务。当前，城市规划开始有意区分城市功能和首都功能，通过强化通州副中心城市建设、建立规划、政策统、管控相统一的区域治理和区域合作平台等以解决城市定位与发展模式中存在的矛盾。

第二，对北京城市效率的影响。城市病对城市效率的影响主要受人口过度集中导致的拥挤效应和污染效应制约，表现为集聚成本的上升和经济效率的下降。简单来讲，人口在中心城区的过度集中、交通拥堵、城市环境污染和生态体系破坏导致了城市运转效率的下降，制约了城市的可持续发展。对北京而言，自2000年起北京城市建设出现了较为明显的发展瓶颈，城市运转效率严重受损，具体表现为城市资源人均占有量下降、城市物质代谢强度超标和农产品对外依存度加大，如表 8-2 至表 8-4 所示。

城市资源人均占有量方面，就北京全区域来看，2000 年人均建成区面积为 160.4 平方米，到 2010 年下降到 151.1 平方米；2000 年人均占有绿色生态空间面积为 1072 平方米，到 2010 年下降到 705.2 平方米。在北京城市建成区范围内，2000 年人均建成区面积为 156.7 平方米，到 2010 年下降到 109.6 平方米；其人均绿色生态空间面积下降更为明显，2000 年人均 187.5 平方米，到 2010 年人均 91.3 平方米。城市资源人均占有量限制直接影响城市的开发强度，包括土地开发模式和城市网络体系建设等，并可能导致城市在空间上形成无序蔓延和交通拥挤等情况出现。因此，城市资源人均占有量下降是阻碍北京城市运转效率进一步提升的关键所在。

表 8-2　北京市城市资源人均占有量　　　　　　　单位：平方米

年份	北京全区域		北京城市区	
	人均建成区面积	人均生态空间面积	人均建成区面积	人均生态空间面积
2000	160.4	1072.2	156.7	187.5
2005	167.9	924.4	136.5	143.5
2010	151.1	705.2	109.6	91.3

注：人均绿色生态空间指由森林、草地、湿地、农田等具有生态功能的面积；建成区指人工建筑物占地面积，包括楼房、道路、工厂等。
资料来源：谢高地：《北京城市扩张的资源环境效应》，《资源科学》2015 年第 6 期。

城市生态环境方面，北京当地的资源环境承载力并不足以维持这个超大城市的运转，为了支撑整个城市运行需要从外部输入大量的资源。从表 8-3 可以看出，到 2010 年北京每天需要从外部输入 1.3 万吨的食物、778.7 万吨的水、19.0 万吨标准煤当量的能源，而上述这些物质和能源大多数为分布在城市区的人口所消耗。此外，不断运转的城市系统每天都要向环境排放大量的废弃物与污染物。表 8-3 显示，到 2010 年北京每天会产生 1.7 万吨生活垃圾、388.3 万吨污水、310 吨 SO_2，废弃物和污染物的排量相比 2000 年增加了 0.5 倍，这些巨量的排放物无疑对当地环境的自净能力构成巨大的挑战。

表 8-3　北京市城市物质代谢强度

类别	年份	北京全区域			北京城市区		
		食物（万吨）	水（万吨）	能源（万吨标准煤）	食物（万吨）	水（万吨）	能源（万吨标准煤）
每日外部输入的物质和能量	2000	0.9	541.0	13.2	0.6	187.5	9.1
	2005	1.0	610.4	14.9	0.7	143.5	11.2
	2010	1.3	778.7	19.0	1.0	91.3	15.6
类别	年份	北京全区域			北京城市区		
		生活垃圾（万吨）	污水（万吨）	SO_2 排量（万吨）	生活垃圾（万吨）	污水（万吨）	SO_2 排量（万吨）
废弃物日排放量	2000	1.2	269.7	220.0	0.8	185.6	150.0
	2005	1.4	304.4	250.0	1.0	228.2	180.0
	2010	1.7	388.3	310.0	1.4	318.0	260.0

注：①食物指从北京行政区外输入北京的食物量，为鲜重，按 2010 年北京年人均从外地输入食物量 235 千克计算；水指从北京行政区外调入和从当地地下水中抽取的，按 2010 年北京人均每天供水 396.9 千克计算（不含再生水），其中 10% 来自域外，65% 来自地下水；能源包括电力、煤炭等所有能源，按 2010 年每人每天 9.7 千克标准煤计算。

②生活垃圾产生量按 2010 年每人每天 0.89 千克计算，污水排放量按 2010 年每人每天 197.9 千克计算，SO_2 排放量按 2010 年每人每天 0.0169 千克计算。

农产品对外依存度方面，受城市资源人均占有量和城市物质代谢强度影响，城市规模超过一定程度后，农产品的对外依存度势必会增大，具体表现为外部农产品输入占比的增加与调入距离的拉大。表 8-4 显示的是 2008—2012 年北京农产品的对外依存度情况。一方面，北京外部农产品的输入占比由 2008 年的 48.4% 增加到 2012 年的 64.2%，5 年间平均每年增加 3%；另一方面，北京外部农产品的平均调入距离由 540.8 公里增加到 582.7 公里，5 年间平均每年增加 8.4 公里。农产品对外依存度的提高加大了城市运行的风险性和脆弱性，一定程度上降低了北京市的城市运行效率。

表 8-4　北京农产品对外依存度

年份	2008 年		2009 年		2010 年		2011 年		2012 年	
类别	输入占比（%）	调入距离（公里）	输入占比（%）	调入距离（公里）	输入占比（%）	调入距离（公里）	输入占比（%）	调入距离（公里）	输入占比（%）	调入距离（公里）
粮油	45.8	724.3	50.9	551.2	55.8	496.8	54.5	521.4	59.0	566.7
蔬菜	46.6	475.2	50.1	545.4	51.9	619.3	59.1	657.9	62.5	727.1
水果	49.1	905.6	57.4	944.9	60.9	1073.6	63.8	944.5	69.5	886.7
肉蛋	50.1	240.6	54.5	291.2	56.3	334.4	60.7	381.8	62.8	405.3
水产品	81.8	358.1	85.9	311.5	83.6	261.2	84.9	314.8	86.5	327.9
平均	48.4	540.8	53.5	528.8	56.2	557.1	60.2	564.1	64.2	582.7

资料来源：同表 8-3。

第三，对北京社会福利的影响。北京城市病主要通过城市资源分布和空间格局来影响北京社会福利，表现为四个方面：公共教育、基本医疗、养老服务和公共交通。

公共教育方面，当前北京公共教育发展的主要问题是学校和师资的缺口大，教育资源布局不均衡等。由于跨区县人户分离、优质基础教育资源区县之间分布不均衡、以登记户籍地为主要依据的"就近入学"政策等多种原因影响，在居住地之外的区县就学的中小学生跨区县就学现象非常普遍。根据北京教育科学研究院 2009 年的数据，北京居住地之外的区县就学的小学生已达到 13.6 万人以上，朝阳区和丰台区成为全市最大的两个跨区县就学学生流出区。从区域发展特征来看，面积大、商业性开发和居住区发展迅猛是两区的共同特点，但相对于资源雄厚的核心城区，基础教育的发展速度明显不能满足急剧增长的输入家庭的需求。

基本医疗方面，北京医疗卫生资源分布不均衡、结构不合理等问题是当前北京公共卫生和基本医疗面临的主要问题。北京市统计局、国家统计局北京调查总队 2014 年联合发布的调查结果显示，北京医疗资源和医疗服务在区域分布上高度集中。从城区分布来看，在北京共计 56 个规模以上三级医院中，各区所占医院数量分别为：东城区 8 个、西城区 12 个、朝阳区 11 个、丰台区 4 个、石景山区 3 个、海淀区 8 个、门头沟区 1 个、房山区 2 个、昌平区 4 个、大兴区 1 个，东城、西城和朝阳三个区聚集了超过一半的三级医院。从地理位置来看，北京 51.8% 的三级医院分布在三环内，尤其是东单和西二环两条交通主干道周围聚集了多家知名三级医院。东单和西二环地区三级医院的日均诊疗人次分别达到 2.4 万人次和 1.5 万人次，庞大的就诊人群给医院周边的道路交通带来了巨大压力，形成东单、西二环及周边交通堵点。

养老服务方面，在今后相当长一段时期内，人口老龄化将成为北京市越来越显著和突出的重大人口问题。随着人口规模的不断增长以及养老保障需求的持续升高，导致未来养老的潜在需求不断攀升。但从当前的情况来看，北京的养老服务机构难以满足老年人口的养老需求，表现为总量上的绝对不足和结构上的相对过剩。根据 2014 年的统计结果，具有北京市户籍的 60 周岁以上老年人约 251 万，约占户籍人口总量的 20%。按照国际水平，在机构集中养老的老年人比例一般为 4%，因此，北京需要有 10 万张养老床位才能满足需求，但北京的养老床位不足 9 万张。与此同时，受到养老服务机构条件和中国老年人观念的影响，北京市的床位空置率高达 40%，尤其是一些民办养老机构。

公共交通方面，当前，北京公共交通存在中心城区交通压力过大、交通设施发展不均衡、机动车高速度增长、高强度使用和高密度聚集等问题。之所以存在上述问题，首先，与北京职住分离的空间结构是分不开的。由于旧城功能过于强大，多中心的格局尚未形成，同时北京城市就业过度集中于以旧城为核心的中心区域，大量工作人口在郊区居住，引发城郊之间大规模的潮汐交通，导致严重的交通拥堵。其次，北京外来人口过度增长增加了城市的通勤需求。北京的人口分别于 1958 年、1986 年、2005 年和 2011 年超过 500 万、1000 万、1500 万和 2000 万，呈现加速增长的趋势，而人口的迅猛增加无疑给城市交通带来很大的压力。最后，北京机动车的高拥有率、高增长率和高使用率特点也给城市交通带来了巨大压力。自 1994 年国家汽车产业化政策之后，北京的机动车保有量增长非常迅速，分别于 1997 年、2003年、2007 年、2009 年和 2012 年先后突破 100 万辆、200 万辆、300 万辆、400 万辆、500 万辆，分别用时 48 年、6.5 年、3.9 年、2.7 年和 2.4 年，机动车增长率、保有量水平明显高于日本东京、韩国首尔。

第二节　北京为何会越来越大

适当的城市规模和人口聚集将会带来规模经济和集聚经济等正外部性经济效应，从而对城市的经济发展带来帮助，但是如果城市规模过度扩展，人口过度聚集，规模经济和聚集经济将会被拥挤效应等负外部性经济效应所取代，从而损害城市的健康和可持续发展，因此必须高度重视城市人口变化过程。改革开放以来，北京常住人口数量就始终处于快速增加的状态，如图8-1 所示，1978 年北京市常住人口为 781 万人，2012 年北京市常住人口已

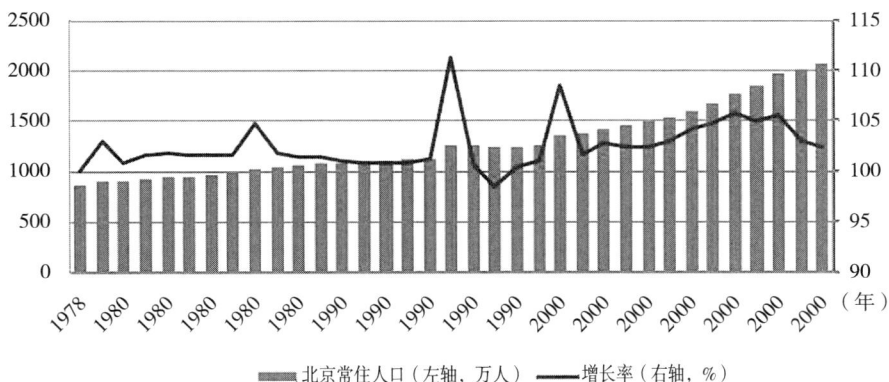

图 8-1　1978—2012 年北京常住人口变化情况①

---

① 数据来源于北京市统计局。

经增长至 2069 万人，与重庆市和上海市作为中国仅有的三个常住人口在 2000 万以上的城市。从图 8-1 中可以发现，在 1978—2012 年 30 多年间，除了 1998 年北京常住人口规模的增长速度为负值以外，其余年份北京常住人口规模都为正值，1995 年北京常住人口规模的扩大速度甚至达到了惊人的 11.2%，而最近几年虽然常住人口规模的扩大速率在下滑但是仍然保持在 2 个百分点以上的较高速度上。

北京不断扩大的人口规模逐渐引起了社会各界的注意，诸多学者对北京不断扩大的人口规模进行研究，但遗憾的是，在这个研究过程中，绝大部分学者将北京目前存在的人口规模逐渐扩大问题等同于北京人口规模过大的问题，实际上北京市目前并不一定存在人口规模过大的问题，而是存在人口规模增速过快的问题。这两种问题不仅存在本质上的区别，针对两种问题的政策建议也存在极大区别，在政策制定过程中如果没有正确区分两种问题而草率地制定政策，那么可能会使得未来北京的发展偏离正确的发展轨道，有鉴于此，我们将对北京人口规模真正面临的问题进行讨论并构建一个全面的分析框架对北京人口规模逐年增大的原因进行详细分析，并利用分析结果提出符合北京世界城市定位的发展策略。

一、北京人口规模存在的真正问题：过大还是过快？

如同在讨论优化产业结构的时候必须先确定最优产业结构标准一样，在谈论北京人口规模是否过多之前必须有一个关于最佳城市人口规模的判断标准，缺乏这个标准，仅仅用 2069 万常住人口这个绝对数字来宣布北京人口规模已经处于过度状态是不科学的。同样，利用目前北京普遍存在的拥挤、堵车、看病难、上学难等问题来宣布北京人口规模过大也是缺乏科学依据的，因为这些似乎是由人口过多带来如拥挤、堵车、上学难、看病难等问题也可能是由其他因素如城市规划水平不足、城市管理能力低下等因素导致的，也就是说，在现实情况中很可能存在这样一种情况：北京 2000 万常住人口规模并不过于庞大，但是滞后的城市规划和管理水平使得城市的承载能力无法跟上人口规模的增速，最终导致上述问题的出现。

如果从人口密度出发，我们发现北京的人口规模过大的说法就更难以成立了。以 2012 年的数据为例，选取了国内的上海、深圳、香港、台北等大城市和国际上四大世界城市：东京、巴黎、纽约以及伦敦与北京进行人口规模大小的比较，并进一步利用这些城市的人口密度换算北京在具备同样人口密度时的人口规模，具体比较换算结果如表 8-5 所示。

表 8-5　2012 年北京与国内外大城市人口规模比较换算结果

地区/指标	常住人口（万人）	地区面积（平方公里）	人口密度（人/平方公里）	北京人口换算规模（万人）
北京	2069	16410	1275	2069
上海	2380	6340	3754	6160
深圳	1300	1953	6656	10923
香港	696	1104	6295	10345
台北	268	272	9853	16169
东京	1300	2188	5941	9750
巴黎	220	105	20952	34383
纽约	817	1214	6723	11044
伦敦	979	1738	5633	9244

注：国际城市的数据来源于世界银行网站，国内城市数据来源于各市统计公报。

可以发现，北京的人口密度低于表中的任何一个城市，以上海和东京的人口规模为例进行说明。上海 2012 年的常住人口为 2380 万人，超过北京的 2069 万人，但是上海的面积只有北京的 39%。东京 2012 年的常住人口为 1300 万人，约为北京常住人口的 63%，但是东京的面积只有北京的 13%，如果分别按照上海和东京的人口密度测算北京的人口规模，北京人口规模应该可以达到 6160 万人和 9750 万人，远远高于目前的 2069 万人。当然每个城市的地理环境如平原山区面积比例、城市功能定位等都大不相同，这样直接进行换算并不完全科学，但是至少可以说明在研究城市人口规模时仅仅以人口数字作为判断标准是不够的。实际上北京人口规模目前存在的问题并不在于人口规模过大，而在于人口规模增长速度过快，根据北京市统计局的数字，2000—2010 年十年间，北京常住人口年增速为 3.8%，而同期全国平均增速只有 0.57%，北京的增速为全国增速的 6.6 倍，因此北京人口规模存在的问题不在于"过大"而在于"过快"。

二、北京越来越大的原因

我们拟采用因子分析方法对北京人口规模变化的原因进行分析，在选取相关指标时，除了遵循数据可得性要求以外，还必须充分考虑指标的全面性，选取的指标既必须与北京市自身影响北京人口规模增长的因素有关，同时也必须保证选取的指标能够从全国层面来反映北京人口规模增长的原因。根据这种思路，我们最后选取了 25 个能够反映影响北京人口规模增长的因素，具体指标如表 8-6 所示。

表 8-6 北京人口规模迅速扩大的影响因素指标

指标	含义	单位	性质
X1	GDP	亿元	+
X2	政府支出	亿元	——
X3	城镇职工平均工资	元	+
X4	农村居民人均纯收入	元	+
X5	城镇居民最低生活保障	元	+
X6	公共交通设施价格	元	—
X7	世界 500 强企业数量	家	+
X8	法人单位数量	家	+
X9	社区服务设施数量	家	+
X10	企业三退人员养老金最低标准	元	+
X11	开发区规划面积	平方公里	——
X12	招聘会数量	次	+
X13	公路里程	公里	+

续表

指标	含义	单位	性质
X14	人均公园面积	平方米	+
X15	城市绿化率	%	+
X16	图书馆博物馆等数量	家	+
X17	全国城乡差距	—	—
X18	全国区域差距	—	—
X19	铁路里程	公里	+
X20	机场航线数量	条	+
X21	保障性住房价格	元	—
X22	最低工资标准	元	+
X23	最低失业保险金	元	+
X24	城市犯罪率	%	—
X25	高考录取率	%	+

由于指标体系中包含一些无法直接获得或易混淆的指标，在此进行解释：

（1）全国城乡差距与全国区域差距：城乡差距用城镇居民可支配收入与农村居民人均纯收入之比来衡量、地区差距用区域基尼系数衡量，两大指标测算结果如表 8-7 所示。

表 8-7　1990—2012 年中国城乡和区域差距测算结果

年份	城乡差距	区域差距	年份	城乡差距	区域差距
1990	2.37	0.04508	2002	3.11	0.06800
1991	2.40	0.04645	2003	3.23	0.07023
1992	2.58	0.04756	2004	3.21	0.07125
1993	2.80	0.04927	2005	3.22	0.07334
1994	2.86	0.05235	2006	3.28	0.07563
1995	2.71	0.05300	2007	3.33	0.07893
1996	2.51	0.05571	2008	3.31	0.08109

续表

年份	城乡差距	区域差距	年份	城乡差距	区域差距
1997	2.47	0.05809	2009	3.33	0.08314
1998	2.51	0.06132	2010	3.33	0.08211
1999	2.65	0.06334	2011	3.13	0.08065
2000	2.79	0.06502	2012	3.10	0.07923
2001	2.90	0.06689			

（2）最低工资保障制度始于 2003 年，2003—2012 年数据来源于国家统计局网站，1990—2003 年最低工资数据按照数值拟合方法进行估算，其余类似指标采取相同方法处理。

（3）指标性质指的是指标数值的含义，"＋"表示该指标值越大越好，"——"表示该指标应该维持在一个合理水平，既不能太高，也不能太低，"—"表示该指标值越低越好。

（4）其余所有指标数据源于北京市统计局网站、北京市历年统计年鉴以及相关部门网站。

在进行因子分析之前必须检验指标体系是否符合进行因子分析的条件，即原有变量之间必须具有较强的相关性，否则根本无法从中综合得出能够反映某些变量共同特性的几个较少的公因子变量来。KMO 统计量是用于比较变量之间简单相关系数和偏相关系数的一个指标，其取值范围在 0 和 1 之间，当所有变量之间的简单相关系数平方和远远大于偏相关系数平方和时，KMO 值越接近 1，越适合做因子分析。根据 Kaiser 给出的度量标准：0.9 以上非常适合；0.8 适合；0.7 一般；0.6 不太适合；0.5 以下不适合。对 25 个变量进行 KMO 检验和 Bartlett 球体检验，KMO 检验值为 0.901，Bartlett 球体检验显著概率都为 0，说明该因子分析模型具有良好的效果。一般来说，确定主成分的个数以特征根大于 1 的主成分个数为宜，根据此原则，最终一共提取了 4 个公共因子，其单个贡献率和累计贡献率如表 8-8 所示。

表 8-8 主因子方差贡献率

主因子	特征值	方差贡献率（%）	累计方差贡献率（%）
F1	10.781	36.890	36.890
F2	7.306	28.748	65.638
F3	5.399	17.293	82.931
F4	2.577	11.984	94.915

因子分析结果表明在影响北京市人口规模的 25 个指标中都可以提取 4 个公共因子进行解释，各因子的方差解释度分别为 36.890%、28.748%、17.293%、11.984%，4 个公共因子总贡献率为 94.915%，因此这 4 个公共因子很好地解释了北京人口规模不断扩大的影响因素。下面进一步利用旋转因子载荷矩阵进行分析。

根据旋转因子载荷矩阵结果分析，发现通过北京人口规模的因子分析提取的因子 F1 与指标 X3、X4、X5、X10、X21、X22、X23、X25 具有较高的相关度，而这些因素实际上都是代表北京户口所附带的一些利益指标，因此可以将因子 F1 命名为"户口附带利益"因子；因子 F2 与 X2、X7、X8、X11、X12 有较高相关性，而这些因子与就业方面关联度较高，北京在就业方面的优势是导致外地人来京寻求实现自我价值的重要因素，因此可以将该因子命名为"实现自我价值"因子；因子 F3 与指标 X1、X6、X9、X14、X15、X16、X24 具有较高相关度，而这些指标反映的都是北京这座城市自身的特点，因此可将该因子命名为"城市自身魅力"因子；因子 F4 与指标 X13、X17、X18、X19、20 具有较高的相关性，因此可将该因子命名为"外部因素推动"因子。因子解释如表 8-9 所示。

表 8-9 因子含义及对应的主要变量

因子编号	因子名称	所包含的主要变量
F1	户口附带利益因子	城镇职工平均工资、农村居民人均纯收入、城镇居民最低生活保障、保障性住房价格、最低工资标准、高考录取率等指标

因子编号	因子名称	所包含的主要变量
F2	实现自我价值因子	政府支出、世界 500 强企业数量、法人单位数量、开发区规划面积等指标
F3	城市自身魅力因子	GDP、公共交通设施价格、社区服务设施数量、人均公园面积、城市绿化率、图书馆博物馆等数量、城市犯罪率等指标
F4	外部因素推动因子	公路里程、全国城乡差距、全国区域差距、铁路里程、机场航线数量等指标

从表 8-9 中可以发现，户口附带利益因子是导致北京市人口规模逐渐扩大的首要原因，也就是说在现行户籍制度下，北京户口附带许多其余地区户口不具备的利益，其中最为明显的就是教育利益。以高考招生为例，2012年北京大学在北京招收 246 人，占北京全部 73640 名考生的比例为 3.4%，而同年北京大学在河南招生 108 人，占河南全部 85.5 万名考生的比例0.13‰，同样条件下，北京考生考入北京大学的概率是河南考生的 262 倍，北京户口附带的类似利益还有很多，而这种利益正是导致北京人口规模不断扩大的首要原因；实现自我价值因子是导致北京市人口规模逐渐扩大的次要原因，北京不仅是我国的政治中心，也是我国经济中心，各种不同类型的企业数目众多，就业和创业成功的机会远远多于其他省份，北京确实比其余地区拥有更多让普通人实现自我价值的机会；城市自身魅力因子是导致北京市人口规模逐渐扩大的第三个原因，作为首都，北京具备政治和经济中心功能，而作为一座古城，北京还是国内乃至世界著名的旅游中心，历史文化悠久，名胜古迹众多，基础设施完善，城市魅力突出，对于追求更高品质生活的普通居民而言，北京确实较大的吸引力；最后一个导致北京人口规模不断扩大的因子是外部因素推动因子，区域差距和城乡差距的存在使得外地人纷纷涌入更好的北京，而北京与外地间基础设施的完善使得这一流动更加简单和方便，客观上加速了外地人进入北京的速度。

三、结论与政策含义

通过构建指标体系对北京人口规模进行因子分析，发现导致北京人口规模不断扩大的原因按照解释力大小依次为户口附带利益因子、实现自我价值因子、城市自身魅力因子以及外部因素推动因子，通过对 4 个公共因子进行深入思考与分析，结合北京世界城市的发展定位，可以发现这 4 个公共因子包含以下政策含义。

第一，解决北京人口规模增速过快问题要从中央政府层面出发。北京的人口规模过快增长问题不是一个简单的人口学或者社会学的问题，而是一个涉及经济发展、社会变迁、收入分配乃至政治体制改革的复杂性难题，解决北京人口规模问题一定要从中央政府层面出发。如户籍制度改革是降低户口附带利益因子影响北京人口规模增速的重要因素，但是户籍改革不应该也不可能由北京市政府来完成，而只能是由中央政府站在全局角度来推动。另外导致外地人涌入北京的外部因素推动因子所暗示的政策含义在于，外地人之所以涌入北京，可能不仅仅因为北京"好"，还有可能是因为外地"差"，也就是说区域差距过大可能是导致北京人口规模增速过快的重要因素，而缩小区域发展差距，实现区域均衡发展也不是北京所能控制和解决的。因此，研究和解决北京人口规模增长过快问题不能依靠北京市政府，北京人口规模增速过快问题的本质和特点决定了它属于国家整体发展过程中遇到的问题，应该由中央政府来主导解决。

第二，北京应该提高城市发展和建设的规划决策水平。就以往制定的发展和建设规划而言，北京城市发展决策规划水平仍需要进一步提高。1983年，中共中央、国务院《关于对〈北京城市建设总体规划方案〉的批复》指出，要"坚决把北京市到 2000 年的人口规模控制在 1000 万人左右"，然而仅仅 3 年后，1986 年时北京总人口已达 1000 万；1993 年批复通过的《北京城市总体规划方案（1991 年至 2010 年）》要求，2010 年北京常住人口控制在 1250 万左右。事实上，2000 年第五次全国人口普查结果显示，北京常住人口已达 1382 万人；2004 年，相关部门再次对《北京城市总体规划》进行了修编，2005 年年初通过国务院批复的《北京城市总体规划（2004—2020 年）》明确指出，2020 年北京的总人口规模要控制在 1800 万。但是2009 年年底北京常住人口就已经突破 1800 万，这也就意味着《北京城市总体规划（2004—2020 年）》所确定的 2020 年北京常住人口控制在 1800 万的目标提前 11 年就被突破。人口规模的预测失准影响的不仅是人口问题，更重要的是会影响与人口问题密切相关的如道路交通设施、医院学校数量、行政区划调整等一系列问题，因此，进一步提高北京市城市发展建设决策水平，提高城市规划的质量对于北京的可持续发展而言极为重要。

第三，北京市应当实施人才结构型转变战略。实现自我价值因子和城市自身魅力因子对于北京人口规模迅速增长的作用说明北京本身对于人力资本具备强大的吸引力，而北京想要成为世界城市则必须具备雄厚的人力资本基础作为支撑。虽然目前人口规模增加过快，但是简单地限制外来人口落户的政策并不可取，而是应该在整体人口规模增速过快的情况下进一步加快人才结构的转变。具体而言，北京应该充分利用目前对人才的强大吸引力，通过加快深化、宽化、优化、精化产业结构，提高产业技术含量，实质性地提高就业要求，选拔和留下更多不同类型的合格人才，为未来发展需要的人才创造生活成本低、创新氛围好、就业难度低、收入水平高的环境，为目前发展需要的人才创造公平竞争、各尽其用、生活成本合理的环境，为目前饱和的人才创造转移方便、转型方便、深造方便的环境。通过实施人才结构型转变战略，扩大北京建设成世界城市所必需的人才存量，为北京最终成为世界城市储备力量。

第三节　北京城市管理为何难

自京津冀协同发展战略与疏解北京非首都功能战略提出以来，北京的城市管理问题就成为社会各界关注的重点问题。一方面，目前社会上基本已经形成共识，即北京的城市管理难度较大，这也是北京的城市管理问题屡屡出现在舆论风口浪尖的原因，但是学术界围绕什么因素导致北京城市管理难而展开的研究则相对偏少。另一方面，北京市委、市政府对城市管理问题的重视程度前所未有，围绕城市管理问题对相关部门进行了调整，也不断在实践工作中探索新的管理经验。因此，如何找出影响北京城市管理能力的关键因素对北京实现自身健康可持续发展从而推动整个京津冀协同发展具有重要意义。

在现有研究城市管理的文献中，按照研究重点的不同以及与研究内容的关联性，可以将这些文献分为如下三类。

第一类文献主要聚焦于城市管理的内涵，目前已有很多关于城市管理或城市治理的定义，如有学者认为城市管理一般是指中观管理，是以城市为对象，对城市的运转和发展的全部活动所进行的协调控制行为。也有观点指出，城市管理是一个城市根据其战略目标、自身优势、具体市情，通过一系列机制手段，以城市经济社会全面发展和生态综合效益为目标对城市进行的管理。关于城市治理，有学者提出城市治理应被视为一个从内部自主性向外部适应性治理网络映射的多元主体合作过程。由上可知，目前学术界对城市管理或城市治理概念内涵的界定都是非常模糊与抽象的。实际上，很多学者认为城市管理的核心概念一直模糊不定。第二类文献着重讨论导致北京城市难管的原因。有学者提出城市发展规划能力不足导致了北京城市无序扩张，而这种无序扩张又提高了北京城市管理难度。同时，也有研究认为中央决策与北京地方政府决策间的关系也是导致北京城市管理难的重要原因之一。还有研究指出城市发展与治理理念的滞后是影响北京城市管理的重要原因。第三类文献则关注未来北京城市管理完善的方向，主流观点是发展智慧城市、数字城市、信息城市等。

基于这些文献可以发现，一方面，目前关于城市管理的内涵界定极为模糊；另一方面，针对影响北京城市管理难问题的因素展开分析的文献屈指可数，且现有研究的解释并不相同，现有解释更多地将导致北京城市管理难的原因归结于模糊或者外生的因素如能力、观念以及与中央政府的关系等。这些因素的确都是影响北京城市管理的重要变量，但是站在更好推进北京城市管理工作这一角度，这些解释所蕴含的可操作性政策不多，因为这些因素不是北京完全能够控制的。

因此，我们需要更加深入地分析导致北京城市管理难的原因，这就要求弄清楚：什么是城市管理？城市管理的对象是什么？什么影响了城市管理能力？如果没有弄清楚这三个问题，试图通过提高北京城市管理能力来实现北京乃至京津冀地区的健康可持续发展很有可能是事倍功半的。有鉴于此，下面将从现实逻辑出发，对城市管理的对象进行准确界定并设计量化指标对影响城市管理能力的因素展开分析。

一、城市管理水平、城市化水平与"管理"城市化水平的内涵及关系

城市管理概念的定义很多，至少可以在三个层面上有不同的理解：一是对城市的政治体制、规划建设、运行等全方位的管理；二是对应城市政府的行政职能，涵盖除政治体制之外的，包括经济、社会、环境、文化等各方面事务的管理；三是指市政管理，属于城市环境管理和基础设施管理的范畴，包括政府部门对城市公用事业、公共设施等方面的规划和建设的控制、指导。从现有的文献分析，城市管理水平概念的综合性十分明显，反映的是城市管理主体对城市健康可持续发展的管理能力。

城市化水平是一个常见概念，从城市化过程的现实性出发，城市化过程包括人口职业的转变、产业结构的转变、土地及地域空间的变化，因此，城市化水平同样是一个综合性概念，城市化水平高，说明人口结构、经济发展、社会组织、空间形态、生态建设等都实现了较为充分的优化提升；城市化水平低，则可能是在城市化进程中的某一个或者多个方面出现了问题，任何阻碍城市功能实现的因素都可能造成城市化水平低，如在城市化进程中，产业结构没有同步优化，那么该地区的投入产出比将维持原水平，无法实现

更加集约的发展，又如过分关注经济增长而忽视了环境建设，则这种经济增长在一定程度上是不可持续的，这也正是我国一大部分城市面临的问题。

"管理"城市化这个概念并不常见，在分析这个概念之前，我们可以从其他"某某城市化"型概念入手，在现有文献中，人口城市化、产业城市化都是比较常见的概念，这些概念准确地描述并反映了城市化进程中的某些典型特征，比如人口城市化实际上就是从人口结构角度对城市化进程进行的描述，而产业城市化则是从产业结构的变迁来研究城市化进程。与此相似，管理城市化则是从管理结构的视角分析城市化进程，在我国目前城市管理体制中，政府是通过不同属性的行政区域来管理不同经济空间，比如用乡镇来管理农村地区，用街道来管理城镇地区，而我们提出的"管理"城市化就是从城市型政区与农村型政区的结构比例来分析城市化进程，管理城市化水平越高就说明城市型政区在所有政区数量中的比重越高。因此，"管理"城市化也可以称为"行政区划"的城市化或者"空间"的城市化。

城市管理水平、城市化水平与"管理"城市化水平等关联名词之间的关系如图 8-2 所示。

图 8-2 对本章研究的逻辑支撑体现在以下三点：

首先，从广义的角度讲，管理城市化完全可以与人口城市化、产业城市化一起作为评价城市化水平的一个因素。之所以将这一因素单独进行考虑并且将其作为与城市化水平相平行的因素，原因有：第一，管理城市化这一过程与其他比如人口、产业城市化等过程存在较大不同，主要表现在政府主体的作用程度上，前者更需要发挥政府的主导作用，而其他城市化进程则更需要市场、企业、居民的自发行为，换言之，管理城市化能够直接反映城市管理主体的管理能力，符合我们研究对象与目标；第二，管理城市化的研究对象实际上是行政区域，也就是空间因素，空间因素作为其他因素的载体，其空间结构是否合理、空间管理水平高低将直接影响到城市化进程的其他因素；第三，现有城市化水平评价方法与指标长期忽视管理和行政区划因素，并没有足够多的文献支撑将管理城市化纳入整个城市化水平评价体系中。因

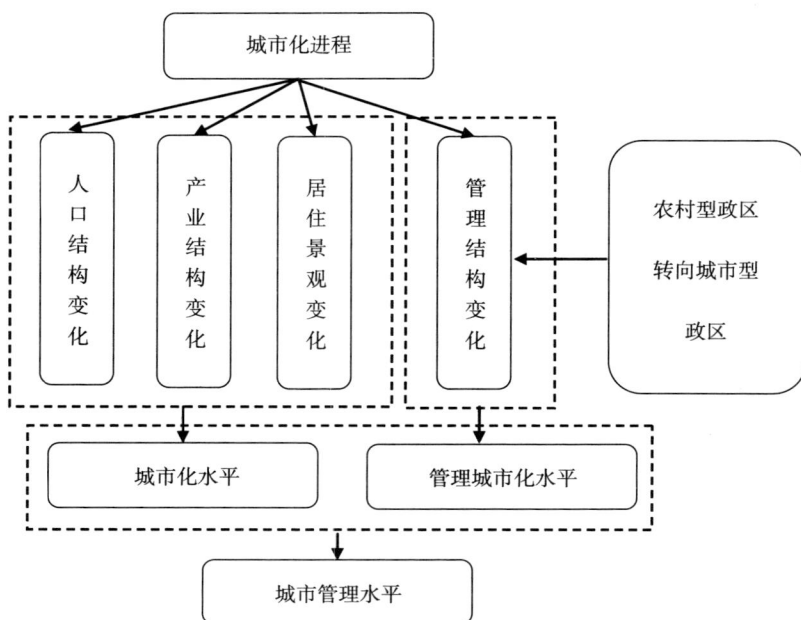

图 8-2 城市管理水平、城市化水平与"管理"城市化水平的关系示意图

此，基于这三点原因，将管理城市化作为一个与城市化水平并列的评价城市管理能力的因素是合理的。

其次，城市化水平与"管理"城市化水平在绝大多数情况下都应该是正相关关系，这是因为城市化水平高的地方，经济发展水平也相对较高，政府有足够的能力去提升城市管理水平和管理城市化水平，而在城市化水平低的地方，当地政府可能并不具备调整行政区划的基础与实力。因此，如果在某一地区，这两者之间没有体现上述正相关关系，那么就可以从这两者之间的差距来判断该地区的城市管理水平，因为只有城市管理水平较低的地区，才可能存在高城市化水平与低管理城市化水平并存的情况，这是展开研究的基础条件之一。

最后，城市管理水平与城市化水平以及管理城市化水平的关系。一方面，城市管理水平实际上与城市化水平并没有绝对的联系，这是因为城市管理更多针对的是城市内部的经济、社会、民生、生态系统，是基于城市这一单独主体，而城市化更多强调的是城乡之间的关系，关注城市和乡村两大主体。因此，城市管理水平理论上与城市化水平不存在直接的一对一关系。另一方面，我国的城市管理问题的凸显有其独特的时代背景，这一背景就是我国过去 40 年快速的城市化进程，从 1978 年 17.9% 的城市化率上升到 2017 年的 58.5%，这种城市化进程在整个世界历史上都是极为罕见的，这种罕见的历史背景使得中国的城市管理问题又天然地和城市化问题联系在一起。在这种背景下，管理城市化作为城市管理与城市化进程两大领域的联结点将发挥重要作用，快速的城市化进程使得城市管理不得不将关注的对象从单独的城市系统转移到城乡关系系统，这就要求存在这样一个指标：它既能反映城市化进程的特征，又能反映城市管理的特征，只有同时符合这两点要求的指标才能够反映特殊时代背景下的城市管理水平，而管理城市化概念正是这样一个指标，这种逻辑关系是展开研究的基础条件之二。

二、城市化水平与"管理"城市化水平的评价思路

学术界针对城市化水平的评价文献较多，通过分析相关文献可以发现目前测度我国城市化水平的基础性指标为人口、经济和社会等三类指标，更多的分析是在这三者的基础上增加基础设施（城市景观）因素、生态环境因素等，以将指标设定更加全面。从指标的计算方法上，目前主要有层次分析法、主成分分析、信息熵等方法。但是目前并不存在公认的城市化水平指标体系，不同学者均是在结合研究对象的特点以及数据可得性选取适宜的指标。综合考虑已有文献中使用的指标，以及《国家新型城镇化规划（2014—2020 年）》对新型城镇化内涵的概括（以人为本、四化同步、优化布局、生态文明、文化传承），并且考虑到我们的研究目的，特别是城市数据以及北京区级数据可得性，选取 5 个二级指标和 5 个三级指标对城市化水平进行测度，并用主成分分析计算城市化水平，如表 8-10 所示。

表 8-10　城市化水平测度指标体系

一级指标	二级指标	三级指标
城市化水平	人口	城市人口比重（%）
	经济	二、三产业产值占比（%）
	空间	城市建设用地占区划面积比重（%）
	生活方式	城乡居民平均每人每年用电量（度）
	生态环境	城市污水处理率（%）

目前国内定义管理城市化指标的文献很少，评价这一概念的量化指标就更为少见。其中张可云（2015）提出的城市化管理率指标是最为接近我们提出的管理城市化概念内涵的指标。[①] 根据张可云的定义，城市化管理率为在一定的行政级别之下，城市型政区占城市型政区和农村型行政区之和的比例。比如针对单个省或市的分析时，在乡级管理单位中，街道数量越多，表明这个区域或地区适应城市社会要求的管理创新的意愿与能力越强，他将城市化管理率（RUM）定义为

$$RUM_i = NJD_i / NXJ_i \qquad (8-1)$$

其中，RUM_i 为 i 区域的城市化管理率，取值范围为 [0，1]，纯粹的农业社会该值为 0，完全城市化的区域该值为 1；NJD_i 和 NXJ_i 分别为 i 区域的街道个数与乡级单位个数。该指标反映了在城市化过程中区域内部城市型社会与乡村型社会的互动变化，是政府作出的区域管理创新决策结果。RUM 主要度量一个区域或地区适应城市化管理要求的意愿与能力，具体表现为行政区划调整的意愿与能力。RUM_i 越大，表明 i 区域适应城市化管理要求的意愿与能力越强。

---

① 张可云：《中国区域城市化管理水平比较研究》，《中国人民大学学报》2015 年第 5 期。

三、北京与国内城市的城市化水平与管理城市化水平测算比较结果

根据上文提出的评价方法与思路，选取了北京、上海、广州、深圳、武汉等全国 15 个城市进行比较分析。其中城市化水平与管理城市化水平的测算结果以及排名情况如表 8-11、图 8-3 所示。

表 8-11　国内 15 个城市 2016 年城市化水平与管理城市化水平的测算结果

序号	城市	街道数量（个）	乡级单位数量（个）	居委会数量（个）	管理城市化水平				城市化水平
					乡级（%）	排名	社区级（%）	排名	排名
1	深圳	59	59	798	100.00	1	100.00	1	1
2	厦门	26	38	343	68.42	6	69.57	4	2
3	上海	104	213	4154	48.83	11	72.28	3	3
4	南京	87	100	942	87.00	3	83.44	2	4
5	广州	136	170	1144	80.00	4	43.37	7	5
6	北京	150	331	2975	45.32	13	43.05	8	6
7	武汉	154	160	1283	96.25	2	41.36	9	7
8	郑州	85	174	717	48.85	10	24.00	11	8
9	杭州	92	190	2044	48.42	12	65.16	5	9
10	无锡	51	81	593	62.96	8	48.57	6	10
11	长沙	94	168	719	55.95	9	38.16	10	11
12	青岛	102	145	1153	70.34	5	17.47	13	12
13	宁波	67	153	697	43.79	14	20.98	12	13
14	温州	67	159	381	42.14	15	6.58	15	14
15	济南	95	143	641	66.43	7	12.36	14	15

注：数据来源于民政部编：《中华人民共和国乡镇行政区划简册 2016》，中国统计出版社，第 6、24、25、28、33、37、40、44、47、50 页。

表 8-11 与图 8-3 表明：第一，除深圳在城市化水平综合得分排名和管

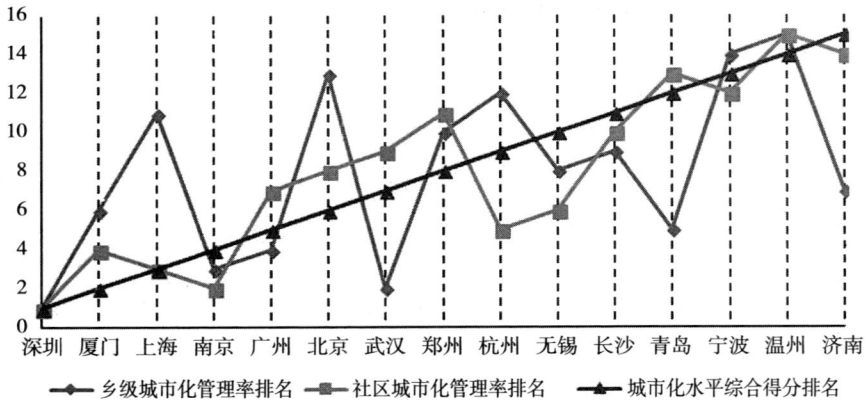

图 8-3 15 个城市 2016 年城市化水平与管理城市化水平的测算排序结果

理城市化水平排名均列第一外，北京、上海、广州的情况各异，而北京的管理城市化水平排名（乡级和社区级）均滞后于城市化水平综合得分排名，说明北京市确实存在城市化管理滞后于城市发展的现象；第二，从乡级管理城市化水平分析，北京乡级管理城市化水平排名第 13 位，位于倒数第三位，滞后于其排名第 6 位的城市化水平 7 个位置，是 15 个城市中两大指标差距最大的两座城市之一；第三，从社区级管理城市化水平分析，北京社区级管理城市化水平排名第 8 位，位于 15 个城市中的中游位置，滞后于其排名第 6位的城市化水平 2 个位置，同样呈现管理城市化水平滞后于城市化水平的特征。

结合数据的可得性，选取南京、长沙、青岛、武汉、广州、上海、郑州、杭州、北京 9 个城市进行进一步的动态比较分析，分析的主要目的在于对这 9 个城市的行政区划历史调整进行分类。所依据的数据为 2005—2016年各城市的城市型政区划比率（街道级、居委会级）、城市化率等。数据来源为《中华人民共和国乡镇行政区划简册》、各城市历年统计年鉴、各城市历年国民经济和社会发展统计公报等官方数据。需要说明的是，由于各个城市对城市化率的统计标准和计算过程存在差异，比如有些按照户籍人口进行统计计算，如武汉、杭州、广州等城市，有些按照常住人口进行统计，如北京、上海、郑州等城市，甚至具体到一些城市，在历史统计过程中也有过调整，这就造成不同城市之间无法进行横向比较，故着重于对行政区划调整历史数据的动态调整情况的分析。具体测算结果如图 8-4 所示。

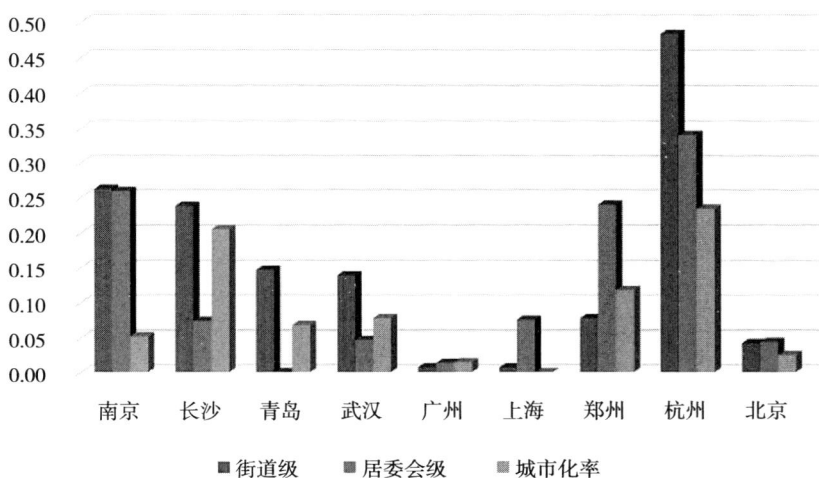

图 8-4　研究期内 9 个城市行政区划（街道级、居委会级）
调整与城市化率变动比较①

图 8-4 为九个城市 2005—2016 年行政区划调整水平（街道级与居委会级）与城市化率变动水平的比较②。直观地看，可以将城市的行政区划调整分为三个类型：第一，街道级、居委会级同步调整，包括南京、北京，南京在研究期内街道级行政区划变动为 26.2%，居委会级为 25.9%，城市化率变动为 5.2%；北京市街道级行政区划变动为 4.2%，居委会级为 4.4%，城市化率变动为 2.5%，其中北京的调整力度远远低于南京；第二，侧重于街道

①　部分城市部分年份存在由于城市型政区合并而导致管理城市化指数为负的情况，这种情况下统一视为 0。
②　广州由于 2015 年城市化率统计标准与之前存在差异，故广州市考察年限为 2005—2014 年。杭州数据为 2006—2015 年。

级调整，包括长沙、青岛、武汉、杭州，代表性的长沙三个数据分别为23.8%、7.4%。20.51%，杭州三个数据分别为48.4%、34.1%、23.4%；第三，侧重于居委会级的调整，包括上海、郑州、广州，代表性的上海三个数据分别为0.70%、7.56%、-1.49%。

与其他城市相比，北京在研究期内的调整幅度可以说排名相当靠后，街道级调整幅度为0.042，仅比广州和上海两个城市的0.007高，低于其他六个城市；同期北京居委会级调整幅度为0.044，仅高于青岛的-0.004和广州的0.0138，低于其他六个城市。北京的城市化率在全国大中城市中属于数一数二的水平，2016年达到86.5%，而其城市型政区划的占比均未达到46%，行政区划的城市化水平明显低于人口的城市化水平，而且调整力度明显低于大部分研究对象。因此，不管是基于北京自身数据，还是通过与其他城市的数据对比，都可以很明显地发现北京存在较大的城市型政区划调整潜力。

四、北京内部各区城市化水平与管理城市化水平的比较分析

基于同样的思路，表8-12给出的是2006—2016年北京市各区的街道数量、乡镇数量、居委会数量和村委会数量，以及由此计算出的两级管理城市化水平，城市化水平测算结果见表8-12。

表8-12　2006—2016年北京16区管理城市化水平测算结果

年份	街道数（个）		乡镇数（个）		居委会数（个）		村委会数（个）		管理城市化水平（%）			
									乡级		社区级	
	2006	2016	2006	2016	2006	2016	2006	2016	2006	2016	2006	2016
全市	131	150	183	181	2525	2975	3957	3936	42	45	39	43
核心区	32	32	0	0	477	443	0	0	100	100	100	100
东城区	17	17	0	0	217	182	0	0	100	100	100	100
西城区	15	15	0	0	260	261	0	0	100	100	100	100

续表

年份	街道数（个）		乡镇数（个）		居委会数（个）		村委会数（个）		管理城市化水平（%）			
									乡级		社区级	
	2006	2016	2006	2016	2006	2016	2006	2016	2006	2016	2006	2016
功能拓展区	69	71	32	31	1326	1440	310	303	68	70	81	83
朝阳区	22	24	20	19	371	409	156	154	52	56	70	73
丰台区	16	16	5	5	263	308	69	65	76	76	79	83
石景山区	9	9	0	0	127	152	0	0	100	100	100	100
海淀区	22	22	7	7	565	571	85	84	76	76	87	87
发展新区	20	34	79	78	479	765	2199	2188	20	30	18	26
房山区	8	8	20	20	107	133	462	459	29	29	19	22
通州区	4	4	11	11	67	111	480	475	27	27	12	19
顺义区	3	6	19	19	67	114	426	426	14	24	14	21
昌平区	2	8	15	14	144	220	304	301	12	36	32	42
大兴区	3	8	14	14	94	187	527	527	18	36	26	26
生态涵养区	10	13	72	72	243	327	1448	1445	12	15	14	18
门头沟区	4	4	9	9	94	119	177	178	31	31	35	40
怀柔区	2	2	14	14	29	34	284	284	13	13	9	11
平谷区	2	2	16	16	25	36	273	273	11	11	8	12
密云区	2	2	18	18	66	92	338	334	10	10	16	22
延庆区	0	3	15	15	29	46	376	376	0	17	7	11

注：本章所有北京的基础数据均来源于民政部编：《中华人民共和国政区大典（北京市卷）》，中国社会出版社2013年版，后文不再标注。

表 8-13　北京 16 区城市化水平测算结果

指标名称		*X1*	*X2*	*X3*	*X4*	*X5*	城市化水平综合得分	综合排名
权重		0.2242	0.2110	0.2302	0.1454	0.1891	1.0000	
核心区	东城区	4.123	3.840	4.842	4.744	4.292	4.351	1
	西城区	4.123	3.840	4.815	4.237	4.292	4.271	2
功能拓展区	朝阳区	4.096	3.830	4.079	3.626	4.125	3.973	3
	丰台区	4.092	3.820	3.722	3.244	3.625	3.738	4
	石景山区	4.123	3.840	3.765	2.069	4.225	3.702	5
	海淀区	4.013	3.826	3.529	2.115	4.159	3.614	6
发展新区	房山区	2.608	2.910	2.287	2.451	2.574	2.569	11
	通州区	2.259	2.762	2.825	3.868	1.966	2.674	9
	顺义区	1.756	3.324	2.662	4.200	2.868	2.861	8
	昌平区	3.155	3.411	2.586	2.383	1.163	2.589	10
	大兴区	2.621	2.437	2.829	2.853	1.958	2.538	12
生态涵养区	门头沟区	3.434	3.626	1.984	3.765	2.087	2.934	7
	怀柔区	2.383	2.872	1.965	2.571	2.693	2.476	13
	平谷区	1.796	0.804	2.148	2.671	2.737	1.973	14
	密云区	1.819	1.473	2.004	2.171	2.352	1.941	15
	延庆区	1.599	1.383	1.957	1.034	2.884	1.797	16

　　由表 8-12 可以看出，2006—2016 年，北京新增了 19 个街道办事处，但是只减少了 2 个乡镇政府。增加的街道办事处主要位于城市发展新区的顺义区、昌平区、大兴区和生态涵养发展区的延庆。朝阳区减少了 1 个乡镇政府，同时新设立了 2 个街道办事处。可见，乡镇级政府机构设置相对比较稳定。在社区级基层自治组织方面，北京新设了 450 个居委会，增加了 17.82%，同时减少了 21 个村委会，不到 2006 年村委会数量的 1%。居委会

在首都功能核心区优化减少的同时，在其他 3 个功能区都有较大幅度的增加，城市发展新区增加了 286 个居委会，大兴区增加数量将近翻番，但是，村委会在各区基本上变化很小。在居委会数量大幅度增加的同时，村委会数量减少幅度很小，不可避免地会造成村居混杂，管理城市化水平低下，特别是在城市发展新区。

在管理城市化水平的计算结果上，北京各功能区的城市化管理特征表现出一定的复杂性：第一，从整体来看，乡级和社区级的管理城市化水平差异较小，管理城市化水平较高的城区主要集中在首都功能核心区和城市功能拓展区，而城市发展新区和生态涵养发展区的管理城市化水平相对较低且各城区差异较大。第二，分城区来看，朝阳区的管理城市化水平要明显低于所在功能区中的其他城区，而离市中心区较近的昌平区和门头沟区的管理城市化水平较高，与全市平均水平较为接近。第三，从指标的动态变化来看，2006—2016 年北京城市发展新区的管理城市化水平出现了大幅度提升，整体提高了 44.44%；生态涵养发展区的管理城市化水平也提高了 28.57%；城市功能拓展区的管理城市化水平则基本保持稳定。第四，从乡级和社区级管理城市化水平比较来看，一方面城市功能拓展区和生态涵养发展区的社区级管理城市化水平要高于乡级，房山区、通州区和顺义区等城市发展新区则恰好相反；另一方面全市社区级管理城市化水平的提升幅度要大于乡级，这就导致了两级指标的差距从 2006 年的 7.14 个百分点缩小到 2016 年的 4.44 个百分点。

根据北京 16 区的城市化水平测算结果以及管理城市化测算结果，可以得出相关统计结果，如表 8-14 所示。其中，滞后度Ⅰ的计算方法为本区乡级管理城市化水平排名减去本区城市化水平综合得分排名；滞后度Ⅱ的计算方法为本区社区级管理城市化水平排名减去本区城市化水平综合得分排名。可以看出在全市范围内，单个城区的滞后度数值越高，本城区相对于其他城区的城市化管理滞后性特点就越明显。如朝阳区的城市化水平综合得分在全市排名第 3 位，而乡级管理城市化水平和社区级管理城市化水平在全市的排名均为第 6 位，因此，从全市范围而言，朝阳区的管理城市化水平排名要滞后于其城市化水平排名。

表 8-14　北京 16 区各项指标排名情况

城区类型		城市化水平综合得分排名	乡级管理城市化水平		社区级管理城市化水平		滞后度加总	
			排名	滞后度 I	排名	滞后度 II	数值	排名
核心区	东城区	1	1	0	1	0	0	8
	西城区	2	1	−1	1	−1	−2	9
功能拓展区	朝阳区	3	6	3	6	3	6	2
	丰台区	4	4	0	5	1	1	6
	石景山区	5	1	−4	1	−4	−8	15
	海淀区	6	4	−2	4	−2	−4	11
发展新区	房山区	11	10	−1	10	−1	−2	9
	通州区	9	11	2	13	4	6	2
	顺义区	8	12	4	12	4	8	1
	昌平区	10	7	−3	7	−3	−6	14
	大兴区	12	7	−5	9	−3	−8	16
生态涵养区	门头沟区	7	9	2	8	1	3	4
	怀柔区	13	14	1	15	2	3	4
	平谷区	14	15	1	14	0	1	6
	密云区	15	16	1	10	−5	−4	11
	延庆区	16	13	−3	15	−1	−4	11

从相对匹配结果来看，管理城市化水平排名滞后相对严重的城区包括朝阳区、通州区、顺义区，其乡级管理城市化水平和社区级管理城市化水平的滞后度加总分别为 6、6 和 8。其中，朝阳区的街道设置和居委会设置均相对滞后，其乡级管理城市化水平排名和社区级管理城市化水平排名均落后于城市化水平综合得分排名 3 个名次，这说明在设置城市型政区时不仅要考虑乡（地）转街道，同时也要考虑村转居；通州区的社区级管理城市化水平滞后更为明显，说明通州区的村委会设置相对过多，村居转换可能是城市型政区调整所面临的重点；而顺义区的两级城市化管理滞后问题都很突出，矛盾也更为尖锐。

从绝对匹配结果来看，管理城市化水平滞后于其城市化水平的城区涵盖了除东城区、西城区和石景山区以外的其他 13 个城区，这些城区的城市化管理指数均大于 1，说明其管理城市化水平绝对滞后于城市化发展。

综上所述，除东城区、西城区和石景山区以外的所有城区，其管理城市化水平均绝对滞后于其城市化发展进程，这说明从绝对意义上这些城区都应该积极提高自身的管理城市化水平。从管理城市化水平排名与综合人口、经济、空间、生活方式、生态环境等因素的城市化水平排名的比较来看，部分城区的管理城市化水平滞后现象相对突出，包括朝阳区、通州区和顺义区。相比于其在全市范围内的城市化水平排名，这些城区的城市化管理排名相对靠后。因此，在北京的城市化发展进程中，为提高全市的管理城市化水平，这些城区更应加快城市型政区的调整与设置。

五、城市型政区设置标准研究

简单而言，之所以北京城市管理难度大，一个重要原因是管理体制的城市化水平远远滞后于城市化水平，这也就意味着很多城市化率极高的地区仍然采取农村管理体制。这也是为何北京市委多次提出要加快设置城市型政区的原因。本章试图运用乡镇数据，讨论城市型政区的设置标准。

（一）北京城市型政区设置标准之一——居委会比例标准测算结果

北京各区乡镇居委会比例测算结果及统计描述如表8-15所示。

表8-15 北京各区乡镇村居设置情况

名称		居委会数（个）	村委会数（个）	居委会数占比（%）	排名	是否大于均值
朝阳区	高碑店乡（地区）	26	4	0.87	3	是
	南磨房乡（地区）	11	2	0.85	5	是
	来广营乡（地区）	21	5	0.81	6	是
	将台乡（地区）	7	2	0.78	8	是
	太阳宫乡（地区）	10	3	0.77	9	是
	平房乡（地区）	12	4	0.75	11	是
	东风乡（地区）	9	4	0.69	13	是
	东坝乡（地区）	17	9	0.65	14	是
	三间房乡（地区）	15	11	0.58	16	是
	常营乡（地区）	13	10	0.57	17	是
	小红门乡（地区）	5	4	0.56	19	是
	管庄乡（地区）	10	12	0.45	26	是
	十八里店乡（地区）	6	8	0.43	28	是
	豆各庄乡（地区）	8	12	0.40	31	是
	王四营乡（地区）	3	6	0.33	34	是
	黑庄户乡（地区）	6	16	0.27	44	是
	孙河乡（地区）	5	14	0.26	47	是
	金盏乡（地区）	4	13	0.24	49	是
	崔各庄乡（地区）	3	15	0.17	56	否
海淀区	温泉镇	10	7	0.59	15	是
	东升镇	6	5	0.55	20	是
	四季青镇	12	13	0.48	23	是
	西北旺镇	13	16	0.45	26	是
	海淀镇	2	4	0.33	34	是
	苏家坨镇	7	19	0.27	44	是
	上庄镇	5	20	0.20	54	是

名称		居委会数（个）	村委会数（个）	居委会数占比（%）	排名	是否大于均值
丰台区	方庄地区	16	0	1.00	1	是
	宛平城地区	8	2	0.80	7	是
	长辛店镇	26	9	0.74	12	是
	卢沟桥乡（地区）	9	19	0.32	36	是
	南苑乡（地区）	5	12	0.29	40	是
	花乡（地区）	4	15	0.21	53	是
	王佐镇	1	8	0.11	73	否
房山区	长阳镇	11	36	0.23	51	是
	周口店镇（地区）	5	24	0.17	56	否
	阎村镇	4	22	0.15	60	否
	窦店镇	5	30	0.14	62	否
	大安山乡	1	8	0.13	65	否
	琉璃河镇（地区）	5	47	0.10	78	否
	石楼镇	1	12	0.08	88	否
	青龙湖镇	2	32	0.06	91	否
	河北镇	2	34	0.06	91	否
	长沟镇	1	18	0.05	102	否
	韩村河镇	1	27	0.04	112	否
	大石窝镇	0	24	0.00	131	否
	十渡镇	0	21	0.00	131	否
	良乡镇（地区）	0	16	0.00	131	否
	佛子庄乡	0	18	0.00	131	否
	史家营乡	0	12	0.00	131	否
	霞云岭乡	0	15	0.00	131	否
	南窖乡	0	8	0.00	131	否
	蒲洼乡	0	8	0.00	131	否

续表

名称		居委会数（个）	村委会数（个）	居委会数占比（%）	排名	是否大于均值
通州区	永顺镇（地区）	22	21	0.51	21	是
	梨园镇（地区）	22	26	0.46	24	是
	马驹桥镇	5	45	0.10	78	否
	潞城镇	3	54	0.05	102	否
	漷县镇	3	61	0.05	102	否
	宋庄镇	0	47	0.00	131	否
	西集镇	0	57	0.00	131	否
	张家湾镇	0	57	0.00	131	否
	台湖镇	0	46	0.00	131	否
	永乐店镇	0	38	0.00	131	否
	于家务乡	0	23	0.00	131	否
顺义区	天竺镇（地区）	2	10	0.17	56	否
	后沙峪镇（地区）	3	16	0.16	59	否
	牛栏山镇（地区）	3	20	0.13	65	否
	北小营镇	2	17	0.11	73	否
	李桥镇	4	31	0.11	73	否
	马坡镇（地区）	2	21	0.09	82	否
	杨镇（地区）	4	42	0.09	82	否
	南法信镇（地区）	1	16	0.06	91	否
	张镇	2	29	0.06	91	否
	仁和镇	1	23	0.04	112	否
	南彩镇	1	26	0.04	112	否
	高丽营镇	1	25	0.04	112	否
	赵全营镇	0	25	0.00	131	否
	北石槽镇	0	16	0.00	131	否
	李遂镇	0	16	0.00	131	否
	北务镇	0	15	0.00	131	否
	大孙各庄镇	0	39	0.00	131	否
	木林镇	0	26	0.00	131	否
	龙湾屯镇	0	13	0.00	131	否

续表

名称		居委会数（个）	村委会数（个）	居委会数占比（%）	排名	是否大于均值
昌平区	回龙观镇（地区）	55	8	0.87	3	是
	北七家镇	18	19	0.49	22	是
	沙河镇（地区）	13	22	0.37	33	是
	南邵镇	7	16	0.30	38	是
	东小口镇	4	10	0.29	40	是
	南口镇（地区）	11	28	0.28	42	是
	小汤山镇	4	24	0.14	62	否
	百善镇	2	13	0.13	65	否
	阳坊镇	1	10	0.09	82	否
	马池口镇（地区）	1	21	0.05	102	否
	十三陵镇	2	38	0.05	102	否
	流村镇	0	28	0.00	131	否
	兴寿镇	0	21	0.00	131	否
	崔村镇	0	12	0.00	131	否
	延寿镇	0	17	0.00	131	否
大兴区	亦庄镇（地区）	17	5	0.77	9	是
	旧宫镇（地区）	25	19	0.57	17	是
	西红门镇（地区）	19	26	0.42	30	是
	瀛海镇（地区）	11	28	0.28	42	是
	黄村镇（地区）	16	52	0.24	49	是
	北臧村镇	3	23	0.12	71	否
	青云店镇	2	49	0.04	112	否
	采育镇	1	55	0.02	129	否
	庞各庄镇	1	53	0.02	129	否
	礼贤镇	0	45	0.00	131	否
	长子营镇	0	42	0.00	131	否
	魏善庄镇	0	39	0.00	131	否
	榆垡镇	0	58	0.00	131	否
	安定镇	0	33	0.00	131	否

名称		居委会数（个）	村委会数（个）	居委会数占比（%）	排名	是否大于均值
门头沟区	龙泉镇	13	17	0.43	28	是
	永定镇	15	24	0.38	32	是
	军庄镇	3	8	0.27	44	是
	王平镇	4	16	0.20	54	是
	潭柘寺镇	2	12	0.14	62	否
	雁翅镇	1	23	0.04	112	否
	斋堂镇	1	29	0.03	124	否
	妙峰山镇	0	17	0.00	131	否
	清水镇	0	32	0.00	131	否
怀柔区	北房镇	2	16	0.11	73	否
	庙城镇	2	18	0.10	78	否
	雁栖镇	2	21	0.09	82	否
	怀北镇	1	10	0.09	82	否
	杨宋镇	1	15	0.06	91	否
	汤河口镇	1	22	0.04	112	否
	桥梓镇	1	24	0.04	112	否
	怀柔镇	1	30	0.03	124	否
	渤海镇	0	21	0.00	131	否
	九渡河镇	0	18	0.00	131	否
	宝山镇	0	25	0.00	131	否
	琉璃庙镇	0	25	0.00	131	否
	长哨营满族乡	0	24	0.00	131	否
	喇叭沟门满族乡	0	15	0.00	131	否

续表

名称		居委会数（个）	村委会数（个）	居委会数占比（%）	排名	是否大于均值
平谷区	平谷镇	6	13	0.46	24	是
	马坊地区	4	22	0.15	60	否
	大华山镇	0	20	0.00	131	否
	大兴庄镇	0	18	0.00	131	否
	东高村镇	0	22	0.00	131	否
	南独乐河镇	0	13	0.00	131	否
	山东庄镇	0	12	0.00	131	否
	王辛庄镇	0	21	0.00	131	否
	夏各庄镇	0	15	0.00	131	否
	金海湖镇	0	26	0.00	131	否
	刘家店镇	0	14	0.00	131	否
	马昌营镇	0	17	0.00	131	否
	镇罗营镇	0	20	0.00	131	否
	熊儿寨乡	0	27	0.00	131	否
	黄松峪乡	0	7	0.00	131	否
密云区	檀营乡（地区）	3	0	1.00	1	是
	古北口镇	4	9	0.31	37	是
	溪翁庄镇	6	14	0.30	38	是
	十里堡镇	4	12	0.25	48	是
	密云镇	3	10	0.23	51	是
	巨各庄镇	4	26	0.13	65	否
	东邵渠镇	2	14	0.13	65	否
	太师屯镇	5	34	0.13	65	否
	穆家峪镇	3	22	0.12	71	否
	西田各庄镇	4	34	0.11	73	否
	河南寨镇	3	28	0.10	78	否
	高岭镇	2	21	0.09	82	否
	北庄镇	1	11	0.08	88	否
	不老屯镇	2	26	0.07	90	否
	石城镇	1	15	0.06	91	否
	新城子镇	1	18	0.05	102	否
	冯家峪镇	1	18	0.05	102	否
	大城子镇	1	22	0.04	112	否

续表

名称		居委会数（个）	村委会数（个）	居委会数占比（%）	排名	是否大于均值
延庆区	康庄镇	2	31	0.06	91	否
	张山营镇	2	32	0.06	91	否
	八达岭镇	1	15	0.06	91	否
	珍珠泉乡	1	15	0.06	91	否
	刘斌堡乡	1	16	0.06	91	否
	千家店镇	1	19	0.05	102	否
	四海镇	1	18	0.05	102	否
	香营乡	1	20	0.05	102	否
	大榆树镇	1	25	0.04	112	否
	沈家营镇	1	22	0.04	112	否
	旧县镇	1	22	0.04	112	否
	永宁镇	1	36	0.03	124	否
	井庄镇	1	31	0.03	124	否
	大庄科乡	1	29	0.03	124	否
	延庆镇	0	45	0.00	131	否

根据表 8-15 所示，在全市 182 个统计乡镇中，居委会比例最大值为 1，

分布于丰台区、密云区①；最小值为 0，主要分布于房山区、通州区、顺义区、昌平区、大兴区、门头沟区、怀柔区、平谷区等城区。居委会比例均值为 0.18，朝阳区、海淀区和丰台区中的乡镇数据大多数超过该均值，房山区、顺义区、怀柔区、平谷区和延庆区中乡镇地区的居委会数占比基本低于该均值水平，北京各区乡镇居委会比例的具体分布情况如表 8-16 所示。

表 8-16　北京各乡镇居委会比例分布情况

城区名称		朝阳区	海淀区	丰台区	昌平区	大兴区	密云区	门头沟区	通州区	平谷区	房山区	合计
乡镇总量(个)		19	7	7	15	14	18	9	11	15	19	134
居委会数占比超过均值	数量(个)	18	7	6	6	5	5	4	2	1	1	55
	占比(%)	33	13	11	11	9	9	7	3	2	2	100
居委会数占比排名前20	数量(个)	11	2	3	1②	2	1	0	0	0	0	20
	占比(%)	55	10	15	5	10	5	0	0	0	0	100

（二）北京城市型政区设置标准之二——城镇化率标准测算结果

表 8-17 是根据《中华人民共和国政区大典（北京市卷）》（2013）测算的各乡镇城镇化率结果。

---

① 密云区的檀营乡为满族蒙古族乡，其主导产业为房地产开发、服装、建材及餐饮服务业。作为北京市唯一的一个满族蒙古族少数民族乡，该乡镇在实现经济快速发展的同时还保持着高度的自治。因此，虽然该地区依然保留着乡镇编制，但其居委会数占比显著高于密云区的其他乡镇。

② 2015 年 6 月 16 日，回龙观地区撤销，成立回龙观街道办事处、龙泽园街道办事处和史各庄街道办事处。由于原始数据缺失，本节分析采用调整前数据，特此说明。

表 8-17   北京各乡镇城镇化率测算结果

名称		常住人口		非农业人口		城镇化率	
		数量（万人）	密度	数量（万人）	密度	数值	排名
朝阳区	太阳宫地区	7.0	11667	7.0	11667	1.00	1
	来广营地区	12.4	5662	12.4	5662	1.00	1
	常营地区	4.8	4898	4.8	4898	1.00	1
	豆各庄地区	3.3	2276	3.3	2276	1.00	1
	东风地区	8.7	11154	8.7	11132	1.00	7
	南磨房地区	13.0	13684	12.8	13479	0.99	8
	三间房地区	12.6	14651	12.3	14300	0.98	9
	高碑店地区	11.8	7712	11.5	7520	0.98	10
	将台地区	7.1	6174	6.9	6001	0.97	11
	管庄地区	10.5	9906	10.0	9430	0.95	12
	东坝地区	8.9	3574	8.4	3360	0.94	14
	平房地区	12.1	7857	11.3	7339	0.93	15
	崔各庄地区	10.2	3312	9.2	2987	0.90	17
	十八里店地区	20.1	8040	18.0	7204	0.90	19
	王四营地区	8.4	5638	7.5	5034	0.89	20
	黑庄户地区	5.7	2327	4.9	2001	0.86	25
	孙河地区	2.4	688	1.9	558	0.81	35
	小红门地区	5.8	4640	4.4	3554	0.77	40
	金盏地区	5.8	1158	4.1	818	0.71	45
海淀区	东升地区	1.8	2169	1.5	1800	0.83	32
	温泉镇	5.1	1536	2.3	707	0.46	64
	苏家坨镇	4.7	556	1.8	217	0.39	76
	上庄镇	4.5	1169	1.8	456	0.39	76
	西北旺镇	14.3	2804	4.4	869	0.31	101
	四季青镇	17.1	4191	5.0	1215	0.29	106

续表

名称		常住人口		非农业人口		城镇化率	
		数量（万人）	密度	数量（万人）	密度	数值	排名
丰台区	方庄地区	8.3	11500	6.9	12656	0.84	29
	宛平城地区	4.9	2262	2.8	1284	0.57	53
	王佐镇	5.4	864	2.1	328	0.38	81
	长辛店镇	15.9	2523	5.6	883	0.35	88
	卢沟桥乡	11.5	2043	2.8	490	0.24	126
	南苑乡	15.9	2802	2.1	364	0.13	163
	花乡	20.4	4068	2.2	447	0.11	172
房山区	蒲洼乡	0.2	32	0.2	29	0.92	16
	史家营乡	0.6	55	0.5	49	0.90	18
	霞云岭乡	0.7	32	0.6	28	0.88	22
	佛子庄乡	0.9	77	0.6	54	0.70	46
	南窖乡	0.4	100	0.3	68	0.68	47
	大安山乡	1.1	157	0.6	88	0.56	54
	河北镇	2.0	222	1.1	122	0.55	56
	琉璃河地区	5.8	558	2.4	234	0.42	71
	周口店地区	3.7	280	1.4	110	0.39	75
	长阳镇	6.5	855	2.3	308	0.36	84
	窦店镇	6.6	985	2.2	335	0.34	93
	长沟镇	2.4	600	0.8	198	0.33	94
	良乡地区	1.7	548	0.5	175	0.32	98
	阎村镇	4.9	1169	1.4	327	0.28	108
	青龙湖镇	4.5	495	1.2	129	0.26	115
	韩村河镇	3.9	348	1.0	87	0.25	119
	十渡镇	1.0	48	0.2	9	0.19	134
	石楼镇	2.9	604	0.6	115	0.19	134
	大石窝镇	3.1	323	0.4	42	0.13	163

续表

名称		常住人口		非农业人口		城镇化率	
		数量（万人）	密度	数量（万人）	密度	数值	排名
通州区	梨园地区	24.0	9639	24.0	9639	1.00	1
	永顺地区	15.1	3823	15.1	3823	1.00	1
	于家务回族乡	2.7	411	2.2	333	0.81	36
	潞城镇	8.5	1201	2.7	384	0.32	98
	张家湾镇	6.1	579	1.9	179	0.31	101
	宋庄镇	12.0	1035	3.0	259	0.25	119
	马驹桥镇	10.7	1305	2.6	313	0.24	126
	永乐店镇	4.3	411	0.9	82	0.20	132
	西集镇	5.3	585	1.0	105	0.18	139
	漷县镇	7.6	673	1.3	114	0.17	147
	台湖镇	13.0	1599	2.2	272	0.17	147
顺义区	天竺地区	3.6	1674	3.2	1473	0.88	22
	后沙峪地区	3.0	1124	2.5	944	0.84	29
	仁和地区	5.3	1738	4.1	1355	0.78	39
	南法信地区	3.3	1602	2.5	1217	0.76	41
	马坡地区	3.6	2835	2.7	2126	0.75	42
	牛栏山地区	3.8	1210	2.4	775	0.64	48
	李遂镇	2.5	617	1.4	346	0.56	54
	杨镇地区	6.7	698	3.2	335	0.48	61
	李桥镇	8.0	1072	3.6	483	0.45	66
	赵全营镇	2.6	415	1.2	187	0.45	66
	高丽营镇	5.7	974	2.6	438	0.45	66
	北小营镇	3.6	644	1.5	268	0.42	72
	南彩镇	5.5	955	2.3	391	0.41	73
	张镇	2.8	523	1.1	202	0.39	80
	北务镇	1.3	404	0.5	145	0.36	84
	大孙各庄镇	2.9	389	1.0	139	0.36	87
	北石槽镇	1.6	500	0.6	175	0.35	88
	龙湾屯镇	1.5	276	0.5	90	0.33	95
	木林镇	3.4	415	1.1	135	0.33	95

续表

名称		常住人口		非农业人口		城镇化率	
		数量（万人）	密度	数量（万人）	密度	数值	排名
昌平区	东小口地区	11.5	3506	10.9	3324	0.95	13
	沙河地区	13.1	2319	10.9	1929	0.83	31
	回龙观地区	30.2	10301	21.8	7445	0.72	44
	南口地区	7.2	357	4.3	214	0.60	51
	十三陵镇	3.1	195	1.3	84	0.43	69
	马池口地区	7.8	1336	2.9	496	0.37	82
	阳坊镇	2.4	591	0.7	177	0.30	104
	北七家镇	29.8	5246	8.3	1469	0.28	108
	小汤山镇	6.0	856	1.6	231	0.27	111
	百善镇	2.2	627	0.6	157	0.25	119
	南邵镇	3.3	938	0.8	234	0.25	119
	兴寿镇	3.2	427	0.7	94	0.22	128
	流村镇	2.2	80	0.3	14	0.18	139
	崔村镇	1.9	303	0.3	51	0.17	147
大兴区	瀛海地区	2.3	622	2.0	528	0.85	27
	亦庄地区	5.3	2915	4.0	2186	0.75	42
	旧宫地区	3.1	1040	1.6	522	0.50	60
	黄村地区	6.6	613	3.0	277	0.45	65
	榆垡镇	5.6	411	1.5	111	0.27	111
	西红门地区	5.5	1763	1.4	458	0.26	115
	采育镇	3.4	475	0.6	85	0.18	139
	北臧村镇	3.2	532	0.6	96	0.18	139
	庞各庄镇	4.7	430	0.8	73	0.17	147
	礼贤镇	3.3	344	0.5	52	0.15	156
	安定镇	3.0	385	0.5	58	0.15	156
	长子营镇	3.3	524	0.5	73	0.14	159
	魏善庄镇	4.4	540	0.6	70	0.13	163
	青云店镇	6.9	945	0.8	113	0.12	168

续表

名称		常住人口		非农业人口		城镇化率	
		数量（万人）	密度	数量（万人）	密度	数值	排名
门头沟区	王平地区	0.7	150	0.6	127	0.85	27
	军庄镇	1.3	382	0.8	229	0.60	51
	龙泉镇	3.2	650	1.8	358	0.55	56
	斋堂镇	1.1	28	0.6	15	0.52	59
	永定镇	4.2	641	2.0	301	0.47	63
	潭柘寺镇	0.9	111	0.4	43	0.39	76
	妙峰山镇	0.9	80	0.3	25	0.31	101
	雁翅镇	0.7	19	0.2	6	0.29	106
	清水镇	0.8	24	0.2	4	0.19	134
怀柔区	雁栖地区	2.6	167	1.2	79	0.48	62
	怀柔地区	5.3	901	2.1	361	0.40	74
	庙城地区	2.5	765	0.9	282	0.37	83
	怀北镇	1.2	115	0.4	37	0.33	95
	杨宋镇	2.0	656	0.6	207	0.32	100
	桥梓镇	2.1	187	0.6	55	0.30	105
	北房镇	2.2	410	0.4	74	0.18	139
	长哨营满族乡	0.8	32	0.1	5	0.17	151
	九渡河镇	1.6	90	0.3	15	0.17	152
	渤海镇	1.5	98	0.2	16	0.16	153
	汤河口镇	0.9	40	0.1	6	0.16	154
	琉璃庙镇	0.6	27	0.1	4	0.15	155
	喇叭沟门满族乡	0.6	20	0.1	3	0.14	161
	宝山镇	0.9	36	0.1	5	0.14	162

续表

名称		常住人口		非农业人口		城镇化率	
		数量（万人）	密度	数量（万人）	密度	数值	排名
平谷区	平谷镇	4.4	1481	3.7	1230	0.83	32
	熊儿寨乡	0.3	51	0.2	42	0.83	32
	黄松峪乡	0.5	78	0.4	63	0.81	36
	马坊地区	2.0	455	1.3	286	0.63	50
	南独乐河镇	2.2	319	1.2	175	0.55	56
	夏各庄镇	2.4	403	1.0	173	0.43	69
	王辛庄镇	2.9	382	1.0	137	0.36	84
	金海湖地区	3.2	241	1.1	84	0.35	88
	大兴庄镇	1.8	545	0.6	191	0.35	88
	东高村镇	3.0	526	0.8	147	0.28	108
	马昌营镇	1.5	521	0.4	141	0.27	111
	大华山镇	1.9	197	0.5	53	0.27	111
	镇罗营镇	1.0	124	0.3	32	0.26	115
	刘家店镇	0.9	253	0.2	66	0.26	115
	山东庄镇	1.7	340	0.4	85	0.25	119
密云区	溪翁庄镇	2.0	228	0.5	57	0.25	119
	十里堡镇	2.5	812	0.6	179	0.22	128
	古北口镇	0.8	94	0.1	17	0.18	139
	密云镇	1.9	1462	0.3	263	0.18	139
	太师屯镇	2.7	133	0.5	24	0.18	139
	巨各庄镇	2.3	213	0.3	32	0.15	156
	穆家峪镇	3.3	324	0.5	45	0.14	159
	西田各庄镇	3.6	282	0.5	37	0.13	163
	东邵渠镇	1.2	110	0.1	13	0.12	168
	河南寨镇	2.4	361	0.3	43	0.12	168
	石城镇	0.5	20	0.1	2	0.10	173
	冯家峪镇	0.7	33	0.1	3	0.09	174
	高岭镇	1.4	126	0.1	11	0.09	174
	不老屯镇	1.6	83	0.1	7	0.08	176
	大城子镇	1.2	83	0.1	6	0.07	177
	北庄镇	0.8	96	0.1	7	0.07	177
	新城子镇	0.8	51	0.0	3	0.06	179
	檀营地区	0.5	1852	0.0	0	0.00	180

续表

名称		常住人口		非农业人口		城镇化率	
		数量（万人）	密度	数量（万人）	密度	数值	排名
延庆区	大庄科乡	0.6	47	0.5	42	0.89	21
	珍珠泉乡	0.4	28	0.4	24	0.88	22
	刘斌堡乡	0.7	60	0.6	52	0.86	25
	香营乡	0.9	77	0.7	62	0.81	36
	延庆镇	4.0	769	2.6	492	0.64	48
	康庄镇	2.5	235	1.0	92	0.39	76
	大榆树镇	1.5	247	0.5	86	0.35	88
	永宁镇	2.6	164	0.7	41	0.25	119
	张山营镇	2.4	90	0.5	20	0.22	128
	沈家营镇	1.2	386	0.3	81	0.21	131
	八达岭镇	0.8	80	0.2	16	0.20	132
	旧县镇	2.2	201	0.4	38	0.19	134
	井庄镇	1.2	95	0.2	18	0.19	134
	四海镇	0.7	61	0.1	8	0.13	163
	千家店镇	1.2	32	0.1	4	0.12	168

根据表8-17所示，可以发现在全市180个统计乡镇中，乡镇地区城镇化率最大值为1.00，包括朝阳区4个、通州区2个、大兴区1个；乡镇地区城镇化率最小值为0.06，为密云区的新城子镇。在整体样本上，乡镇地区城镇化率均值为0.45。其中，朝阳区、顺义区和门头沟区等城区的乡镇数据多数大于该均值，通州区、昌平区、大兴区、怀柔区、密云区等城区中乡镇地区的居委会数占比多数低于该均值水平。北京各区乡镇居委会比例的具体分布情况如表8-18所示。

表8-18　北京各乡镇城镇化率分布情况

城区名称	朝阳区	顺义区	房山区	昌平区	门头沟区	平谷区	延庆区	通州区	大兴区	海淀区	丰台区	怀柔区	密云	合计
乡镇总量（个）	19	19	19	15	9	15	15	11	13	6	7	14	18	180

续表

城区名称		朝阳区	顺义区	房山区	昌平区	门头沟区	平谷区	延庆区	通州区	大兴区	海淀区	丰台区	怀柔区	密云	合计
城镇化率超过均值	数量（个）	19	11	7	5	5	5	5	3	3	2	2	1	1	70
	占比（%）	27	16	10	7	7	7	7	4	4	3	3	1	1	100
城镇化率排名前20	数量（个）	15	0	2	1	0	0	0	2	0	0	0	0	0	20
	占比（%）	75	0	10	5	0	0	0	10	0	0	0	0	5	100

（三）设置城市型政区的标准讨论

无论从横向城市对比还是从纵向历史比较，北京的城市化管理已经出现了严重滞后，必须加快城市型政区设置速度，按照"先易后难""突出重点""跟准定位"的原则有序甄别出急需进行政区调整的乡镇和地区，以此来完善北京的城市型政区设置。为了实现这一目标，首先需要确定设置城市型政区的标准，其基础是居委会比例和城镇化率两种标准下的乡镇分布情况，如表8-19所示。

表8-19　两种标准下北京乡镇分布情况

统计描述	居委会数占比		城镇化率	
	个数	所占比例	个数	所占比例
大于0.9	0	0.00	20	0.11
0.8—0.9	6	0.03	19	0.11
0.7—0.8	5	0.03	8	0.04
0.6—0.7	2	0.01	6	0.03
0.5—0.6	7	0.04	8	0.04
均值①—0.5	34	0.19	8	0.04

一般认为，居委会比例很高或者城镇化率很高的乡镇应该考虑设置城市

① 居委会数占比的均值为0.18，非农业人口占比的均值为0.45。

型政区，同时考虑到居委会比例与城镇化率水平存在差异，设置城市型政区可能需要分类推进。有鉴于此，设立如下分类调整标准：

第一类为需要立刻设置城市型政区的乡镇和地区，其居委会比例高于0.8或城镇化率高于0.9。

第二类为需要着手准备设置城市型政区的乡镇和地区，其居委会比例高于0.7或城镇化率高于0.8。

第三类为具有设置城市型政区潜力的乡镇和地区，其居委会比例高于0.6或城镇化率高于0.7。

这三种类型分别包含23个、20个和6个共计49个乡镇和地区，具体结果如表8-20所示。

表8-20 北京城市型政区设置标准分析结果

名称		居委会数占比	城镇化率	所属类别
朝阳区	高碑店	0.87	0.98	第一类
	南磨房	0.85	0.99	
	来广营	0.81	1.00	
	将台	0.78	0.97	
	太阳宫	0.77	1.00	
	平房	0.75	0.93	
	东风	0.69	1.00	
	东坝	0.65	0.94	
	三间房	0.58	0.98	
	常营	0.57	1.00	
	管庄	0.45	0.95	
	十八里店	0.43	0.90	
	豆各庄	0.40	1.00	
	崔各庄	0.17	0.90	
	王四营	0.33	0.89	第二类
	黑庄户	0.27	0.86	
	孙河	0.26	0.81	
	小红门	0.56	0.77	第三类
	金盏	0.24	0.71	
海淀区	东升镇	0.55	0.83	第二类

名称		居委会数占比	城镇化率	所属类别
丰台区	方庄	1.00	0.84	第一类
	宛平城	0.80	0.57	
	长辛店镇	0.74	0.35	第二类
房山区	史家营乡	0.00	0.90	第一类
	蒲洼乡	0.00	0.92	
	霞云岭乡	0.00	0.88	第二类
	佛子庄乡	0.00	0.70	第三类
通州区	永顺	0.51	1.00	第一类
	梨园	0.46	1.00	
	于家务	0.00	0.81	第二类
顺义区	天竺镇	0.17	0.88	第二类
	后沙峪镇	0.16	0.84	
	马坡镇	0.09	0.75	第三类
	南法信镇	0.06	0.76	
	仁和镇	0.04	0.78	
昌平区	回龙观	0.87	0.72	第一类
	东小口镇	0.29	0.95	
	沙河镇	0.37	0.83	第二类
大兴区	亦庄	0.77	0.75	第二类
	瀛海镇	0.28	0.85	
门头沟区	王平镇	0.20	0.85	第二类
平谷区	平谷镇	0.46	0.83	第二类
	熊儿寨乡	0.00	0.83	
	黄松峪乡	0.00	0.81	
密云区	檀营乡	1.00	0.00	第一类

名称		居委会数占比	城镇化率	所属类别
延庆区	珍珠泉乡	0.06	0.88	第二类
	刘斌堡乡	0.06	0.86	
	香营乡	0.05	0.81	
	大庄科乡	0.03	0.89	

六、结论与建议

通过构建城市型政区设置评价指标，对北京的城市化管理水平进行全面研究，初步提出了城市型政区设置的标准，基于这些标准，将结合设置城市型政区过程中存在的难题，提出相应的对策建议。

（一）主要结论

通过对北京城市层次、区级层次、乡镇层次进行三个维度的城市化管理水平进行研究，得到如下结论：

（1）从城市化率与城市化管理率相匹配的角度分析，北京的城市化管理水平滞后于其城市化水平，与北京现代国际化城市定位不符，与首都的形象定位也不符，加快提高北京城市化管理水平迫在眉睫。

（2）从与国内其他大城市比较的角度分析，北京的城市型政区设置和调整速度过慢，其中，相比南京，北京的街道与居委会两级城市型政区调整的力度均不足；相比上海，居委会级调整力度不足；相比武汉，街道级的调整很落后。

（3）从北京内部的 16 个区城市化管理水平与城市化水平匹配分析，北京部分区的城市化管理水平低于其城市化水平，城市型政区设置与调整速度过慢，其中，朝阳区、通州区、顺义区、门头沟区、怀柔区、丰台区的城市化管理水平相对滞后于城市化水平，需要加速城市型政区设置调整。

（4）从北京 180 多个乡镇城市化管理水平分析，北京部分乡镇的城市化管理水平滞后于其城市化水平，我们根据城市化管理率提出了未来乡镇转变为街道的实施标准。

因此，根据研究的结论，可以认为：不管是在城市层次、还是区级层次或者乡镇层次，北京提高城市型政区即街道和居委会的比例十分迫切，且已经具有很好的基础。

（二）城市型政区设置过程中存在的问题

根据北京的实际情况，在乡镇转为街道和村委会转为居委会的过程中可能存在如下难题：

1. 集体土地问题

行政村拥有一定面积的集体土地，北京市作为中国房价最高的城市，其土地价值极大，这对村民是一笔巨大的财富。"村转居"首先需要解决的就是土地问题，一方面，土地价值能否得到合理的补偿是影响村转居的关键因素；另一方面，土地作为一种经营资产，其能够为村民带来源源不断的收入比如租金可能会抑制村民转为居民的积极性。实际上，之所以目前北京很多城市化水平很高的城市中心区存在很多行政村，一个重要原因在于土地升值太快，村委会与村民不愿意放弃集体土地所带来的巨额经济利益。

2. 其他集体资产问题

除了集体土地这种资产外，北京的很多村还有其他的集体资产，比如村办的集体企业，这部分集体资产同样是制约村转居的重要因素。一方面，这种集体资产的量化问题，由于北京过去几十年经济飞速发展，这些企业的发展速度也很快，很多企业的规模和经营结构已经很复杂，量化难度极高；另一方面，很多村办企业存在的时间较长，这部分集体资产究竟如何分配是个难题，比如集体资产的分配对象问题即考不考虑新生代的村民，还比如分配程度问题即是将所有集体资产全分光还是保留一部分集体资产继续经营。这些问题同样是导致北京城市型政区调整速度过慢的主要原因。

3. 农转居的户籍问题

北京部分村还存在一定数量的农民，即户口没有转为居民户口，这也影响了北京村转居的工作。导致这种居民的原因是因为北京的农转居工作是伴随征地工作同步进行的，征一部分土地就转一部分农民的户口为居民户口。但是，在实际的征地过程中往往不会把一个村所有的土地都征完，经常会留下一定数量的边角地，换言之就是会留下一部分的农民。这部分没有居民户口的农民也是影响村改居的重要因素，未来也必须予以解决。

4. 政府重视问题

城市型政区的设置工作目前属于民政部门主管，但是城市型政区的设置在整个北京发展战略中的地位是基础性、全局性和前提性的，因此必须高度重视这一工作。然而，在当前实际工作中，很多区对乡镇转为街道或者村转居工作重视程度不够，甚至出现了某区申请调整乡镇的方案被北京市民政局批准后，区政府两年不落实的情况。这充分反映了城市型政区设置这一工作目前得到的重视程度不够，这也是为何北京城市化管理水平滞后于城市化水平的重要原因。

5. 管理模式转变问题

村委会转为居委会，乡镇或者地区转为街道涉及管理模式的转变，比如管理对象从村民变为居民，管理部门由村委会转变为街道办事处，管理人员由选举的村委会转变为公务员，管理内容由农村问题转变为城市问题。在整个转变过程中会涉及编制、资金、社会保险、发展任务等多种不同的问题，因此，在推进城市型政区设置工作过程中应该做好对这些问题的一揽子应对方案，提高乡镇转街道、村委会转居委会工作的效率和保障转变工作的质量。

（三）北京市设置城市型政区工作的建议

结合北京市的实际情况与存在的问题，我们认为未来北京市城市型政区设置工作需要从如下几方面着手。

1. 加快政区划立法工作进程，提高政区划工作的法律地位与约束力

城市型政区的设置实际上也是一种行政区划，为了保障该工作的效果，必须加快立法工作进程，尽快制定出《北京市行政区划管理办法》（以下简

称《管理办法》），该办法至少需要包括如下三部分内容：（1）设置城市型政区的标准。在乡镇调整为街道、村改居的过程中，首先应该明确调整的标准，如本书中提出如果一个乡镇或地区的居委会比例超过 0.7 的就应该进行行政区划调整，尽快设置街道。（2）城市型政区设置工作的流程。应该在保障工作效果的情况下尽可能地提高工作效率，明确工作的流程，包括申请、批准、实施、监督、考核等工作的主体部门都应该得到明确。（3）对违反办法的机构与责任人的处分。前文已经指出很多区政府对城市型政区设置工作的重视程度不够，因此，在《管理办法》中必须强调对违反相关规定的处罚措施以保障工作的顺利实施。

2. 制定设置城市型政区工作方案，明确调整目标与期限

设置城市型政区是一个长期的、复杂的、系统的工作，各区、各乡镇经济发展水平不同、城市化水平也存在差异，要求所有区、所有乡镇在同一期限内完成城市型行政设置工作是不现实的，也是不科学的。从实际情况出发，我们建议应该制定一套整体的城市型政区设置工作方案，将 16 个区按照不同的城市化管理水平与城市化水平进行分组，并按照当前基础好坏设置工作任务的完成期限，比如对于经济发展水平较高、城市化水平最高的组，可以设置 2020 年前必须完成调整的目标；对于经济发展与城市化水平稍弱的区，可以设置在 2025 年完成调整的目标；对于经济发展与城市化水平最弱的区，可以暂时不设置硬性时间期限，但是鼓励这些区根据自身实际情况加快设置城市型政区。

3. 将城市型政区设置工作纳入区政府政绩考核体系

在《管理办法》和工作方案制定后，为了保障城市型政区设置工作的进度和效果，本书建议将设置城市型政区工作纳入区政府年度政绩考核体系，对在工作方案中已经被设置工作时间期限的区进行年度考核，对那些按时按质完成调整任务的区政府在年终政绩考核中予以一定比重的奖励，对没有完成或者违反《管理办法》的政府和机构予以一定的惩罚或者处分。

4. 推动农村集体资产处置、农转居等问题的解决步伐

包括土地在内的集体资产以及滞留的小部分农民已经成为制约北京城市型政区设置工作的重要因素，想要从根本上加快城市型政区设置工作的速度，必须解决这些问题。我们认为：（1）应该加强征地拆迁政策配套，对现有行政村实行整体征地、整体拆迁、整体转居，全部上楼，避免出现遗留边角地、少量村民长期无法转居等难题；（2）加大村民集体资产处置力度，在保障村民合法权益的前提下，大力推进村民集体资产处置工作，我们认为可以运用股份制，使村民变股东，使村民成为有资产的市民，使村民集体资产收益问题与享受公平的城市公共服务问题脱钩，最大限度降低集体资产处置给农转居工作带来的阻力。

5. 调整工作要稳步推进，做好应急预案

虽然相比于其他涉及行政区空间调整的行政区划模式，乡镇转为街道这一性质区划模式所引起的影响并不太大，但是我们仍然要做好工作方案和应急预案，稳步推进调整工作，需要做到：（1）在推动转制工作的过程中，市、区两级都要严格履行行政区划调整程序，开展调研、论证、风险评估、政区名称评审等各项工作。要严格遵守行政区划调整信息的发布权限规定。（2）调整工作由于涉及集体资产，直接关系到村民和居民的切身利益，如果处置不当极容易引起群众不满，需要特别关注社会稳定风险评估工作，提前研判和化解各种不稳定因素，要通过严格的工作程序，控制社会风险，在实现预期目标的同时，确保社会稳定。

第九章 优化空间：京津冀空间优化思路研究

作为首都和中国仅有的两个超大城市①之一，北京具有广泛的影响力。北京发展战略的选择对于京津冀地区乃至整个中国的发展都会产生重要的影响。但是，目前北京的发展面临内外双重问题：从内部考察，北京本身存在日益严重的城市病等问题；从外部考察，北京在京津冀地区难以发挥领头羊作用，在推进京津冀协同发展方面没有发挥人们所期望的作用。在这样的背景下，以习近平同志为核心的党中央高度重视北京自身的健康发展和京津冀地区的协同发展问题。在现有研究中，绝大部分政府干部和学者都认为北京的非首都功能是导致这两大问题出现的根本原因。然而在提出具体的疏解北京非首都功能的对策建议时，目前比较流行的思路都或多或少存在一些问题。因此，为了进一步促进北京的健康发展和京津冀地区的协同发展，有必要对北京疏解非首都功能的内在本质、疏解目的和疏解思路进行研究。

第一节 疏解北京非首都功能战略

在制定具体的疏解北京非首都功能措施之前，必须对非首都功能的内涵、组成部分及意义进行分析。在现有讨论北京非首都功能的文献中，许多学者将非首都功能与城市功能进行对比予以说明，这种观点认为北京的非首

---

① 根据 2014 年出台的《国务院关于调整城市规模划分标准的通知》，超大城市指的是城区常住人口在 1000 万以上的城市。依据这个标准，截至 2014 年中国只有北京和上海两个城市符合该要求。

都功能就是没有包含在目前北京城市功能定位中的功能。北京城市功能定位屡经调整，最新的北京城市功能定位为全国的政治中心、文化中心、对外交流中心和科技创新中心。因此，绝大部分学者认为非首都功能就是在这四大城市功能定位以外的城市功能。这种认识并不存在任何学术或知识性错误，但是这种认识无助于在实际工作中推进疏解北京非首都功能。这是因为，在任何一个城市尤其是北京这样的超大城市内部，不同城市功能之间密切相关、互为支撑，几乎不可能将某一城市功能从城市功能集合中完全分开。因此，单纯从城市功能定位和城市功能类型来区分北京的首都功能和非首都功能这种思路难以为疏解北京非首都功能提供具有操作意义的具体措施。

一、非首都功能的内涵——首都属性对城市功能的过度影响

明确非首都功能的内涵，不能从城市功能定位或城市功能的类别入手，而应该从北京与其他非首都城市所存在的根本差异即北京的首都属性入手。严格地说，任何大城市的城市功能集都是类似的，因为任何城市都会先天性地承担一些功能，如发展经济、提供就业、提供现代文明生活方式等，只不过在不同功能上存在结构和规模上的差异而已。与此同时，诸如地理位置、气候环境、社会人文以及外部政策等城市属性都会对城市的功能产生影响。北京的非首都功能实际上就是指北京的首都属性对北京先天附带的城市功能所产生的负面影响。毋庸置疑，首都属性对于北京自身过去的发展肯定发挥了许多积极作用，但是在目前的情况下，首都属性的影响已经反过来开始演变为制约北京的可持续健康发展和京津冀地区的协同发展的因素，疏解北京非首都功能实际上就是排除首都属性对北京城市发展的负面影响。从这个角度出发，只有坚持以北京的首都属性为出发点，对其影响北京和京津冀地区发展的机理进行研究，才能够为疏解非首都功能提供具有可行性的思路与具有可操作的措施与方案。

此外，不同于地理位置、气候环境等属性，首都属性是一个比较抽象的概念，因而需要进一步辨析其具体含义。根据首都的内涵，首都属性可分为

两个部分：国家形象属性和中央政府所赋予的高级别政治地位属性。国家形象属性是指首都作为一个国家对外交流和展示的窗口，代表了整个国家在国际上的形象；中央政府所赋予的政治地位属性指的是作为首都的城市，往往由于是中央政府的所在地，其政治地位较其他同级行政区域要高得多。这两大属性是首都属性的基本组成部分。

目前，北京的城市病现象和京津冀地区发展失衡局面亟待解决，在所有的措施和手段中，疏解北京非首都功能无疑是重中之重。疏解北京非首都功能不仅是保持北京自身可持续发展的重要措施，同样也是促进京津冀地区协同发展的重要前提条件。因此，在疏解北京非首都功能的过程中，应该从北京自身健康可持续发展和京津冀地区协同发展两大目标、两条主线、两个层次的视角上考虑疏解战略。

二、非首都功能的体现——首都属性对北京和京津冀地区发展的负面影响

如前所述，非首都功能实际上就是首都属性对于北京城市发展的负面影响，这种影响不仅体现在北京自身发展中，而且体现在京津冀地区发展层面。

（一）对北京自身发展的负面影响及机理

首都属性的两大部分对北京自身发展的影响主要体现在产业结构体系的正常演化路径被外力干预和整个城市空间结构的极化分层。下面分别对这两种影响的机理进行讨论。

第一，首都属性的国家形象部分导致北京产业体系演化路径被干扰。大城市发展到成熟阶段后，会形成以第三产业为主的经济结构，这种结构是第三产业比重逐渐提升的结果；同时，任何一个城市产业体系的演化都有其正常的速率和比较固定的路径。然而，国家形象属性导致政府干扰了北京过去的发展过程，致使北京自身产业体系的演化偏离了正常路径。以第三产业的比重变化为例，北京第三产业比重由 2000 年的 58.3% 提高至 2013 年的

76.9%，13年间第三产业比重增加了18.6个百分点，年均增长率达到1.43个百分点，而中国另外一个超大城市上海2000年的第三产业比重为52.1%，2013年第三产业比重为62.2%，13年间第三产业比重只增加了10.1个百分点，年均增长率只有0.78个百分点。2000年，北京的第三产业比重比上海的高，在正常的情况下，基数较高的城市的第三产业比重提高速度要低于基数较低的城市，也就是说北京第三产业比重的提高速度应该低于上海，但21世纪头13年北京市第三产业比重增加速度居然是上海的1.83倍。另外，可以将2008年奥运会的举办作为一次自然实验来佐证北京市政府对自身产业体系的干预。以申奥成功的2001年为样本初始年，2002—2008年北京第三产业比重由2002年的61.3%提升至2008年的75.4%，6年间提升了14.1个百分点，年均提高2.35个百分点，而奥运会举办成功后的2009—2014年，北京第三产业比重由75.8%提升至2014年的77.9%，5年间只提升2.1个百分点，年均增长只有0.42个百分点。换言之，在奥运会举办前北京第三产业比重年均增长率是奥运会举办后年均增长率的5.60倍，由此可见政府对产业体系演化路径干预力度之大。①

第二，首都属性的高级别政治地位属性导致北京城市空间结构分层。中央政府赋予的高级别政治地位使得北京城市扩张更为容易，导致整个城市的空间结构畸形。在北京现有管辖区域中，有许多区县级行政区域是经过行政区划调整由河北划入北京的，如通州区、大兴区、顺义区、平谷区、密云区、怀柔区、延庆区等。由于北京和河北之间存在巨大的发展差距，在地理上与北京毗邻的河北部分行政区域，如廊坊等地，加入北京的期望很高。新划入北京的行政区域与原先北京所管辖区域之间的发展水平存在明显的差距。虽然北京向这些新增区域投入了大量的资金，但是初始发展水平的差距以及发展路径依赖等因素共同作用，使得这些新区域与北京原有区域间的差距难以在短时间内缩小。人均GDP和人口空间分布能

---

① 数据根据北京和上海历年统计年鉴整理而得。

够充分说明这种差距。2012 年北京市的人均 GDP 和人口密度分布分别见图 9-1 和图 9-2。

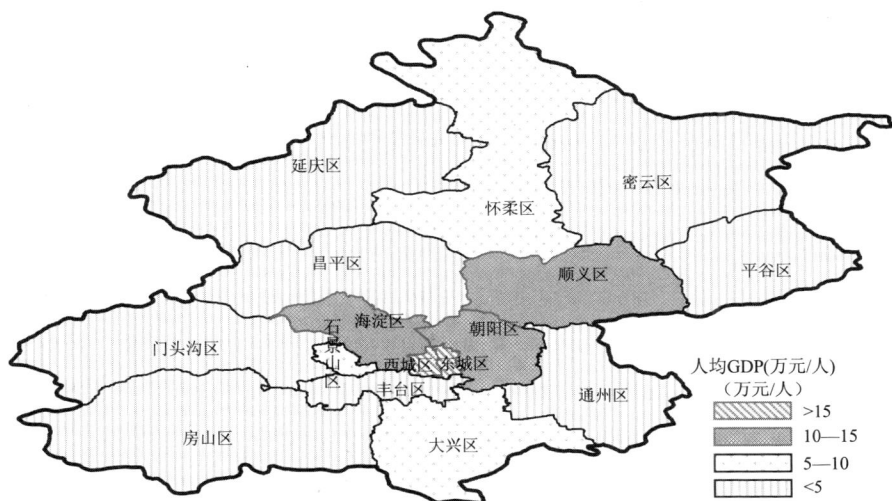

图 9-1 北京城市空间结构的经济分布

图 9-2 北京城市空间结构的人口分布

图 9-1 和图 9-2 表明，北京城市空间结构呈现出明显的分层特点：发展水平最高的区域即核心区域被外围的相对欠发达区域割裂，进而导致北京核心区的扩散效应无法实现而影响京津冀地区协同发展。同时人口分布情况也说明北京目前人口的空间分布并不均衡，北京人口密度在 1000 人/平方公里以下的区域占了北京地域总面积的 60%以上，其中怀柔、延庆等地多为山区，人口密度难以达到和核心城区一样水平是正常的，但是顺义区、门头沟和房山等地人口密度低于 1000 人/平方公里这种情况的存在仍然可以证明目前北京人口方面存在的突出问题很可能在于人口过度集聚于核心区域而不在于人口整体规模过大。换言之，北京的人口问题很可能是一个结构问题而非规模问题，从这个视角出发，北京采取多种手段试图控制人口增长只能作为权宜之策，而不能代替优化城市经济活动和人口分布的空间布局这种长久之策。

（二）对京津冀地区发展的负面影响及机理

首都属性除了对北京自身发展会产生上述影响外，对京津冀地区的协同发展同样会产生重要影响。这种影响主要表现在如下三个方面。

第一，北京过多干预产业演化体系后导致河北无法发展与北京产业体系相配套的产业。区域合作的主要途径是不同地区产业间的相互配套，欠发达地区通过发展与发达区域产业配套的产业从而形成联系紧密的产业链这种模式已经被实践证明是卓有成效的。然而，如前所述，由于国家形象属性的要求，北京对自身产业结构的演化路径进行强力干预，产业结构的演化速率和路径并没有正常的规律可以借鉴，河北无法像江浙两省通过发展与上海相关配套产业获取发展契机，这直接影响了河北的发展和京津冀地区的协同发展。

第二，首都属性的高级别政治地位使得河北自身区域利益难以保障。区域合作顺利与否取决于一个区域内各个地区的自身利益能否得到保障，而保障不同地区利益的前提在于地区地位平等。然而对于京津冀地区而言，为了保持北京国家形象属性要求和北京的可持续发展要求，过去几十年河北在行政空间、经济生产、资源支撑等多方面作出了巨大牺牲而没有得到相应的补偿。在这种情况下，河北的利益难以得到合理保障，整个京津冀地区的协同发展也就难以推进。

第三，首都属性的高级别政治地位使得地方推进京津冀协同发展进程积极性不高。北京具有中央政府赋予的高级别政治地位，使得其在京津冀合作中占据主导地位，导致京津冀三地地位不平等，区域合作难以进行。

三、现有疏解北京非首都功能思路存在的四个误区及疏解工作的两个基本原则

目前，针对如何疏解北京非首都功能并没有形成统一意见与具体措施。现有的几种比较流行的疏解思路存在一定误区。在对这些误区进行分析基础上，我们将指出北京在疏解北京非首都功能中应该坚持的两大基本原则。

（一）疏解北京非首都功能思路的误区

第一，没有系统性地认识到北京自身可持续发展与京津冀协同发展是两个既密切相关又有所不同的同等重要的问题。北京目前面临的是由两个问题组成的一个系统性的区域与城市发展问题。两个问题分别是北京自身的可持续健康发展问题和京津冀协同发展问题，两个问题密切相关又有所不同。两个问题的联系之处体现在北京目前的发展现状是导致京津冀协同发展不利的原因之一，京津冀地区发展失衡反过来又加重了北京自身发展的问题；两个问题的不同之处则体现在导致北京出现发展问题的原因不一定是导致京津冀地区发展失衡的原因，如北京城市规划与管理能力有欠缺可能是北京城市病出现的原因之一，但与京津冀地区发展失衡并无太多关系。实际上，这两大问题的交集在于北京，更准确地说，在于北京市的首都属性上。因此，从疏解北京的非首都功能入手解决这两个问题的思路是完全正确的。但是现有的疏解思路明显存在缺陷。例如，试图搬迁北京优势产业的思路没有考虑到北京自身的可持续发展要求，而将京津冀三地间的交通基础设施作为推动京津冀协同发展的首要任务则没有认识到京津冀地区个体间存在的差异，单纯地完善京津冀地区间的交通设施可能导致河北和天津要素加速外流而不是出现

预期中的北京要素向津冀流动现象。因此，合理疏解北京的非首都功能，必须统筹考虑上述两个问题。

第二，以北京为单一疏解操作主体的思路。在已有的研究中，包括通过行政区划将河北部分区域归为北京，搬迁北京产业、企业、机关、医院，完善北京与外部区域的交通基础设施等缓解北京发展压力的各种建议都或多或少暗示北京是疏解非首都功能的唯一操作主体。这些观点的提出者将疏解北京非首都功能的重任局限于北京市政府层次，是典型的局部思路而非中央政府层面的全局性战略思路。造成北京目前自身发展问题和京津冀协同发展困局的根本原因之一固然在于没有处理好北京与首都的关系，但是解决这两大问题却并不能简单地从北京自身入手，而应该跳出北京的行政区域界线，从更高层面寻求这两个问题的解决方案。实际上，从中央政府角度考虑，在促进京津冀协同发展的过程中，河北应该比北京具有更高的战略地位，更应该得到中央政府的扶持，这是因为，对于一个期望达到协同发展状态的区域而言，加快区域内部欠发达地区的发展比保持区域内部的发达地区健康发展难度更大，意义也更为重要。之所以以上海市为核心的长三角地区协同发展程度较高，一个很重要原因在于上海周边地区的初始发展水平较高。保持北京自身的可持续健康发展和促进京津冀协同发展不仅需要北京的努力，更需要河北自身发展能力和发展水平的提升。在目前北京强、河北弱的区域发展格局下，即使是在政策上完全做到平等对待京冀两地也是无法实现这一目的的。因此，中央政府应该赋予河北更高的战略地位和更多的政策优惠，使河北能够在短时间内迅速提高自身发展能力，从而能够更好地配合疏解非首都功能并最终实现京津冀协同发展。

第三，以向外疏解北京资源为主要操作模式。在目前众多的有关疏解北京非首都功能的观点之中，一种占据主流意见的建议是将北京的优势资源、人口和产业向外转移。这种观点的实际支撑有两点：疏解这些资源、产业与人口有助于缓解北京自身发展压力从而保持北京自身健康可持续发展，使这些资源能够成为北京外围区域的发展动力，从而有助于推动京津冀地区协同发展。然而，遗憾的是，这种做法同样存在严重缺陷，如果在实际过程中完全按照这种思路推进疏解北京非首都功能，则可能无法取得预期的效果。可见，向外疏解这三种对象是不符合北京健康可持续发展和京津冀协同发展目的的。

首先，向外搬迁北京优势资源如高校、医院和国家机关的思路并不可行。主要原因在于：（1）这种思路没有认识到那些优质资源与北京的城市功能定位并不冲突。北京的城市功能定位是政治中心、文化中心、对外交流中心和科技创新中心，因此国家机关和高校在北京集聚是不可避免的。而且，诸如医院和高端服务业等资源也并不与北京的发展定位冲突。（2）大城市尤其是特大城市在发展过程必然会出现第三产业集聚的现象，这是城市发展的客观规律。虽然目前这些优质资源在北京的集聚程度有可能超过了合理规模，但是直接搬迁这些与北京城市功能定位并不冲突的优质资源并不利于北京自身的可持续发展，这些优质资源曾为北京的发展作出了巨大的贡献，同时考虑到未来北京将逐渐放弃经济中心职能，这些优质的服务业资源对于北京未来的可持续发展意义更为重大。（3）即使搬迁这些资源也无助于解决目前北京过度拥挤的问题。北京之所以出现优势资源的过度集聚，以及京津冀地区出现发展失衡局面的根本原因在于两个不平等：权力要素在市场竞争中的不平等地位和不平等的户籍制度。一方面，作为政治中心，各种国家机关和国有企业总部集中于此，这些企业和部门组成的有形之手对市场经济具有强大的干预力，甚至对其他如资本和劳动力要素具有支配地位。在这种背景下，各种要素自然而然地向北京集中。另一方面，不平等的户籍制度使得北京户口享有其他地区户口难以企及的福利，如北京高考录取率远远高于其他地区的，这也是越来越多的人口涌向北京的原因。因此，在这两个不平等没有解决之前，即使现在将这些优势资源搬迁出去也无助于解决目前北京和京津冀地区发展遇到的问题。

其次，大规模地向外疏解北京人口同样不可行。这是因为：（1）对于任何一个大城市而言尤其是以服务业为发展重点的大城市，人口是财富而不是负担。人口集聚是服务业发展的基础，在不考虑城市规划和管理能力的前提下，集聚规模越大，服务业发展速度也就越快，因此，北京不应该急匆匆地采取各种甚至包括行政手段来限制北京人口的增长；（2）北京目前遇到的人口问题不是规模过大而是人口在核心区域过度集中，北京应该采取措施如建造卫星城市将人口从城六区合理疏解至其余区，而不是完全将人口从北京疏解至京外；（3）北京市应该着力提高自身城市管理和规划水平，由于发展速度过快，人口增加的速度可能超过了城市管理和规划能力的提升速度，因此短时间的严格控制人口急速增加是有必要的，但更重要的是在控制人口增加的这段过程中，北京应该加快整座城市的空间布局的优化和规划管理能力的提高，而不能长期依靠控制甚至减少人口增长这种手段。

最后，单一向外疏解产业的做法并不是加快京津冀地区协同发展最为有效的措施，必须指出产业疏解对于北京和京津冀地区的发展都极为重要，除了淘汰和升级落后污染性产业的思路外，疏解部分不符合北京城市定位的产业极有必要。但是在这个过程中同样必须注意：（1）同疏解人口存在的误区一样，不一定所有的北京产业都得往河北和天津等京外区域搬迁，在淘汰了落后产业后，北京可以向位于北京边缘区域的区县转移产业，这些区县某种程度上恰好缺乏足够的产业支撑，当产业顺利转移至这些区域后，北京优化整个城市的人口布局就有了足够的产业支撑。（2）疏解产业的判断标准如何确定。疏解出去的产业不能是高污染的产业，这种产业只能被淘汰。被疏解的产业原则上只是不符合北京城市功能定位的产业如低端制造业。然而在目前的相关研究中多以产品或服务种类来判断应该被转移的产业如批发产业、仓储物流、纺织家具等。实际上，北京应该发展所谓的高端如金融、信息、咨询服务等产业。但是以产品或服务种类来区分产业的低端和高端可能是站不住脚的，判断一个产业是属于高端或者低端不在于其提供的产品和服务类型，而应该是其提供产品和服务的质量和模式，如街边脏乱差的小餐馆是低端服务产业，但是同属于餐饮业的成熟业态的连锁快餐则可能属于高端服务产业，至少也应该属于北京未来可以发展的产业。因此，对于一个以服务业为发展重点的超大城市而言，北京应该通过努力提高产业发展质量、规范产业发展秩序、标准化产业发展模式来挖掘、培育和提高新的服务业增长点，而不是简单地搬迁所谓的低端产业，这种做法无助于未来北京的可持续健康发展。（3）产业在某一区域的形成和壮大有其内在的深刻原因，是在多种因素的共同作用下形成的。向外迁移的产业或者企业在北京能够发展并不意味着其在其他地方也能发展，在其他条件不发生重大变化的前提下，这些被疏解出去的产业很可能难以继续发展，也就无助于促进其他区域的发展。实际上，在产业发展方面，如果只采取单一疏解北京产业的思路可能是无效的，应该将工作重点放在京津冀区域内部产业协同发展上，具体而言，应该将重点放在京津冀间产业配套体系和要素互补体系建设上，一方面京津冀地区应该形成相互配套的产业体系，另一方面北京应该利用包括高技术人才存量、先进技术、发达的金融信息服务、充足的资本要素等方面的优势帮助河北和天津等地的产业迅速发展，这种思路可能对于保持北京自身健康可持续发展和加快京津冀地区协同发展的作用更为明显。

（二）疏解北京非首都功能的两个基本原则

北京的首都属性是造成目前北京发展所遇到问题的主要问题，疏解北京非首都功能势在必行。针对上述疏解北京非首都功能思路中所存在的缺陷，我们认为应该坚持如下两个疏解北京非首都功能的基本原则。

第一，保持北京可持续健康发展原则。疏解北京的非首都功能是为了让北京更好地发展而不是让北京止步不前。一个城市自发展起步到发展成熟，其空间结构与产业结构会在多种不同城市属性的影响下经过复杂和漫长的演变而达到一个相对稳定的状态。北京目前虽然集聚了相对过多的优质资源，这些优质资源似乎已经成为北京城市病现象出现的原因，应该成为疏解对象。但是这些优质资源的集聚与北京城市功能定位并不冲突，也不是导致北京城市病现象出现的根本原因，疏解它们只会损害北京的发展能力。同样，在控制人口方面也必须注意，对于任何一个超大城市而言，一定规模的人口是其发展的财富而不是负担，尤其是在北京市的人口密度远远低于国内外著名大城市人口密度和北京城市人口分布过于集聚于城区的情况下，努力提高北京城市规划和管理水平，从而优化北京经济活动和人口空间布局比通过采取行政手段来控制人口可能更为合适。

因此，在疏解北京非首都功能的过程中，要以保持北京市的可持续健康发展为基本原则，所出台的政策一定要全面和科学，不能为了治疗城市病而采取强制手段试图在短时间内控制人口增长，也不能为了快速满足河北等地的发展需求而损害北京的发展基础，重复之前为了北京发展而过度损害河北利益的老路。总而言之，保持北京的可持续健康发展是疏解北京非首都功能战略的前提。

第二，奠定京津冀协同发展基础的原则。北京自身发展问题和京津冀协同发展问题密切相关，环环相扣，系统性特征突出。在保障北京自身发展利益的基础上，疏解非首都功能必须有助于京津冀协同发展。具体而言应该做到如下两点：

1. 疏解非首都功能应该有据可循

疏解北京非首都功能势在必行，但是这种疏解必须有一个全面和合理的规划指导。换言之，在进行具体的非首都功能疏解前必须先制定出一个科学的疏解功能战略以指导北京进行非首都功能的疏解。这样一方面能够保证北京、河北和天津预先对照疏解规划作出不同的针对性工作，另一方面也能避免疏解非首都功能工作流于口号和形式，难以取得实质性进展。

2. 所疏解的功能有助于构建京津冀间的双向联系

所疏解的功能应该有助于在京津冀三地间构建双向联系。目前京津冀协同发展水平不高的重要原因是三地产业联系和要素联系程度不高或者多为单向联系，即河北和天津向北京输送利益的联系。因此，在疏解北京的非首都功能过程中，无论最后选择何种模式对北京的现有经济结构进行调整，应该以实现在京津冀地区建立密切双向联系为目的。

四、两大基本原则下疏解北京非首都功能的思路与措施

北京自身可持续健康发展和京津冀协同发展是北京未来发展的两大目

标，在这两个基本原则下疏解北京非首都功能的思路可概括为"一个大局、三个主体、五个渠道"。

（一）一个大局

一个大局指的是在疏解北京非首都功能过程中应该坚持大局观思维。这种大局观主要体现在要认识到疏解北京非首都功能既是北京自身问题，也是京津冀地区问题，还是全国整体的问题，同时也是一个涉及多个其他领域的复杂问题。坚持疏解北京非首都功能的大局观，应以全面推进深化改革为前提条件。目前导致京津冀地区发展失衡和北京集聚过多的优质资源的重要原因在于没有处理好两个不平等关系：权力要素在市场竞争中的不平等地位和不平等的户籍制度。

京津冀协同发展不仅事关京津冀三地各自的发展，同时对于完善中国整体空间格局和提高中国整体经济实力也具有重要意义。京津冀地区发展水平的提高对于东北地区的复苏具有重大意义。在疏解北京非首都功能战略和推进京津冀协同发展战略的过程中，不应将眼光局限于京津冀地区内部，而应该将京津冀协同发展放置于中国整个区域经济格局下予以考虑，北京所疏解的功能不必全输往河北和天津，河北和天津也不必将所有的工作重心全放在京津冀地区内部，而应该在坚持推动京津冀协同发展的前提下各自积极探索新的发展路径和模式。

由于疏解北京非首都功能事关北京和京津冀地区两层利益主。一方面京津冀地区协同发展与北京疏解非首都功能并不完全一致，京津冀三地对北京所疏解的功能关注点并不一样；另一方面，疏解非首都功能必然会面临重重困难，必须在保障京津冀三地交流磋商的基础上，由中央政府主导来制定北京疏解非首都功能规划，并严格实施。

（二）三个主体

疏解北京非首都功能不仅需要保障京津冀地区的发展大局，同时也必须保障北京、天津和河北三地的各自利益。在过去京津冀地区发展过程中，之所以会出现京津冀三地发展失衡，是由于京津冀三地地位不平等，尤其是河北主体利益缺失，在为北京的发展付出了巨大利益牺牲后却没有得到相应补偿，这直接影响了京津冀协同发展的进程。因此在疏解北京非首都功能的过程中，三个主体首先体现在京津冀三地都是地位平等的主体，各自利益同等重要，疏解北京的非首都功能不能损害北京发展利益，同样也不能损害河北和天津的利益，三地间的绝大部分经济活动必须依据市场规则来进行，坚持平等自由的交易原则，即使在特殊情况下需要不同省市作出一定的让步或配合，也要按照市场规则进行足额补偿。只有始终坚持三地平等的主体地位，京津冀地区合作才能顺利推进，协同发展的最终目标才有可能实现。三个主体要想保证疏解北京非首都功能思路的成效，京津冀三地都需要发挥必不可少的作用，三地各自措施如下。

北京市：首先，应该制定出新的城市发展规划，将主要财力和物力集中于发展城市主要功能是北京未来发展的首要工作。其次，着眼于城市内部均衡发展是北京未来主要的发展思路，这是因为，一方面北京目前自身城市病现象突出，已经成为制约北京未来可持续健康发展的重要因素，另一方面北京城市空间结构分层，郊区的经济发展水平远远低于中心区域，影响了北京市对周边区域的溢出效应。因此，北京应该从内部均衡发展着手，在均衡自身发展的基础上努力带动周边区域发展。最后，北京应该成为京津冀地区的高级生产要素集聚和提供中心。前文已经指出，疏解北京的优势资源如政府机关、医院高校都是治标不治本的措施，无助于北京自身和京津冀地区发展。实际上作为中国人才最为集中的地区之一，北京的各种高级生产要素如人才数量、资本存量、技术优势、金融信息服务优势是远远超过天津和河北的，因此，北京应该成为京津冀区域乃至全国的高级生产要素提供中心，同天津和河北在要素交流方面进行高度配合，积极鼓励不同类型生产要素流向天津和河北，以促进两地的快速发展。

天津市：天津在整个京津冀区域协同发展过程中应当发挥承上启下的作用。"承上"指的是在北京逐渐淡化其经济职能后，天津应该加快发展自身经济，提升自身经济实力和规模，承担起京津冀地区经济中心的职能，这是天津未来发展的首要任务，在这个过程中应该积极利用临近北京，在人才规模、技术水平和金融资源等多方面的优势加速经济发展。"启下"指的是天津市应该带动河北的产业转型升级，这种带动作用主要体现在第二产业的转型升级上。2013 年天津第二产业比重为 50.6%，而同年河北第二产业比重为 52.1%，两者比重相似，但是其结构截然不同，天津多以航空航天、装备制造、电子信息、新能源新材料等技术含量高的产业为主，而高能耗产业如钢铁工业、石化工业、建材工业、食品工业等仍是河北第二产业的主要组成部分。因此，未来天津应该加强与河北在第二产业转型升级方面的合作。

河北省：河北未来最紧迫的工作不在于立即承接北京疏解的产业或企业，也不在于积极与京津两市搭建交通或交流渠道，而应该着重于"升级"。这种升级体现在如下几个方面：

发展思路要升级：河北不应该局限于接受或者依靠于京津两地的转移产业而发展，而应该坚持主体思维，对自身资源禀赋和发展现状进行分析，制定出符合自身特征的发展战略，全力提高自身发展能力，将临近北京和天津作为一种优势而不是唯一优势，只有这样，河北才能够真正实现可持续发展并为京津冀地区协同发展作出贡献。

发展条件要升级：与北京和天津这两座现代化城市相比，河北在现代化程度以及城市各种硬件基础设施等方面远远不如，对人才的吸引力也难以同京津两市相比。因此，河北未来需要大力提高基础设施建设水平，提高自身吸引力，在税收、人才和企业引进等工作方面加大优惠力度，吸引更多的要素流向河北。

产业结构要升级：一方面河北产业高污染特征明显，2014 年中国十大空气污染城市中，河北就占据一半以上；另一方面发展配套产业是欠发达地区与发达地区实现协同发展过程中的有效思路，而目前河北产业基础并不足以与北京和天津进行配套发展，因此，河北应该加快产业转型升级速度，尽可能降低环境污染，提高与京津两市的产业配套发展的实力。

（三）五个渠道

通过疏解非首都功能来推动北京和京津冀地区的健康发展可以从如下五个渠道进行战略布局。

第一，政府渠道。与长三角地区不同，京津冀地区目前面临严重的区域发展失衡问题，单纯依靠市场的作用可能会陷入强者愈强、弱者愈弱的马太效应陷阱，同时造成失衡问题的重要原因也包括北京的政治地位属性。因此，在整个推动京津冀地区协同发展战略布局中，无论最终是何种战略思路都必须要求京津冀政府间具备足够通畅的信息交流渠道，尤其对于疏解北京非首都功能更是如此，政府间的有效沟通不仅有助于协同战略的实施过程，也有助于保障协同战略和疏解北京非首都功能措施的效果。

第二，空间渠道。北京区域发展并不均衡，城六区的发展水平比其余区发展水平要高，而北京与津冀相邻的区多为发展程度较低区。这些区县固然受到生态保护因素的发展经济制约，但是其根源在于难以挖掘出合理的经济增长引擎，这种局面一方面导致北京整座城市经济和人口布局失衡，制约北京健康可持续发展；另一方面也影响了津冀尤其是河北与北京要素流动渠道作用的发挥。因此，未来京津冀三地应该将边界区域作为发展重点，使经济活动和人口空间分布的密度在整个京津冀区域上均衡分布，从而能够达到经济要素的平稳流动，最终实现三地各自的健康可持续和京津冀地区的协同发展。

第三，要素渠道。劳动力、资金、技术、信息等生产要素是参与经济活动的基本单位，其丰富程度也是决定区域发展水平的直接因素。目前京津冀地区发展遇到的问题表现在要素层次就是集聚程度存在巨大差异，河北的各种要素都远逊于京津两地。因此，为了推动河北的快速发展，同时为了降低要素过度集聚对京津两市自身发展的压力，须对要素进行合理疏解与重新布局，京津冀三地应该构建合理的要素流动渠道。

第四，产业渠道。不同区域间在相同产业内形成产业链的上下游关系或者在不同产业内形成优势互补的关系对于实现个体的健康持续发展和整个区域的协同发展意义极大，根据京津冀目前产业发展现状，三地间要想形成具有联系度高、互补利益大的产业分工体系可以遵循如下思路：北京未来应该将产业发展重点集中于教育文化、旅游艺术、金融计算机等服务业并努力提高服务业的服务标准；天津则应当将技术含量高的制造业作为发展重点，并发展与生产阶段密切相关的服务业如生产研发行业等；河北则应该加快产业转型升级速度，降低各种产业的污染性，在制造业上匹配天津的产业结构体系，同时充分利用自身优势条件，以京津冀三地市场为基础，大力发展现代农业壮大自身。

第五，交通渠道。与长三角地区间密集的交通设施相比，京津冀三地尤其是河北与京津两市之间的交通设施密度远远不如。以高速铁路为例，截止到 2015 年，北京到石家庄的高铁班次为 145 列，天津到石家庄的高速班次 65 列。相比之下，上海到南京的高铁班次为 274 列，上海到杭州的高铁班次为 186 列。两大区域间的交通设施基础存在巨大差异，虽然交通设施并不是区域协同发展水平的决定因素，但是交通渠道的完善在促进要素流动和加强区域联系方面具有无可替代的作用是无可争议的，未来必须进一步提高京津冀区域间的交通设施密度。

第二节　雄安新区战略形成与意义

2017 年 4 月 1 日，中共中央、国务院印发通知，决定设立河北雄安新区。这一千年大计、国家大事是以习近平同志为核心的党中央就深入推进京津冀协同发展作出的一项重大决策部署。雄安新区在集中疏解北京非首都功能、探索人口经济密集地区优化开发新模式、调整优化京津冀城市布局和空间结构、培育创新驱动发展新引擎等方面具有重大现实意义和深远历史意义。为了更好地分析雄安新区的战略本质并为雄安新区建设的顺利推动提供借鉴，我们将讨论雄安新区提出的时空背景，对雄安新区的战略本质、战略思路以及政策支撑进行剖析。

一、雄安新区设立的宏观背景

以习近平同志为核心的党中央提出设立雄安新区有其深刻的现实和历史背景，从世界经济和国内经济发展阶段分析，中国当前正处于一个"大转型"时期，这一时期的转型特征将直接影响雄安新区设立的战略意图。从具体内容看，"大转型"包括如下五个方面的转型。

（一）海向经济转向海向经济与陆向经济并重

改革开放以来，中国通过融入西方发达国家构建的国际分工体系，利用国际贸易蓬勃发展的机遇，获得了较快的经济发展。由于西方发达国家构建的国际贸易体系多以海运方式展开，这使得越靠近海洋的城市和区域越具有成本优势，这一时期经济发展速度较快的区域大多是临近海洋的城市或者国家，中国也不例外。从地理位置和分布看，中国国内发展水平比较高的区域如长三角地区、珠三角地区都是临海区域，其他发展迅速的城市如武汉、重庆、郑州等也多沿江河布局，而江河经济正是海洋经济的延伸。但是，依靠海洋经济获得发展具有如下两方面弊端：过度依靠海洋经济造成发展动力的单一化和海洋经济的地理区位要求造成国内区域经济的差距拉大。中国大量的内陆城市经济发展增速低于沿海与沿江城市就是最好的证明。随着中国经济规模的扩大和发展水平的提高，谋求更为均衡和更为多样化的发展模式势在必行，"一带一路"倡议的提出标志着党中央已经认识到过于依靠海洋经济的不足，转而在坚持沿海地区率先发展的基础上突出强调覆盖范围更广、对先天地理区位依赖程度更低的陆向经济。

在40多年改革开放过程中，沿海地区设立了深圳特区与浦东新区等海向经济型改革与开放示范区，取得了巨大成功。2010年以来，中央政府虽然在全国设立了不少新区，但这些新区的设立基本上是立足于建设一个省级行政区内的改革示范区与增长极，由于设立时间较短，鲜有可资借鉴与推广的经验。雄安新区不临海也不沿江，而且其设立的初衷是促进京津冀协同发展，旨在为探索陆向经济发展思路提供示范。在由经济大国向经济强国迈进的过程中，兼顾海向经济与陆向经济是必然趋势，雄安新区的设立是顺应这一趋势的具体决策部署。

（二）　由集中发展型经济向全面发展型经济转变

中国区域经济发展格局存在一个显著特征，即少量的过度膨胀大城市与大量的发展水平较低的中小城市并存，这种二元空间结构使得部分大城市的膨胀病与部分城市的落后病、萧条病都比较严重。造成这一现象的主要原因在于，过去区域经济发展过于强调集聚程度的提高和中心城市的地位，忽略了均衡发展战略和非中心城市的重要性。一方面，由于经济发展存在规模效应，大城市较大的城市规模能够带来更高的发展效率，各种要素集中于大城市是正常的区域发展结果；另一方面，我国中心城市与其他区域经济的差距很大程度上受到公共服务区域不均等的影响，大城市在教育、医疗、交通等多方面的待遇要超过小城市，这就进一步拉大了区域和城市之间的差距，也阻碍了区域一体化进程，北京周边被环京津贫困带所包围就是典型例子。因此，由集中发展型经济向全面发展型经济转变不仅是未来中国区域经济发展的根本要求，也是实现社会主义共同富裕目标的要求。雄安新区的设立一方面需要在推动京津冀区域协同发展发挥作用，另一方面也需要为全国其他区域经济均衡发展提供示范。

（三）　由要素投入型经济向创新型经济转变

在中国经济结构中，土地经济占据很大比例。20 世纪 90 年代以来，通过将土地开发成房地产从而拉动地方经济发展几乎已经成为中国大部分城市采取的发展模式。一方面，大量的土地进入了房地产业，同时与房地产业相关的建筑业、基础设施建设的快速发展带来了大量的投资；另一方面，与房地产直接相关的金融业、中介行业也迅速扩张，进一步提高了投资的规模效应。因此，可以认为中国经济规模最近 20 年的快速增长与土地经济的迅猛发展是密切相关的，是一种典型的投资经济。过于依靠土地经济的直接后果是生活、生产、生态的成本急速上升，大量的城市竞争力有待提升，不利于整个国家经济的可持续发展。因此，必须转变这种投资经济和土地经济发展模式，培育新的发展模式。根据习近平总书记的指示，雄安新区要在培育创新驱动发展新引擎上发挥作用，要发展高端高新产业，积极吸纳和集聚创新要素资源，培育新动能。由此可见，雄安新区的发展模式绝对不是传统的土地经济和投资经济模式，而是一种践行新发展理念、培育新发展动能的发展模式。

（四）由跟随经济向领先经济转变

不可否认，中国改革开放以来取得的经济成就离不开同西方国家的合作与交流，中国从西方发达国家吸取了大量的发展经验，在某种程度上可以认为，中国在过去相当长一段时期内采取的是一种跟随式的发展模式。然而，随着2008年全球金融危机的爆发，绝大多数西方国家的经济发展陷入停滞，其发展模式的弊端也不断暴露出来，持续一个多世纪的由西方发达国家主导的全球化进程遭遇极大的逆全球化压力。世界经济急需一套新的发展理念和发展模式作为理论与实践的双重指导，谁能率先提出能够被绝大多数国家接受的发展理念并提供可借鉴的新发展模式，谁就能在未来世界经济格局演进过程中占据主导地位。从中央《通知》所确定的雄安新区七个任务来看，雄安新区绝非传统工业和房地产业主导的集聚区，创新发展、协调发展与绿色发展将是雄安新区的发展指导思想，而探索新的产业结构与新的经济发展模式将是雄安新区的任务之一。

（五）由污染型经济向生态环境友好型经济转变

通过破坏资源与污染环境来获得经济发展是中国过去经济发展过程的一个显著特征，然而随着资源破坏与环境污染程度的加重，资源环境问题不仅已经严重影响了人类的身体健康，而且也反过来遏制了经济的进一步增长。因此，先污染后治理的发展模式已经不可持续，未来必须探索出资源节约和环境友好型的发展模式。中央决定设立雄安新区的《通知》明确规定了七项任务，其中前两个任务分别为建设绿色智慧新城与打造优美生态环境，都与生态环境友好型经济紧密相关，这意味着雄安新区将践行"绿水青山就是金山银山"的绿色发展理念，完全摒弃以资源破坏和环境污染为代价来获得经济发展的模式。从当前生态发展模式看，一方面我国已经没有继续被污染的空间，另一方面经济发展与环境保护的权衡已经成为制约我国多个区域发展模式转型的难题。因此，雄安新区的设立将在探索绿色经济发展模式上发挥重要作用。

二、雄安新区设立的战略意图与历史意义

雄安新区的形成不仅与国内外发展阶段和环境变化密切相关，其实施意图也与此紧密相关。

（一）战略意图

从空间尺度层面分析，雄安新区的战略意图至少包括如下三方面。

1. 缓解北京的大城市病

改革开放尤其是 21 世纪以来，北京的人口规模迅速增加，由于城市规划与建设滞后、水资源不足、产业转型升级缓慢、区域合作发展受阻等原因，北京面临比较严重的城市病问题，主要表现在：（1）公共产品不足。目前北京公共产品的供给已经无法满足日益增长的需求，教育和医疗资源陷入极为紧张的境地，由教育资源稀缺导致的天价学区房和小孩上学问题已经严重影响了居民的正常生活。（2）资源支撑不足。任何一个城市的可持续发展都要求各种资源的支撑，而北京目前已经遇到资源支撑不足的问题。以水资源为例，根据北京市南水北调工程建设委员会办公室的数据，北京70% 的城市用水源于南水北调工程，城市内部的水源也多源于河北，因此，北京城市发展的资源支撑已经告急。（3）自然环境恶化。环境污染问题已经日益成为影响和制约北京城市发展的关键问题。2016 年，北京中度污染程度的天数达到 90 天，平均 $PM_{2.5}$ 73 毫克/立方米，超过国家标准109%。

这些城市病现象的出现很大程度上是因为北京过去多年的无序发展和过度发展，由于北京的发展地位和优势在全国城市体系中过于明显，大量的要素仍然会不断地流向北京。虽然北京已经提出要控制城市的发展，但是无论是管控政策的现实效果还是国外相似城市的调控经验，都能够表明完全依靠

北京自身力量和试图在北京城市内部解决城市病问题是极为困难的。雄安新区设立的第一个战略意图就是通过新区的设立来为北京城市发展分担压力。一方面，北京可以通过直接向新区疏解部分非首都功能来实现北京自身发展的减压；另一方面，新区自身的发展也能吸引大量原本流向北京的各种要素，从而缓解北京的城市病。因此，缓解北京的城市病是雄安新区设立的第一个战略意图。

2. 发挥首都城市的区域经济增长极效应

在研究京津冀协同发展战略和疏解北京非首都功能战略的文献中，部分学者提出北京应该完全放弃经济发展职能。实际上，这种观点是不正确的。一方面，从世界其他国家首都城市发展的路径分析，无论是发达国家中的伦敦、巴黎、首尔、东京等首都城市，还是发展中国家的新德里、巴西利亚等首都城市，它们的发展水平在各自国内城市体系中都是比较高的。因此，首都北京具有较高的发展水平并不是特例。另一方面，北京当前的发展问题实际上并不完全是因为自身经济发展水平过高，更为严重的问题是北京与周边区域的协同发展水平太低导致整个京津冀区域发展失衡。也正是因为这个问题，中央政府提出了京津冀协同发展战略，与解决北京城市病问题一样，受限于城市内部区域经济结构——北京市内部发达核心区域被郊区所包围导致辐射效应难以发挥，同时北京多数周边区域都承担着为首都提供和保护水源的功能，导致难以完全实现京津冀协同发展。因此，必须寻找新的既具有首都城市经济发展优势，又能够促进整个区域协同发展的新城市新区域，雄安新区就是这一战略意图的体现。

这是因为：一方面，从设立的背景分析，雄安新区肯定会与当前的首都北京存在密切联系，未来会有部分中央单位、高等院校、科研院所、医院学校、优秀企业由首都迁往雄安，雄安将和北京一样，同样具备经济发展的各种优势，经济发展速度会保持在较快水平，能够在短时间内具备区域经济中心的实力。另一方面，雄安新区设立在白洋淀周围，自身发展所需资源几乎完全能够保持自给自足，雄安新区并不需要周边区域为其发展作出牺牲，相反，雄安新区将会顺利成为京津冀区域增长极从而推动京津冀协同发展。

3. 新发展理念的现实试验和探索

改革开放以来，传统的经济发展模式为中国经济的腾飞奠定了坚实的基础，我国经济规模已经跃居世界第二位，但是经济发展模式的粗放性也存在包括资源浪费、环境污染、区域差距拉大、内外结构失衡、产业自主创新能力不足等弊端。在我国经济高速增长已经保持多年和国内外约束环境变化的背景下，以习近平同志为核心的党中央明确指出我国经济发展已经进入新常态，传统经济发展模式已经不符合我国发展的要求，未来的发展必须依靠新的发展理念来指导经济发展。但是由于发展路径依赖和发展思维惯性，很多地区践行新五大发展理念的成效并不尽如人意，比如我国地方政府的"去产能"行为就没有达到预期效果。鉴于这种情况，设立新的经济区域来试验和摸索符合五大发展理念要求的经济发展模式对于未来中国经济发展转型升级具有重要意义。

在设立雄安新区的《通知》中，雄安新区被明确要建设成为绿色生态宜居新城区、创新驱动发展引领区、协调发展示范区、开放发展先行区。很明显，雄安新区的定位完全依据习近平总书记所提出的创新、协调、绿色、开放、共享等新五大发展理念，而五大发展理念恰恰是习近平总书记在对我国多年来的发展模式反思与总结以及对未来世界和中国经济发展趋势准确预判基础上提出的战略性指导思想，它不仅指明了我国未来经济发展的主要思路，也提出了我国未来改革的重点领域。雄安新区未来将完全按照五大发展理念的要求发展产业、发展城市、发展经济、发展社会，在实际发展过程中探索正确的发展模式。

（二）雄安新区的三重历史意义

雄安新区的设立是千年大计和国家大事，因此雄安新区具备重要的历史意义。从雄安新区的设立背景与定位目标分析，雄安新区具备过去、现在与未来三大层面的历史意义。

1. 面向过去的历史意义：平衡南北区域经济

东汉末年以来，由于战乱及少数民族内迁，北方经济逐渐衰退。而南方由于相对稳定的环境和优越的自然资源条件，吸引了大量的带有生产工具和生产技术的北方人民，长江中下游经济迅速发展，福建、广东和广西也得到一定程度的开发，中国区域经济重心自此逐渐南移，南北区域经济开始拉大，虽然这一差距在一定时期如中华人民共和国成立后的 30 年内偶有缩小或者短时间逆转，但是从长期历史视角来看，这一趋势在共和国成立后没有得到根本扭转，尤其是改革开放后，南北方的区域经济差距变得更为明显。从经济规模上看，2016 年中国地区生产总值排名前四的省份中有 3 个南方省份、前十的省份中则有 7 个南方省份；从经济增速看，1978—2016 年，经济增速排在前五的省份中，有 4 个南方省份占据前三位和第五位，分别是福建、广东、浙江和江苏，北方只有内蒙古居第四位；从城市个体实力比较看，通过梳理各种城市排行榜，北方只有北京、天津、大连、沈阳、青岛、烟台等为数不多的城市能进入城市综合实力排行的前 50 名，其他的绝大多数城市都是南方城市；从空间组合区域发展看，长三角地区和珠三角地区已经成为中国乃至世界范围内具有影响力的城市群区域，而北方目前尚无一个成熟的城市群或都市圈区域。

因此，历史上形成的南北区域经济差距问题迄今没有得到解决，这严重影响了我国区域经济的均衡发展，既不利于整体区域经济的稳定，也不利于北方区域的可持续发展。设立雄安新区则是通过谋求京津冀城市群的崛起来带动整个北方经济发展从而均衡南北区域经济。京津冀地区实际上已经具备了形成世界级城市群的基础，但由于河北缺乏合适的参与京津冀协同发展的个体区域导致整个区域的协同发展始终难以形成，而雄安新区的地理位置与规划规模使其完全能够作为京津冀区域协同发展的第三极，为最终京津冀城市群的形成奠定基础从而为缩小南北区域间的数百年甚至上千年的经济差距作出贡献。

2. 对于现在的历史意义：历史关键节点上的又一次"以点带面"的决

定性改革

在雄安新区设立之前，中国已经设立了 18 个国家级新区，分别是 1992 年 10 月设立的上海浦东新区，1994 年 3 月设立的天津滨海新区，2010 年 6 月设立的重庆两江新区，2011 年 6 月设立的浙江舟山群岛新区，2012 年 8 月设立的兰州新区，2012 年 9 月设立的广州南沙新区，2014 年 1 月设立的陕西西咸新区、贵州贵安新区，2014 年 6 月设立的青岛西海岸新区、大连金普新区，2014 年 10 月设立的四川天府新区，2015 年 4 月设立的湖南湘江新区，2015 年 6 月设立的南京江北新区，2015 年 9 月设立的福州新区、云南滇中新区，2015 年 12 月设立的哈尔滨新区，2016 年 2 月设立的长春新区，2016 年 6 月设立的江西赣江新区。但是雄安新区的设立通知只提到了深圳特区与唯一一个国家级新区即浦东新区，这两个新区都是公认的对中国整个国家的经济和历史具有特殊意义的新区，那么《通知》里面所强调的雄安新区的全国意义体现在哪里呢？我们认为，这种意义只有通过与深圳特区与浦东新区设立的比较才能够得以体现。

深圳特区与浦东新区的设立时间分别是 1980 年和 1992 年，而这两年都是后来影响中国经济发展路径的关键时期，1980 年是实施改革开放的第二年，1992 年是市场经济与计划经济重新交锋的关键时期。深圳特区的设立标志着改革开放战略的实施，而浦东新区的设立则标志着我国开始尝试发展具有中国特色社会主义市场经济道路。两区的设立都是在改革压力极大的情况下完成的，既是改革的需要，也是改革的内容，后来也被证明是改革的成功。因此，在改革压力极大的背景下，通过一个点的空间改革来实现模范带头作用从而促使国家空间的整体改革是深圳特区与浦东新区设立的全国意义所在。设立雄安新区的全国和历史意义也在于此。党的十八大以来，以习近平同志为核心的党中央所面临国际国内环境的复杂性前所未有、中国发展所遇到的压力前所未有、既得利益集团的势力前所未有、反腐的力度前所未有、对经济和社会发展的反思与认识前所未有，这种背景下深化改革的压力已经比深圳特区与浦东新区设立前党中央所面临的压力有过之而无不及，因此，此时选择设立雄安新区的意图已经极为明显，就是再一次采取用局部空间释放整体压力的以点带面思路来全面深化改革，从而顺利实现中国梦和民族复兴。

3. 引领未来的历史意义：发展模式由外生型转为内生型、跟随型转为引领型、单极型转为共赢型

虽然定位已经比较清晰，但是目前关于雄安新区的发展目标仍然有不同看法。有人认为雄安新区自然环境优美，适合当北京的后花园；也有人认为雄安新区主要承担被疏解的北京非首都功能，可能更多的是服务北京，无须过多强调经济职能。实际上，这些观点是极为短视的。从规划内容看，雄安新区的起步区面积是 100 平方公里、中期发展区约 200 平方公里、长期控制区是 2000 平方公里，2000 平方公里是一个什么概念？北京六环内面积约为 2260 平方公里，深圳全市约为 2000 平方公里，浦东新区面积 1210 平方公里，而世界最大的东京都市圈，其内部的东京都才 2100 平方公里，美国发展水平最高的纽约市 1200 平方公里。因此，雄安新区 2000 平方公里的长期控制区规划实际上就已经说明雄安新区的发展目标绝对不可能是北京的后花园，而是有着极为远大和清晰的经济发展目标、方案与抱负。

这种目标与抱负可以结合当前的时代背景与深圳、浦东两区设立的目标与效果进行说明。一方面，深圳特区与浦东新区的设立实际上标志着中国由封闭式发展转为开放式发展、由自给自足式发展转为参与全球分工式的发展、由计划经济发展转为市场经济发展。这种转变为中国带来了 30 余年的高速发展，但发展到今天，这种模式已经遇到包括出口贸易下滑、国内经济增速压力持续加大、收入差距拉大、人民幸福感缺失、腐败现象严重、既得利益集团阻碍改革等诸多问题，某种程度上可以认为深圳特区与浦东新区设立所带来的外向型发展红利已经逐渐消失。另一方面，2016 年之后，全球范围内以美国为首的西方发达国家开始了一波又一波的逆全球化浪潮，在这些浪潮的冲击下，为这些发达国家带来诸多利益和损害绝大部分发展中国家利益的 WTO 贸易体系已经摇摇欲坠，这意味着中国已经不可能再像过去那

样通过跟随和模仿西方发达国家的生产方式来实现自身的发展，现在中国不仅需要创造出适合自己的发展模式，也必须顺应时代需求，创造出适合世界的发展方式。设立雄安新区面向未来的历史意义就在于要在外向型发展模式的基础上探索出内向型发展模式、在跟随式发展模式的基础上创造出引领式发展模式、在单极型发展模式基础上设计出共赢型发展模式。这是雄安新区未来发展所承担的历史使命。

三、雄安新区需要处理的五对关系

雄安新区建设是实现北京自身可持续健康发展的需要，是促进京津冀协同发展的需要，也是建设京津冀世界级城市群的需要。作为一项重大的区域发展战略，雄安新区的建设与发展需要处理好如下五对空间关系。

（一）沿海区域与内陆区域的关系

改革开放以来，我国发展速度较快的区域主要集中于沿海以及沿江区域。这些区域凭借自身的区位优势，迅速融入世界产业分工体系并利用国际贸易规模逐年扩大的机遇，获得了较快的经济发展。从这些沿海区域的发展历程与特征分析，绝大多数沿海地区的发展模式都是比较相似的，即通过发展加工制造业和大量出口产品，逐步获得先发国家的技术和完成资金积累从而实现自身的发展。然而，这种外向型的发展模式存在两个弊端：第一个弊端在于发展动力外生程度高，区域经济的发展受外部环境的影响较大，经济发展并不稳定；第二个弊端在于外向型经济发展模式已经不可持续，我国的产业结构、技术水平、制度水平都已经接近或者位于世界各国的前列，想要继续依靠外部的动力或者技术模仿来发展自身已经不可持续，探索出非沿海区域的可持续经济发展模式势在必行。因此，雄安新区实际上出现于我国经济发展模式由外生型发展转向内生型发展、模仿型发展转向自主型发展、跟随型发展转向引领型发展的背景下，这种"大转型"的背景势必要求雄安新区的建设与发展要处理好沿海区域与内陆区域的关系，并且要在沿海区域多年发展经验与教训的基础上，探索出能够带动内陆区域发展的经济发展模式。

（二）雄安新区与京津冀三地的关系

雄安新区建设需要处理好京津冀三地之间的关系主要体现在两个层面：承接非首都功能和次级区域经济中心竞争。承接非首都功能方面，自 2014 年习近平总书记考察北京并提出京津冀协同发展战略后，北京向外疏解非首都功能就成为京津冀协同发展战略的重中之重，保定、廊坊、唐山、天津、石家庄等地都积极参与承接北京非首都功能这一工作。然而，雄安新区也已经被明确将要承接北京部分非首都功能。因此，在未来雄安新区的建设过程中，首先需要解决的问题就是如何协调雄安与上述希望通过承接北京非首都功能而实现自身发展的区域之间的关系。次级区域经济中心竞争方面，除了北京与天津外，京津冀想要成为世界级的城市群还需要更多具备较高发展水平的次级区域经济中心，唐山的曹妃甸、天津的滨海新区都曾经试图成为京津冀区域发展过程中的新经济中心。在 2017 年 4 月 1 日雄安新区的设立《通知》中，很容易发现雄安新区的定位并不仅仅是单一的承接北京非首都功能的新区，而是具有比较明显的经济发展职能，尤其是在践行新五大发展理念上将会发挥重要作用。因此，在雄安新区的建设过程中，必须重视京津冀区域内部不同次级经济中心的功能定位与产业发展规划，处理好雄安新区与滨海新区、曹妃甸、石家庄、保定等次级区域经济中心的关系。

（三）北京中心城区、通州副中心与雄安新区的关系

北京中心城区、通州副中心与雄安新区三者的关系也是雄安新区建设过程中需要处理好的空间关系，处理三者关系的落脚点是北京城市功能、首都功能和非首都功能的空间分布与空间结构问题。首先，北京中心城区与通州副中心之间需要解决北京城市功能和首都功能的空间布局问题。在没有规划建设通州副中心之前，北京这座城市的城市功能和首都功能几乎都集聚于北京中心城区，这直接导致北京中心城区承载压力过大，城市病问题突出，而通州副中心的主要职能就是从中心城区身上承接大部分的北京城市功能以减轻北京中心城区的压力。其次，北京中心城区与雄安新区之间需要解决的是

北京首都功能与非首都功能的空间结构问题。除了集聚大量的城市功能和首都功能外，北京中心城区还聚集了过多的非首都功能，而这些非首都功能正是即将被疏解到雄安新区的主要对象。北京中心城区在将北京城市功能转移至通州副中心和将北京非首都功能转移至雄安新区后，只需承担北京的首都功能即可。因此，从北京首都功能、城市功能以及非首都功能这一视角分析，未来北京中心城区主要承担北京的首都功能，通州副中心主要承担北京的城市功能，雄安新区主要承担北京非首都功能，这种定位与规划不仅符合北京自身城市发展的现状与需求，还能够加速京津冀协同发展，为了实现这一目的未来雄安新区的建设必须统筹考虑和准确处理这三者之间的关系。

（四）雄安新区与环雄安区域的关系

被定义为千年大计、国家大事的雄安新区将承担重要的历史使命，这种历史使命主要体现于雄安新区需要探索出新的发展模式来代替过去城市发展过度依赖投资尤其是房地产经济的发展模式。雄安新区目前处于开发程度与发展成本都比较低的阶段，这一优势是雄安新区探索新发展模式成功的前提，因此，在雄安新区建设与发展过程中必须注意保护这一优势，而满足这一要求则需要处理好雄安新区与环雄安区域的关系，其关键在于遏制环雄安区域的土地和房地产投机行为。由于雄安新区内部有高标准和严格的发展规划作为指导，可以预见雄安新区的建设与发展不可能重复过去土地经济的老路，但是环雄安区域并不受雄安新区规划的约束。在雄安新区发展前景被社会各界广泛看好，雄安新区自身已经无法进行房地产投资的背景下，环雄安区域的房产和土地投资收益预期将会引发炒房等投资狂潮，实际上，自雄安新区设立通知出来后，环雄安的部分区域就已经出现房价上涨的现象，如果放任这些区域进行无序的炒房行为，雄安新区低成本的优势将面临巨大的挑战甚至自身的发展规划也会被波及，最终导致雄安新区的战略目标受到阻碍。因此，雄安新区的建设必须高度重视雄安新区自身与环雄安区域的关系。

（五）雄安新区内部的起步区、中期发展区与远期控制区的关系

雄安新区的发展是按照 100 平方公里的起步区、200 平方公里的中期发

展区、2000平方公里的远期控制区等"三步走"战略规划的。因此，起步区、中期发展区与远期控制区首先在时间衔接上就具备重要的前后联系，除此之外，三大区域在空间关系上也具备重要的关系。首先，必须高度重视起步区与后两者的关系。起步区是雄安新区战略实施的重中之重，对整个雄安新区战略的推动将发挥决定性的引领作用。起步区的事前规划水平与建设实践水平将直接影响中期发展区和远期控制区的规划和建设水平，甚至我们可以认为起步区的成功与否将直接决定整个雄安新区战略最终的命运。因此，必须高度重视起步区的规划与建设。其次，必须重视中期发展区与起步区、远期控制区的关系。对于起步区而言，中期发展区是起步区发展经验的推广；对远期控制区而言，中期发展区的经验将是重要的参考，因此，中期发展区将在整个雄安新区建设与发展过程中发挥承上启下的作用。最后，必须重视前两者与远期控制区的关系，这是个体与整体的关系。起步区与中期发展区是雄安新区的部分区域或者可以称为核心区域，而远期控制区是雄安新区的全部区域。根据世界不同国家的绝大多数城市发展历程看，核心区与非核心区之间的关系如果没有处理好将直接导致大城市出现职住分离、交通拥堵、郊区荒芜、核心区膨胀等城市病问题。雄安新区的建设要想避免这些问题的出现，就必须始终全面地、系统地、整体地推动雄安新区的建设与发展。

四、影响雄安新区战略成败的三大因素

任何改革都将面临重重挑战，雄安新区也不例外，中央政府的支持将是雄安新区成功的最大保障，千年大计和国家大事这一前无古人的定位已经表明雄安新区将会长期得到党中央和国务院的支持，雄安新区的成功已经具备了最大的前提。如下三点内容也将对雄安新区战略的成功与否产生影响。

（一）规划的效果能否得到保障

战略需要规划予以支撑。规划的前瞻性、有效性与协同性会对战略的成

功实施产生重要影响，雄安新区战略也不例外。下面分别对这三者进行详细解释。

第一，规划的前瞻性。规划的前瞻性指的是规划应该充分考虑区域未来的发展趋势并提前作出准确预判。雄安新区当前发展水平与开发程度都比较低，未来随着具体规划和相关政策的出台，雄安新区的发展将日新月异，各种指标的变化将极难预测，这对各种规划如城市建设发展规划、公共产品布局规划、人口规划、产业规划的准确度都提出了挑战，如果规划前瞻性的准确度过差，雄安新区的发展将会陷入北京过去的城市发展路径。北京的城市规划极为缺乏前瞻性，以城市规划中的人口控制目标为例进行说明。1983年《北京城市建设总体规划方案》提出2000年要将常住人口与市区人口控制在1000万和400万左右，而仅仅三年之后，北京市常住人口就已经突破1000万，市区人口更是从未低于400万；1993年《北京城市总体规划（1991年至2010年）》提出2000年要将常住人口与流动人口分别控制在1160万与200万，而2000年常住人口接近1400万人，流动人口274万人；2004年《北京城市总体规划（2004—2020年）》提出2020年提出要将常住人口和流动人口分别控制在1800万和450万，而2010年常住人口和流动人口就已经达到1961万和705万。很容易发现，北京的城市规划在预判城市人口变化这一点上几乎完全没有准确过，人口预判的失误必然导致城市建设的相对滞后，最后直接导致北京陷入严重的城市病。因此，雄安新区的规划一定要体现前瞻性并要保障一定程度的准确度。

第二，规划的协同性。规划的协同性主要体现在两方面：区域内部规划的协同与区域间规划的协同。区域内部规划的协同性指的是经济发展规划、产业发展规划、城市发展规划、主体功能区规划之间的协同，这些规划在目前的规划体制下分属于不同的部门，不同规划之间会经常性地出现冲突从而影响规划的效果和效率。区域间规划的协同主要指的是区域自身的规划与上级区域、地理相邻的平级区域、下级区域的规划协同，中国区域经济具有明显的地方主体主导特征，任何一个区域都是拥有一定自主权、一定利益诉求的经济主体，地方政府之间的竞争以及地方政府与中央政府之间的博弈也会直接影响规划的效果与效率。雄安新区是在三个县城的基础上形成的高级别区域，内部需要坚持一张蓝图的多规合一，外部则需要与国家层面的规划、京津冀协同发展规划、北京与天津相关规划协同制定。

第三，规划的约束性。很长一段时期内，很多规划的约束性在实际执行过程中都无法保障，直接导致规划的目标无法实现。这种约束性的缺失一方面来自地方政府干部任期与规划不一致，很多时候先前的规划还没有取得效果，新的规划已经出现；另一方面规划缺乏约束性也源于规划缺乏法律保障，我国目前只有《城乡规划法》，但是影响城市发展的还包括其他方面，如区域规划与生态规划等。在我国行政区域相互竞争的经济发展模式中，区域规划或者区域关系规划对区域和城市的可持续和协同发展具有重要的指导和约束作用，因此，未来应该在保障规划科学性的基础上，从法律层次提高各种规划的约束力，保障各种规划顺利实现其目标。

（二）符合新发展理念要求的产业体系能否形成

设立雄安新区的《通知》和前文的分析都已明确探索新的经济发展模式是新区未来的重要发展使命，因此，经济发展对雄安新区的成败同样极为关键。作为经济的载体，产业体系的形成与发展是未来的关键所在。从区域经济理论与区域经济实践分析，雄安新区的产业来源有如下三类。

第一类产业来自北京的非首都功能疏解。疏解北京非首都功能已经在稳步进行，新区的设立势必会加快北京非首都功能的疏解。考虑到新区的定位来自五大发展理念，北京向雄安新区疏解的不可能是低端、有污染、无升级空间的产业，而应该是不符合非首都功能的优势产业，比如部分中央企业、高校医院以及金融、IT、咨询服务等行业。第二类产业将形成于与发达地区的合作。从河北当前的省委省政府领导分析，除了曾经在天津滨海新区任职的雄安新区筹委会书记袁桐利常务副省长外，原深圳市委书记许勤也已经调到河北省任省委副书记，这些人事安排说明中央政府鼓励雄安新区与我国发达地区采取一定程度的产业合作来发展自身，可以预见的是，雄安新区的部分产业会在与这些发达地区的合作过程中逐步形成。第三类产业来自雄安新区自身的培育，前两类产业都是属于锦上添花型的产业，根据雄安新区的定位与历史使命，雄安新区肯定会培育符合新发展模式要求的新型产业体系，而这种产业体系的形成依靠于其他区域是不可能的，因为雄安新区所追求的产业发展路径、产业体系和经济发展方式是目前其他区域所没有的。因此，雄安新区将会根据自身的定位，以我为主的培育符合新发展理念的产业体系，在这个过程中会借鉴和吸取北京与其他发达地区的产业经验。

（三）能否保持稳定

作为一个承担着历史重任的新区，雄安新区具备绝好的发展前途，但是基于当前的实际情况，雄安新区的发展需要保持三个稳定。

第一个稳定是房价的稳定。从雄安新区的房价由 4000 元/平方米上涨到 20000 元/平方米这一趋势以及 2017 年 4 月 1 日设立雄安新区的通知发布后各路炒房客蜂拥而至的情况分析，雄安新区未来需要解决的第一个问题就是保持房价的稳定，房价过快上涨将很快耗尽雄安新区开发程度低和发展成本低这一优势，最终导致新区的发展举步维艰。这需要雄安新区政府在吸引外部要素来发展经济和保持房价稳定之间寻求一个平衡点，这将极大地考验雄安新区政府乃至河北省和中央政府的智慧。

第二个稳定是发展定位的稳定。雄安新区的定位依据是新五大发展理念，目标是建成绿色生态宜居新城区、创新驱动发展引领区、协调发展示范区、开放发展先行区，目的是探索内生型、引领型与共赢型的发展模式，这种定位并不是文字游戏，而是有其深刻的时代背景与需求，这种定位的实现没有可以参考的例子，必须充分理解这种定位的独特性、困难性，也必须充分认识到实现这种定位的自我探索性，始终坚持并践行这种定位。

第三个稳定是发展路径的稳定。在经济增长理论中，较低发展水平的区域应该具有较快的经济增速，同时考虑到新区的地理位置与政策优势，因此，雄安新区的发展难度并不太大甚至会极为容易，但是在这个过程中如何保持定力，始终根据最初的发展定位而不是发展难易程度选择产业进行发展值得思考。

第三节　提升河北的自我发展能力

无论是雄安新区的设立，还是非首都功能的疏解，一个最为关键的因素在于河北必须提升自我发展能力。这是保证京津冀协同发展能够取得成效的关键。

一、自我发展能力的内涵

自我发展能力虽然已经频频见诸报端，但是关于概念本身的一些基础问题并没有得到很好的解决，其中关于自我发展能力概念的来源更是如此，我们通过对与自我发展能力相关的文献进行梳理，将自我发展能力的理论来源分为四类。

（一）能力理论

诺贝尔经济学奖获得者阿玛蒂亚·森于 20 世纪 80—90 年代提出了能力方法的框架，能力方法的核心概念是功能和能力，可行能力则是一个人能够实现的各种功能的组合。在经济发展过程中，一个国家能够利用的资源是很多的，但是如何将这些资源充分利用并使之在经济发展过程中发挥作用则必须依靠可行能力。现实经济活动中，许多国家之所以贫穷，很大一部分原因在于这些国家缺乏可行能力。

（二）内生增长理论

内生增长理论抛弃了新古典理论的"以假定增长解释增长"的模型方法。内生增长理论的核心思想是，内生的技术进步是保证经济持续增长的决定因素。内生增长能力，实质上是指把技术、知识转变成人力资本、物质资本，促进创新活动，提高生产效率，实现经济增长的能力。根据基本假设条件的不同，可以将内生增长理论的发展大致划分为两个阶段。第一个阶段的学者主要在完全竞争假设下研究长期增长率的决定因素，建立的内生增长模型包含两条研究思路。第一条研究思路是罗默、卢卡斯等人用全经济范围的收益递增、技术外部性解释经济增长的思路；第二条研究思路是用资本持续积累解释经济内生增长的思路。该思路的主要假设是厂商在完全竞争的情形下展开竞争。第二个阶段则以垄断竞争为假设进行经济增长问题研究。这段时期的理论研究主要有三类模型：产品种类增加型内生增长模型、产品质量升级型内生增长模型、专业化加深型内生增长模型。内生增长理论实际上已经包含自我发展能力理论的萌芽。

（三）自生能力理论

20 世纪末，林毅夫在美国经济学年会上使用了 viability 一词并将其翻译为自生能力，该词最早由新奥地利学派的学者提出，在提出自生能力的概念以后，林毅夫对自生能力概念的内涵做了极为系统的论述并利用该概念对中国经济发展过程中出现的诸多问题进行了分析。林毅夫在论述中指出：所谓"自生能力"，其定义是"在一个开放、竞争的市场中，只要有着正常的管理，就可以预期这个企业可以在没有政府或其他外力的扶持或保护的情况下，获得市场上可以接受的正常利润率"。他进一步指出假定发达市场经济中的企业具备自生能力是合适的，而这种假设在中国这样正处于经济社会大转型期间的国家是不合适的，因而在分析转型经济和许多发展问题时，应放弃企业具有自生能力的假设，把企业的自生能力作为一个重要的变量来考虑。虽然林毅夫的自生能力理论是从企业的角度出发进行分析，但是仍然有不少学者将企业的自生能力演化为区域的自我发展能力并采用这种演化而来的概念对区域发展问题进行研究。

（四）可持续发展能力理论

可持续发展的概念最早是在 1972 年在斯德哥尔摩举行的联合国人类环境研讨会上正式讨论，旨在共同界定人类在缔造一个健康和富有生机的环境上所享有的权利。自此以后，各国致力界定"可持续发展"的含义，已拟出的定义有几百个之多，涵盖范围包括国际、区域、地方及特定界别的层面。早在 20 世纪 70 年代，"持续性"一词首先由生态学家提出来，并被用来描述经济与基本的生态支持系统间的均衡。随后可持续发展的内涵被扩展到经济和社会政治领域。可持续发展一直是我国科学发展观的重要组成部分，不仅对我国的区域发展战略起到了重要指导作用，而且可持续发展乃至科学发展观理论都包含区域自我发展能力在内。

这四种理论与区域自我发展能力密切相关，对区域自发能力研究框架的建立具有重要意义。在这些理论的基础上，我们必须对自发能力的内涵进行准确界定。区域自我发展能力是一个比较抽象的概念，直接对其进行定义比较困难。在进行概念定义之前，我们还必须先对一组容易与之混淆的概念加以区分。

二、容易混淆的概念

一方面，需要厘清区域经济增长、区域经济发展与区域发展是三个极易混淆的概念。区域经济增长指的是区域产出数量的不断提高，侧重于数量；区域经济发展不仅包括区域产出数量的不断提高，更重要的是它强调区域投入产出比的不断提高，即区域经济发展更侧重的是区域经济增长的效益；相比于上述两个概念，区域发展的含义更广，它不仅包括区域经济的发展，同时也包括社会、环境等一系列方面的整体改善，类似于包容性增长概念。必须注意的是，区域发展是一个过程而不是结果，具备动态变化的特征。

另一方面，也需要厘清区域发展能力和区域自我发展能力。绝大部分学者没有将区域自我发展能力与区域发展能力区别开来，甚至将两者混为一谈。实际上这两个概念存在本质上的区别，区域发展能力指的是能够影响区域发展的所有条件的集合，而区域自我发展能力也属于这些条件当中的一种。如果将区域比作车，区域发展好比车上坡，区域发展能力指的是能够使车顺利上坡的所有动力之和，而区域自我发展能力就是这些动力之中最为重要的一种。保持或促进区域发展的条件很多，比如区域的地理位置、自然气候、资源禀赋等外生绝对条件，也包括文化习俗、生活习惯等内生条件，当然也包括制度环境、政策待遇等外生相对条件，但是在所有的发展条件当中，被学界长期忽略的、也是最重要的一项条件应该就是区域自我发展能力。

三、区域自我发展能力的定义

区域自我发展能力内生于整个区域，毫无疑问由整个区域所有，但是短期内中国区域的区域自发能力由区域政府所代表。之所以说短期内区域自发能力由政府所有，是因为：一方面，区域自发能力内生于整个区域，是一个"隐形"概念，无法直接观察，但是由于自发能力是影响区域发展水平的最重要因素，它会直接决定区域的发展水平，也就是说，区域自发能力将通过区域发展水平而"显化"，而在目前的实际情况下，无论是区域发展水平的衡量工作还是区域发展水平的最终利益都由政府承担；另一方面，区域自发能力是为最大化发挥其他发展能力而"服务"的，这种服务的性质也决定了区域自发能力必须由某个主体来发挥，而由区域政府代表这种主体无疑是最为合适的。

通过上面的分析，我们为区域自发能力做如下定义：区域自我发展能力内生于整个区域，但是短期内由区域政府所有，区域政府能够利用区域自发能力增加区域其他的发展能力，也能够利用它充分发挥其余发展能力从而保持区域发展。它包括多项能力范畴且具备动态变化、不断演进等特点。部分学者可能认为如此定义将会导致区域自发能力因为一些外生条件如区域政府干部经常性的更替等因素的变化而很不稳定。实际上一方面区域自发能力本身就具备动态变化、不断演化等特征；另一方面政府干部的交替与政府并无密切关系，与在政府身上体现的区域自发能力更无直接关系。

四、区域自发能力的研究框架及其运用

根据前面的分析，我们认为区域发展能力决定区域发展，而区域发展能力则是区域自我发展能力、外生绝对条件、外生相对条件、内生条件以及历史偶然条件之和。它们之间的结构关系如下：

区域发展能力＝区域自我发展能力＋外生绝对条件＋外生相对条件＋内生条件＋历史偶然条件

其中，区域发展能力与区域自我发展能力在前文已经进行详细分析并给出了定义，这里对外生绝对条件、外生相对条件、内生条件以及历史偶然条件进行介绍。

外生绝对条件：指的是外生于区域发展过程，在很长一段时期内不会发生重大变化、稳定性较高的条件，这些条件主要包括区域的地理位置、自然环境、资源禀赋等因素，这些因素对区域的初始发展极为重要，也直接影响下面各种条件作用的发挥。

外生相对条件：指的是区域所面对的制度环境、政策待遇等，这些条件并不由区域自身决定，而是由上一级政府根据各种目标如经济目标、安全目标、公平目标等制定。一般而言，这部分条件虽然外生于区域，但是相比于外生绝对条件，这部分条件仍有变动的可能和空间。

内生条件：指的是内生于区域的各种条件，这些条件包括区域文化、区域人口的思想习惯等方面的因素。内生条件兼具外生绝对条件和外生相对条件的特点：一方面内生条件具备稳定、短时间、难以发生剧烈波动等特征，另一方面内生条件受其他条件变动的影响较大，如果时间较长，程度较强，内生条件发生变化的可能性和空间也比较大。

历史偶然条件：克鲁格曼在分析区域贸易结构问题时曾经指出历史偶然因素在区域贸易结构变迁过程中扮演重要角色。在区域发展过程中，历史偶然因素同样会起到举足轻重的作用，因为很多区域在某一特定环境下其实很难分出区别，这个时候，一些历史偶然因素的作用将会带来决定性的作用从而影响区域发展。

对于不同的区域而言，区域自发能力的含义也不一样，根据外生条件、内生条件以及历史偶然条件的不同，可以将区域划分为不同的类型。针对不同类型的区域，区域自发能力发挥的作用也是不一样的。

（一）外生绝对条件优势地区

外生绝对优势区域指的是区域在地理位置、自然环境、资源禀赋等方面中的一个或者几个方面具有较大优势的区域。这些区域或地理位置优越，或自然环境良好，或资源禀赋较足。这种类型区域的发展基础较好，区域发展能力较强。必须指出，外生绝对优势地区不仅初始发展基础好，这些地区具备的外生绝对优势还会经常性地带来外生相对优势和内生相对优势。因此，这部分区域的发展阻力在所有类型的区域当中是最小的，区域自发能力在区域发展中所起的作用也并不是特别明显。区域自发能力之所以在解释我国区域经济发展差异的过程中长期被忽略，其原因就在于我国发展程度比较高的地区，如长三角地区和珠三角地区都是处于外部绝对条件优势以及外部相对条件优势的地区，而我国发展程度不高的地区绝大部分都是处于外部绝对条件劣势以及外部相对条件劣势的地区，两者对比之下，似乎外部绝对条件和外部相对条件才是区域发展的决定性因素，这也是导致区域自发能力在解释区域发展差距时长期被忽略的根本原因。

虽然发展对于这些区域而言相对较易，但是必须注意的是，完全依靠外部绝对优势条件和外部相对优势条件来推动区域发展是不可持续的，资源环境压力以及金融危机给我国东部地区带来的冲击已经表明，即使具备外部绝对和相对优势条件的地区，它们在区域发展过程中如果不注重培育区域自身的自我发展能力，那么这种发展也难以持续。

（二）外生绝对条件劣势地区

外生绝对条件劣势地区指的是在地理位置、自然环境、资源禀赋等任何一方面都不具备优势的区域。一般而言，这种类型的区域只是理论上可能存在，实际中所谓的外生绝对条件劣势地区是不存在的。任何一个区域都不可能完全没有外生绝对条件优势，只不过在特定的背景下，外生绝对优势条件尚没有被发现。对于这种类型的区域而言，区域自发能力的首要作用就在于发现区域尚未被发现的绝对条件优势，这要求区域政府必须具备较强的理论和实践工作基础，只有这样它们才能在被外界都认为没有优势的情况下发现优势并能够利用这种优势进行发展。

（三）外生相对条件优势地区

外生相对条件优势区域指的是享受上一级政府提供的有别于其他区域的政策和制度环境的区域。出于不同的发展战略意图，这些区域既可以是外生绝对条件优势地区，也可以是外生绝对条件劣势地区。一般而言，外生相对条件优势地区比外生相对条件劣势地区发展更为容易，但是也存在很多例外。在实际的经济活动中，许多外生条件相对优势地区的发展过程并不顺利，对于这些区域而言，区域自我发展能力极为重要。以我国西部地区为例，虽然我国的西部大开发战略已经实施了十余年，但是很多西部地区的发展水平仍然难以令人满意。导致这种情形出现的根本原因在于这些地方的政府过多地依靠中央和上级政府的支持，没有意识到培育区域自发能力的重要性。实际上，在现实世界中，很多地区已经具备了大量的政策优惠待遇，但是仍然很难发展，其根本原因就在于这些区域利用这些政策待遇的能力有待提高，因此，对于很多外生相对条件优势地区应该提高利用外生相对条件优势的能力。

（四）外生相对条件劣势地区

外生相对条件劣势地区指的是没有享受特殊政策待遇的地区。正常情况下，没有特殊待遇应该是所有区域正常发展的状态，但是由于享有特殊政策待遇的外生相对优势区域的广泛存在，相应地也出现了外生相对劣势区域。前面已经提出，外生相对条件优势的地区不一定能够比外生相对条件劣势的地区发展更为顺利，但是得到一定的政策偏向和政策扶持对于区域发展更为有利。对于这部分区域而言，在现有情况下，区域自发能力体现在如何根据区域自身情况通过与上级政府博弈从而获得外生相对条件优势。

（五）内生相对条件优势地区

经济理论和实际经济活动已经证明区域文化包括区域居民思想、习惯等内生因素都会影响区域发展。一般而言，区域文化习俗愈开放，区域居民思想愈开放，生活习惯愈积极，区域发展就越顺利；反之，区域文化习俗愈保守，区域居民思想愈守旧，生活习惯消极，区域发展就越艰难。对于内生相对条件优势地区而言，区域自发能力体现在如何把握这些开放的思想影响区域发展的路径和速度。

（六）内生相对条件劣势地区

相比于内生相对条件优势地区，内生相对条件劣势地区无疑更为普遍。长时间农耕文明以及传统文化的熏陶，保守的思想已经和绝大部分居民的生活方式乃至区域的文化习俗深深契合。但是现代经济活动已经决定了只有坚持"破陈开新"才能促进经济的不断发展。因此，对于内生相对条件劣势地区而言，区域自发能力体现在如何改变区域保守的文化和思想习惯方面。

（七）历史偶然条件较多地区

历史偶然条件包括外生相对条件即政策环境的作用。值得注意的是，历史偶然条件不仅会给所发生地区带来益处，某些历史偶然条件也会给区域发展带来威胁。这种类型的地区往往是机会最多的地区，但同时也是挑战最多的地区，这些地区的发展往往受多种类型因素影响，如国家为各种意图可能采取的试点或其他政策措施的影响、边境地区可能受到的潜在战争因素的影响、地质情况比较复杂地区可能受到的地质灾害影响等，对于历史偶然条件较多的地区，区域自发能力体现在常规时期保持发展以及偶然条件发生时利用历史偶然条件给区域发展带来机遇的能力。

五、河北自我发展能力的评价

由上述定义可知，自我发展能力是一个区域发展的根本前提，区域自我发展能力应该包含多种不同领域如政府能力、要素支撑能力、基础设施建设水平、公共产品充裕程度等内容。

（一）指标体系的构建原则

能力是指客观事物完成某个任务或达到某个目标的主客观条件，在客观上表征了客观事物完成某个任务或达到某个目标的可能性。[1] 而在区域发展理论中，区域发展能力则指区域在完成区域发展目标过程中的主客观条件集合。考虑到能力概念的特性，我们认为发展能力评价指标体系应该满足如下三个原则：

第一，全面性原则。与发展水平概念相比，发展能力同样是一个综合概念，应该体现在政府治理、经济发展、城市发展与建设、社会发展与建设等多领域的工作上，因此衡量发展能力的指标应该包含多方面内容，当前已有研究直接将某项单一指标作为衡量区域发展能力的做法存在一定缺陷[2]。因此，必须构建一套包含政府能力、经济发展能力、城市发展建设能力、社会发展建设能力等全面的发展能力评价指标体系。

第二，动态性原则。能力首先是一个动态概念，因此评价区域的发展能力应该基于一段时间区间而不是一个时间点，在现有很多发展能力指标体系中尤其是政府能力指标评价体系中[3]，大量地采用一年指标对地区的政府能力进行比较研究，这种做法明显欠妥，考量发展能力更多地应该关注增长率指标而不是关注一个时间点上的某些指标值，至少应该包含大部分的增长率指标。

第三，可量化原则。一方面现有文献研究政府能力多是从定性视角展开，缺乏对政府能力指标的量化研究[4]，另一方面即使有部分文献对发展能力进行了指标评价，但是很多指标体系没有满足全面性要求。

根据以上三点原则，我们制定了区域自我发展能力的指标体系，如表9-1所示。

---

① 范士陈：《城市可持续发展能力成长过程理论解析与模型》，《经济地理》2006年第6期。

② 张富田：《金融发展、政府能力与区域经济增长的实证研究》，《科技管理研究》2012年第24期。

③ 张钢等：《长江三角洲16个城市政府能力的比较研究》，《管理世界》2004年第8期。

④ 孙柏瑛：《社会管理与政府能力建构》，《南京社会科学》2012年第8期。

表 9-1　区域发展能力指标评价体系

最终指标	次级指标	对象指标
发展能力	政府自身建设	政府领导稳定程度
		政府形象建设
	经济发展能力	地区生产总值年均增长率①
		财政收入年均增长率
		职工工资年均增长率
	城市发展能力	城市建成区面积增长率
		城镇化率年均增长率
		城市公用汽车规模年均增长率
	产业发展能力	非农产业年均增长率
		规模以上企业年均增加率
		规模以上企业产值年均增长率
	社会发展能力	人口年均增长率
		抚恤和社会福利救济年均增长率
		社会保障补助支出年均增长率
	生态保护能力	工业废水排放处理率近十年均值
		生活废水排放处理率近十年均值
		生活垃圾无害化处理率近十年均值

表 9-2 所构建的发展能力指标体系中部分指标的含义、选择机理以及衡量方法如下：

1. 政府领导稳定程度

政府领导稳定程度指的是区域在研究区间内区域"一把手"即市委书记和"二把手"即市长的更替频率，频率越大说明政府领导越不稳定，实

---

① 采取年均增长率衡量发展能力的原因在于现有统计数据体系无法为每一项指标提供同等区间跨度的时间序列数据，故只能采取年均增长率的做法消除样本区间不一致的影响。

际上已有文献对市委书记替换频率对经济发展的影响进行卓有成效的研究①。因此，我们将对周边区域政府领导的稳定程度进行测量，具体思路是通过搜集北京周边城市 1990—2015 年市委书记和市长的变化情况，加总其非重复的更替次数作为地方政府领导稳定程度指标的衡量②，最终搜集结果如表 9-2 所示。

表 9-2　1990—2015 年北京周边城市政府领导稳定程度

城市	市委书记更替次数	市长更替次数	市委书记和市长非重复更替次数	总更替次数
石家庄市	7	9	0	16
唐山市	8	9	4	13
秦皇岛市	8	8	2	14
邯郸市	9	12	4	17
邢台市	7	7	1	13
保定市	8	9	3	14
张家口市	9	9	3	15
承德市	6	13	9	10
沧州市③	5	10	4	11
廊坊市	7	11	6	12
衡水市	7	5	2	10

注：根据公开资料整理。

2. 政府形象建设

政府形象建设指的是政府部门相关网站是否存在，在搜集数据和整理资料过程中，我们发现不同地级市在政府以及部分重要职能部门如统计部门的门户网站设置上存在巨大差别，同时学界已经有大量研究证明政府部门的门

---

① 徐业坤等：《政治不确定性、政治关联与民营企业投资——来自市委书记更替的证据》，《管理世界》2013 年第 5 期。
② 非重复更替指的是排除市长接任市委书记、代书记市长成为正式书记市长等情况。
③ 1993 年 7 月，地、市合并，成立沧州市。

户网站的建设情况与区域经济发展存在密切联系①。因此，我们将对城市的政府网站、发展改革部门网站和统计局网站进行检索，设有网站的打 1 分，没有的则为 0 分，加总则为政府形象外在建设得分，如表 9-3 所示。

表 9-3　政府外在形象建设指标

城市	地方政府网站建设情况②	发展改革委网站建设情况	统计部门网站和数据体系建设情况	总得分
石家庄市	1	1	1	3
唐山市	1	1	1	3
秦皇岛市	1	1	0	2
邯郸市	1	1	1	3
邢台市	1	1	0	2
保定市	1	1	0	2
张家口市	1	1	0	2
承德市	1	1	0	2
沧州市	1	1	1	3
廊坊市	1	1	0	2
衡水市	1	1	1	3

注：根据公开资料整理。

除此之外，其他增长率指标为末期数据减去初期数据开年数方而得，均值指标则求均值，此处不再赘述。

（二）测算结果与比较

我们首先用主因子分析方法进行分析，发现球检验并不显著，且提取主因子数达到 6 个，故不能采用主因子评价方法，考虑任何主观方法都无法避

①　郑烨等：《政府网站建设对政府透明度影响的实证研究——来自西部某省县级政府网站评价的证据》，《图书情报知识》2013 年第 4 期；顾海兵、张敏：《市级政府网站与市域经济的关联度之分层分析——基于 292 个地级市的资料分层分析》，《学术界》2014 年第 6 期；刘雁书等：《中国政府网站统计数据公众可获取性及质量研究》，《统计与决策》2007 年第 7 期。

②　政府网站以 gov.cn 域名为准。

免权重的设定，我们决定采取最为简单和直接的指标打分法对周边区域的发展能力进行比较研究。该方法的思路是在为各项指标确定权重后，按照指标值相对于最优值的比值测算出得分，最后加总各项指标得分即为发展能力得分，其中最优值依据指标的正负型而定，其中正向型指标最大值为最优值，负向型指标最小值为最优值。权重设置在专家指导下确定，如表 9-4 所示。北京周边 10 个区域平均发展能力测算结果如表 9-5 所示。

表 9-4　区域发展能力评价指标体系及权重

二级指标	三级指标	权重
政府能力（0.20）	政府领导稳定程度	0.05
	政府形象建设	0.05
经济发展能力（0.16）	地区生产总值年均增长率①	0.06
	财政收入年均增长率	0.06
	职工工资年均增长率	0.06
城市发展能力（0.16）	城市建成区面积增长率	0.06
	城镇化率年均增长率	0.06
	城市公用汽车规模年均增长率	0.06
产业发展能力（0.16）	非农产业年均增长率	0.06
	规模以上企业数量年均增长率	0.06
	规模以上企业产值年均增长率	0.06
社会发展能力（0.16）	人口年均增长率	0.06
	抚恤和社会福利救济年均增长率	0.06
	社会保障补助支出年均增长率	0.06
生态保护能力（0.16）	工业废水排放处理率近十年均值	0.06
	生活废水排放处理率近十年均值	0.06
	生活垃圾无害化处理率近十年均值	0.06

---

①　采取年均增长率衡量发展能力的原因在于现有统计数据体系无法为每一项指标提供同等区间跨度的时间序列数据，故只能采取年均增长率的做法消除样本区间不一致的影响。

表 9-5　北京周边 10 个区域平均发展能力

周边城市	得分
石家庄市	0.5809
唐山市	0.5629
秦皇岛市	0.5076
邯郸市	0.4812
邢台市	0.4681
保定市	0.4771
张家口市	0.4462
承德市	0.4325
沧州市	0.4914
廊坊市	0.4849

可见，一方面，与最优值 1 相比，河北 10 个地级市的自我发展能力都没有超过 0.6，说明河北自我发展能力仍然有巨大的提升空间。另一方面，与北京相邻的几个地级市，其自我发展能力在河北只能位于中游，这无疑也会影响这些地级市承接北京产业转移的能力。因此，推动京津冀协同发展，仅从北京自身发力是不够的，必须提升河北自身的自我发展能力，其核心是处理好政府与市场的关系。第一，要深化对政府与市场关系的认识，明确政府的作用领域和界限范围，在政府政务系统中引入互联网、大数据、人工智能等多种现代信息技术，借鉴并全面推广"最多跑一次"的硬性约束条件，提高政府行为和决策的透明度和公开度，全面提升政府质量和服务能力，为要素流入奠定基础。第二，要加速要素市场化配置体制机制改革，充分发挥市场机制配置资源的决定性作用，不断提升自身对其他地区要素、企业和产业的吸引能力，增强自身发展实力。第三，要充分发挥区域政策的促进作用，结合自身实际发展情况和发展需求，制定符合自身发展禀赋结构的发展战略并争取适宜且具有含金量的区域政策。

第十章 协调空间：区域协调战略的制度化方向

区域协调发展是我国区域发展的长期战略，从战略的根本目标分析，实现区域协调发展目标与共同富裕目标是紧密联系的，这也决定了区域协调发展将会面临诸多困难与挑战。因此，推动区域协调发展必须从体制机制建设发力，构建能够有效推动区域协调发展的制度体系基础。

第一节 区域协调发展体制的"四梁八柱"结构

党的十八大以来，区域协调发展战略逐渐成熟并在党的十九大报告中正式提出。围绕区域协调发展，党中央也先后出台了一系列文件。从区域协调发展涉及的诸多关系和文件内容出发，形成区域协调发展格局是未来我国区域和地方经济发展的根本遵循。为了更好地实现这一目标，需要坚持六个原则并构建四梁八柱型的区域协调发展体制结构。

一、区域协调发展体制创新的六个原则

区域协调发展体制创新应该遵循处理好经济区域与行政区域的关系、处理好区域战略与区域政策的关系、处理好市场竞争与政府合作的关系、处理好国际市场与国内市场的关系、处理好重点区域和绝大多数地区的关系、处理好产业集群与产业分工的关系等六个原则。

（一）处理好经济区域与行政区域的关系是区域协调发展体制创新的根本指向

与行政区经济的各自为政和强调政府作用相比，区域经济更加注重市场规律，强调不同行政区域间的产业联系和产业分工。从这一点分析，从行政区经济走向区域经济是实现区域协调发展的前提，也是形成优势互补高质量区域经济布局的根本指向。为了顺利实现从行政区经济到区域经济这一转变，应该加快区域发展的法治化进程，推动《区域规划法》和《区域关系法》等法律尽快出台，从制度上约束地方政府无序竞争和随意更改地方发展战略的行为，避免地方政府在行政区域主体利益驱动下选择追求自身利益而损害全体利益的发展行为。

（二）处理好区域战略与区域政策的关系是区域协调发展体制创新的制度基础

区域战略与区域政策具有显著不同，把握两者的区别及其关系并针对性地推进区域战略和区域政策的实施是保障区域战略目标形成的关键。从对象分析，区域战略更多强调对象区域的发展定位并围绕这一定位，结合自身发展实际，作出一系列相关工作安排。区域政策则完全不一样，它主要关注区域发展过程中所遇到的问题，针对这些问题选取专业化的政策工具予以解决。因此，区域发展战略更加宏大，其工作的出发点是该区域发展定位和现实基础间的差距，而区域政策工作的出发点是区域现实发展问题和理想区域的差距。从两者关系分析，区域政策是实现区域战略目标的关键手段。因此，作为重大的区域战略之一，形成优势互补高质量发展的区域经济布局是区域协调发展战略的目标，实现这一目标势必要解决很多区域在发展过程中遇到的问题，比如大都市的大城市病问题、资源地区的转型问题、欠发达地区的落后问题等，这些问题能否顺利解决将直接影响优势互补高质量区域经济布局战略目标的实现。因此，应该高度重视区域战略和区域政策的关系，这是加快形成区域协调发展格局的制度基础。

（三）处理好市场竞争与政府合作的关系是区域协调发展体制创新的动力来源

党的十八届三中全会明确提出要使市场在资源配置中发挥决定性作用和更好地发挥政府的作用。在地方经济发展过程中，究竟应该如何结合市场和政府的作用，才能顺利形成区域协调发展格局？必须明确实现区域协调发展格局既不可能离开政府的作用，又不可能由政府来主导完成。它的形成必须首先依靠市场在要素配置、企业流动、产业转移等领域的决定性作用，通过充分的市场竞争为各个地区筛选出与自身禀赋结构、发展基础最为契合的产业结构。但是，仅仅依靠市场的这种作用仍然是不够的，区域协调发展格局首先是一个多主体的相互关系结构，市场的决定性作用能够保证发展条件最好的区域胜出，但是却无法保证不同发展水平间的区域愿意合作，形成合力。政府通过多种不同类型的区域合作机制来推动区域经济合作与分工网络的形成已经被我国诸多重大区域发展战略所证明，如在长三角区域一体化发展过程中，政府合作机制级别不断随着经济合作的深化而逐渐提高。1992年，这种合作机制是"长江三角洲十四城市协作办（委）主任联席会"。1997年，升格为"长江三角洲城市经济协调会"。2004年，进一步升格为"沪苏浙主要领导座谈会制度"。长三角区域之所以能够成为我国内部协调发展程度最高的区域经济之一，充分发挥作用的市场经济机制和更好发挥作用的政府合作机制的结合发挥了决定性作用。这种政府合作与市场竞争的关系结构是形成优势互补高质量区域经济布局的动力来源。

（四）处理好国际市场与国内市场的关系是区域协调发展体制创新的前提条件

我国是世界上极少数的实行四级地方政府架构的国家，截止到2019年12月，我国一共拥有34个省级行政区，333个地级行政区，2846个县级行政区，39945个乡级行政区。这种数量众多的行政区划结构也给形成区域协调发展格局的目标带来一个巨大挑战，即如何满足不同行政区域的产业供给？区域之间的优势互补指的是产业互补，这也就意味着绝大部分区域都应该拥有自己的主导和优势产业。考虑到我国现在大量的中小城市处于要素流失境地，实现这一目标难度较大。实际上，根据《中国城市建设统计年鉴》，2010—2016 年，在我国 633 个城市中，有 246 个城市的人口规模出现下降。而如果要实现优势互补高质量区域经济布局的目标，就意味着这 633 个城市中的绝大多数都应该实现产业兴旺。面对这种挑战，一方面，我们需要高度重视国内市场的培育，在目前国内市场结构中，大量具有竞争力的外资企业占据半壁江山，未来应该鼓励大量中小城市选准产业，做专做精做优，提升自身产业市场份额；另一方面，我们也需要充分利用国际市场，从目前国际价值链分工结构来看，大部分中高端尤其是高端产业份额被发达国家占据，应该鼓励先发地区如粤港澳大湾区、长三角城市群尽快向产业链高端突破，既新增市场份额，又为后发地区提供更多的产业发展空间。

（五）处理好重点区域和绝大多数地区的关系是区域协调发展体制创新的关键抓手

党的十八大以来，党中央先后提出了一系列重大的国家级区域发展战略，如京津冀协同发展、长江经济带、雄安新区、粤港澳大湾区、黄河流域生态经济带、长三角生态绿色一体化发展示范区等。可以很明显地发现，当前绝大部分区域发展战略的作用对象都是特大城市和先发地区等重点区域，比如京津冀协同发展包含北京与天津两大直辖市，长江经济带包含长三角城市群、长江中下游城市群、成渝城市群等特大城市密集的城市群地区，粤港澳大湾区则包含了香港、澳门、广州、深圳、东莞、佛山等一大批重点城市。然而，形成优势互补高质量发展的区域经济布局不仅需要这些重点地区率先发展以及在这些重点地区之间形成合理的分工体系，更关键的是绝大多数中小城市和地区能否实现高质量发展，它们能否与这些重点地区形成合理的产业分工体系，以及这些中小城市间内部能否形成合理的分工体系。因此，在推动区域协调发展格局形成过程中，需要高度重视重点地区和其他中小城市或后发地区的关系，这也是形成优势互补高质量发展区域经济布局的关键抓手。

（六）处理好产业集群与产业分工的关系是区域协调发展体制创新的实施路径

形成区域协调发展格局的关键在于区域之间的产业关系，既要保证每个地区各有所长，又要追求不同地区的强强联合。因此，地区间的产业关系也必须满足这一条件。结合产业经济和区域经济发展理论，实现这两个条件需要坚持产业集群和产业分工思维，前者关注地区自身优势产业的培育，是个体区域产业发展的主要思路，后者聚焦不同地区产业关系的联系，是保障不同地区形成合理分工体系的关键。就个体区域发展思路而言，产业培育无疑是重中之重，在培育产业过程中，应该强调产业集群思维，围绕提升地区产业规模和竞争力，不断提升已有产业和目标产业在全国产业分布中的份额，这是保障个体区域提升自身发展实力的关键。就不同地区的产业分工来说，追求不同区域间产业的紧密联系是避免地方无序竞争从而影响整体产业发展升级效率、避免资源要素大量浪费的前提，这就要求中央政府重视产业生产力布局规划的约束性和科学性，以及强化地方政府的执行力。

二、新时代区域协调发展新机制的"四梁"结构

区域协调发展新机制的"四梁"主要包括党的领导、指导思想、五大基本原则与总体目标等四方面内容，其中，党的领导是保障新时代区域协调发展新机制更有效的核心要素；指导思想是实现区域经济高质量发展的方向引领；五大基本原则是区域协调发展必须坚持的思路，是区域协调发展机制形成的基础；而总体目标则是对区域协调发展机制提出的根本要求。

党的领导指的是坚持和加强党对区域协调发展工作的领导，充分发挥中央与地方区域性协调机制作用，共同推动建立更加有效的区域协调发展新机制，为实施区域协调发展战略提供强有力的保障。指导思想指的是区域协调发展应该坚持以习近平新时代中国特色社会主义思想为指导，全面贯彻党的十九大和十九届二中、三中全会精神，认真落实党中央、国务院决策部署，坚持新发展理念，紧扣我国社会主要矛盾变化，按照高质量发展要求，紧紧

围绕统筹推进"五位一体"总体布局和协调推进"四个全面"战略布局，立足发挥各地区比较优势和缩小区域发展差距，围绕努力实现基本公共服务均等化、基础设施通达程度比较均衡、人民基本生活保障水平大体相当的目标，深化改革开放，坚决破除地区之间利益藩篱和政策壁垒，加快形成统筹有力、竞争有序、绿色协调、共享共赢的区域协调发展新机制，促进区域协调发展。基本原则指的是区域协调发展应该坚持市场主导与政府引导相结合、坚持中央统筹与地方负责相结合、坚持区别对待与公平竞争相结合、坚持继承完善与改革创新相结合、坚持目标导向与问题导向相结合。总体目标指的是区域协调发展机制应该与党的十九大报告所提出的国家发展目标安排相一致，具体指的是到 2020 年，应该建立与全面建成小康社会相适应的区域协调发展新机制；到 2035 年，应该建立与基本实现现代化相适应的区域协调发展新机制；到 21 世纪中叶，应该建立与全面建成社会主义现代化强国相适应的区域协调发展新机制。

三、新时代区域协调发展新机制的"八柱"结构

在坚持包括党的领导、指导思想、基本原则与总体目标等区域协调发展新机制的"四梁"前提下，区域协调发展新机制进一步被细化为包含区域战略统筹机制、市场一体化发展机制、区域合作机制、区域互助机制、区际利益补偿机制、基本公共服务均等化机制、区域政策调控机制、区域发展保障机制等八块内容。

区域战略统筹机制包括推动国家重大区域战略融合发展、统筹发达地区和欠发达地区发展、推动陆海统筹发展等三部分内容，其目标是在经济发展大局中强调党中央的顶层设计与统筹部署作用，保障中国区域经济发展的整体性。健全市场一体化发展机制重点在于促进城乡区域间要素自由流动、推动区域市场一体化建设以及完善区域交易平台，其目标是最大限度降低区域壁垒和边界效应，发挥中国区域经济发展的规模性。深化区域合作机制的着力点在于推动区域合作、促进流域上下游合作发展、加强省际交界地区合

作、积极开展国际区域合作，其目标是不断加大鼓励不同区域间的合作力度，提高中国区域经济发展的互补性。优化区域互助机制的突破点包括深入实施东西部扶贫协作、深入开展对口支援、创新开展对口协作（合作）等内容，其目标是实现先富地区带动后发地区，向世界展现中国区域经济发展的共享性。健全区际利益补偿机制的重点在于完善多元化横向生态补偿机制、建立粮食主产区与主销区之间利益补偿机制、健全资源输出地与输入地之间利益补偿机制，其目标是赋予不同地区平等的自主发展权，实现中国区域经济发展的公平性。完善基本公共服务均等化机制需要做到提升基本公共服务保障能力、提高基本公共服务统筹层次、推动城乡区域间基本公共服务衔接，其目标是尽可能地避免由基本公共服务不均等导致的不和谐因素，提高中国区域经济发展的稳定性。创新区域政策调控机制的要点在于实行差别化的区域政策、建立区域均衡的财政转移支付制度、建立健全区域政策与其他宏观调控政策联动机制，其目标是提高区域政策的实施效率，保障中国区域经济发展的科学性。健全区域发展保障机制需要坚持规范区域规划编制管理、建立区域发展监测评估预警体系、建立健全区域协调发展法律法规体系等内容，其目标是制度化区域发展过程，提高中国区域经济发展的规范性。

第二节　区域利益共享机制

区域协调发展必须保证区域之间的利益分配格局从利益共增转变为利益同增，要确保所有参与协调发展的区域都能够在协调发展过程中实现利益增加且这种利益增加的过程密切相关，最终形成利益共同体。

第一，要保证实施区域协调发展后的区域利益总额大于实施之前的区域利益总额。作为地方竞争机制的替代者，区域协调发展机制理应比地方竞争机制取得更好的经济发展效果。这也就意味着应该在不损害地方经济发展积极性的前提下保障区域经济发展的高质量，而实现这一目标就需要调整对区域的政绩考核指标体系，用能够衡量经济发展质量如单位土地的 GDP 产出、单位 GDP 的财政收入、与邻近地区园区合作的效果等指标取代单一的辖区 GDP 考核指标。

第二，要保证参与区域协调发展的区域主体利益在协调发展过程中都能够有所增加。保障所有区域主体利益增加是区域协调发展战略追求的最优目标，也是保障区域协同发展局面能够长期存在的前提，这就需要构建合理的发展利益共享机制，如基础设施完全一体化、税收分成、公共产品共享等，避免因为个别区域的短期受损而影响整体区域协调发展。

第三，以法治化作为区域协调发展机制形成的保障。区域合作涉及多个区域主体，应该尽快制定包括《区域关系法》《区域规划法》《区域政策法》等法律来约束地方政府发展的短视性，从而保证区域协调机制的长期性。

从具体路径分析，建设这种利益共同体需要包括空间共同体、规划共同体、生产共同体、生活共同体、政策共同体等五种不同类型共同体作为基础。其中，空间共同体指的是应该通过不断提升交通基础设施建设，从物理空间上消除行政区域之间的隔阂。规划共同体强调区域之间的发展规划、产业规划应该高度协调，尤其是在不同城市相邻地区，更应该强调不同城市规划对该地区规划的一致性。生产共同体侧重经济和产业活动布局的整体性，要求在产业布局时充分考虑区域的整体性而不是单个行政区域的主体利益属性，尽可能地提高要素的边际产出。生活共同体关注教育、就业、社会保险、户籍等一系列能够影响居民生活的资源因素在不同城市间的均等性，目前我国区域间、城市间的各种公共产品政策待遇并不一致，未来应该有意识地推动这些公共服务的公平。政策共同体则聚焦于不同城市行政决策体制的协调，处理区域关系是实现共享发展无法避免的环节，也是实现共享发展必须处理好的环节。在进行行政区划调整前，构建政策共同体是顺利建成其他共同体乃至利益共同体的基础。

第三节　区域战略统筹机制

区域发展战略是区域协调发展战略的重要组成部分，一系列重大区域战略的出台为我国区域发展增加了动力，但是如何统筹推进这些区域发展战略，不仅影响这些区域战略的质量，对最终区域协调发展格局的形成也有直接影响。

一、建立区域战略统筹机制的原因

第一，我国重大区域战略具备数量较多、层次清晰、结构分明等特点。根据 2019 年政府工作报告中的区域战略内容，目前我国重大区域发展战略体系可分为三个层次，每个层次都包含多个不同的重大区域战略。第一层次旨在全国整体空间，包含基于四大板块的区域战略，即西部大开发、东北振兴、中部崛起和东部率先发展；第二层次定位于"带状"或"块状"区域，以"一带一路"建设、京津冀协同发展、长江经济带发展、粤港澳大湾区建设等重大战略为引领；第三层次主要包括"点状"或者"多点状"区域，如雄安新区战略、上海大都市圈战略、疏解北京非首都功能战略、成渝城市群战略等。可见，目前我国重大区域战略数量较多，构建重大区域战略统筹机制有助于发挥战略合力，降低战略间的阻力，加速区域协调发展。

第二，单个区域同时参与多个不同重大区域战略。在现实经济地理活动中，存在单个区域同时参与多个不同重大区域战略的情况，如北京分别与京津冀协同发展战略、疏解北京非首都功能战略、雄安新区战略密切相关；上海分别与"一带一路"建设、长江经济带发展战略、上海大都市圈战略密切相关；广东分别与"一带一路"建设、粤港澳大湾区战略密切相关。在此情况下，如果不同区域战略对同一个地区的发展定位存在差异甚至冲突，可能会直接影响区域战略的实施效果，构建重大区域战略统筹机制则能够有效避免这一现象出现。

第三，贯彻落实重大区域发展战略的发展理念需要多个部门共同发力。自党的十八大以来，坚持创新、协调、绿色、开放、共享等新发展理念已经成为经济发展的共识，区域战略已经不再是单纯追逐经济发展利益而是有了更多、更高、更合理目标的工具。如长江经济带发展战略坚持的"共抓大保护、不搞大开发"生态优先原则；粤港澳大湾区战略坚持"共享发展，改善民生"的以人民为中心的发展原则。可见，上述区域战略不仅需要经济职能部门参与，同样需要生态环保部门、国土部门、收入分配等其他多个部门的参与，这就要求对重大区域战略进行统筹，保障区域战略的发展方向符合中央和人民意图。

二、构建重大区域战略统筹机制的三个目标

构建区域战略统筹机制的第一个目标是"1+1＝1"，其含义是"多略合一"。通过重大区域战略统筹机制的作用，消除不同区域战略间的摩擦与阻力，避免单个区域战略各行其是，增强不同区域战略在实施过程中的匹配性、耦合性与系统性，使得区域战略体系化、整体化、系统化，发挥重大区域战略体系的最大效果。在现实经济活动中，每个重大的区域战略面临的区域问题不同、作用对象不同、所处的发展阶段也不同，区域战略的实施思路肯定存在差异，但是这并不意味着这些区域战略就无法协同推进，实际上由于在发展理念、发展方向与发展体制上的相似性，这些重大区域战略是可以一体化发挥作用的。

构建区域战略统筹机制的第二个目标是"1+1＞2"，其含义是事半功倍。通过重大区域战略统筹机制的作用，增强不同类型区域战略在实施过程中的互动性、互补性与正反馈性，提高区域战略的叠加优势、规模优势与投入产出比，保证统筹实施多个重大区域战略所取得效果高于分别推动个别区域战略所取得效果。实际上，上海大都市圈战略与长江经济带发展战略的关系就是典型的"1+1＞2"型关系，上海大都市圈战略的实施能够显著地增强作为长江经济带龙头城市——上海的综合实力和增长极带动能力，这种能力的增

强又进一步地提高了整个长江经济带的发展水平、发展能力和发展潜力。因此，两大战略的联合实施效果明显优于两个战略单独实施的效果。

构建区域战略统筹机制的第三个目标是"$1 \geqslant 1$"，其含义是帕累托改进，每个区域在参加区域战略后的区域利益不应该小于其参加前的区域利益。任何区域战略的实施都会导致区域利益的重新调整，多个区域战略的同时实施会使得区域间利益变化更为复杂。统筹区域战略机制的重要目标就是保证每个区域自身的区域利益在区域战略实施过程中不减少，同时尽可能地追求每个区域的区域利益都有所增加，即使在区域战略实施过程中无法实现，也应该建立公平合理的利益分享与补偿机制予以事后调整。只有保证了每个区域的区域利益，区域战略的统筹实施才不会因为部分区域的利益减少而受到阻碍。

三、构建重大区域战略统筹机制的着力点

强化新发展理念的方向指引作用。坚持新发展理念是建设现代化经济体系、实现高质量发展、解决社会主义主要矛盾的根本之策，任何区域战略都应该以此为方向。因此，构建重大区域战略的统筹机制，需要强化新发展理念的基础性、统一性与约束性等属性，这是保证所有重大区域战略不走样、不变形、不拐弯、不打折扣的前提条件。在实际操作中，应该将新发展理念贯穿区域战略的制定过程中，贯穿区域战略的执行过程中，更要贯穿中央对地方落实区域战略要求的绩效考核工作中。

重视区域间产业关系的核心地位。统筹重大区域战略一方面体现在区域政策层面，另一方面体现在区域关系层次，这两方面内容实际上都与区域经济利益密切相关。作为经济活动的载体，产业间的关系对区域间关系乃至对区域战略间的关系具有直接影响。很长一段时期内，我国区域间的产业同构、产业地方保护等现象极大地影响了经济发展的整体性与系统性。基于现有重大区域战略中的产业发展定位内容，可发现这些区域战略在先进制造业与战略性新兴产业的定位上具有一定相似性。针对这些相似且重要的产业目

标，应加强政府的指导和引领作用，更重要的是发挥市场配置资源的决定性作用，让市场在这些产业形成与壮大过程中公平地发挥其功能，最大限度降低区域间的产业冲突从而保障区域间的协调发展。

重视区域间利益共享机制的推动作用。在现实经济活动中，区域之间的合作很难立即实现"双赢"，往往呈现一方区域利益增幅大于另一方，甚至一方增加而另一方减少的局面，这种局面对区域战略的可持续实施是极为不利的。构建重大区域战略统筹机制的一个关键内容就是构建公平合理的区域间利益共享机制，通过经济活动与要素的空间布局调整、财政税收的合理分配、公共产品均等化等手段来二次调整区域间的利益分配格局，保障每个区域在参与区域战略后的区域利益大于参与之前的区域利益，这是保证区域战略实施效果和可持续性的关键环节。

强化区域管理制度的基础性作用。区域管理作为区域战略、区域政策、区域规划实施的基础性工具，其规范性和质量对不同区域战略融合的难易程度从而对重大区域战略的统筹机制形成具有重要作用。从目前实际情况分析，我国区域管理制度在国家治理能力现代化背景下仍然存在很多不足，未来需要从四个方面完善区域管理制度，包括明确中央政府层面的专门区域管理机构、建立可供区域规划与区域政策制定利用的统一明确的区域划分框架、明确具备法律约束地位的区域政策程序与工具、构建科学合理的区域规划与政策评价机制等内容。

第四节　区域精准定位机制

区域发展的动力立足于不同区域的发展水平，然而，期望所有不同禀赋、不同基础、不同条件的区域都采取同等力度的发展战略并实现同一发展水平的目标可能不仅无助于区域经济的高质量发展，还会反过来对区域经济发展和区域协调发展产生负面影响。实现不同区域的精准定位和差异化发展既是高质量发展的基础，也是区域协调发展格局形成的前提。

一、区域发展趋同现象的内涵

长期以来，在央地财政分权体制和 GDP 竞争导向体制的影响下，各个地方都高度关注经济和产业发展并围绕这一目标实施了包括产业规划、招商引资、基础设施建设、产业布局、园区建设、新城开发等在内的一系列措施，形成了齐头并进型的区域发展格局。这种格局具有如下三个特点。

第一，地区发展规划会趋同。各种不同类型的发展规划对中国区域发展具有重要作用。根据规划层级的不同，影响区域发展的规划体系可分为四个层次：第一层次是主体功能区规划，第二层次是国民经济和社会发展规划，第三层次包括国土规划、区域规划与城乡规划，第四层次是各个领域的专项规划。一方面，在中国发展体制下，制定发展规划是区域发展过程的起步阶段，由于各个地区都高度关注经济发展，涉及经济与产业的发展规划也往往得到高度重视；另一方面，发展规划会体现政府的发展能力和水平，同时由于发展规划仅仅处于发展起步阶段，其完成难度要远远低于高质量完成具体区域发展实践的过程。因此，当某个区域制定出质量较高的发展规划，其他地区就会予以参考，最终使得不同地区之间的发展规划内容趋同。

第二，地方发展过程会趋同。齐头并进型的区域发展格局不仅会导致区域发展规划的趋同，同时也会导致区域发展过程的趋同。这是因为区域发展实际上是一个极为复杂的涉及多个领域且需要多方面合作的过程，推动区域顺利进入快速发展轨道并不是任何一个区域都可以独立实现的。在这种背景下，模仿其他区域的发展过程是一种常见思路，这也是为何中国会出现城市建设千篇一律、产业规划千篇一律、要素布局千篇一律的根本原因。

第三，地方发展政策会趋同。不同地方的发展应该符合自身的实际情况，理论上应该具备较强的差异性，尤其是一些上级政府赋予特定地区的发展政策，差异性更是保障这些政策效果的关键。然而，在齐头并进型发展格局下，所有的区域都会向上级政府申请同样或相似力度的发展政策支撑，尤其是当一个区域获得某项发展政策支持后，其他平级区域也会试图向上级政府提出相应的政策需求，这很容易形成发展政策趋同的局面。以中国产业园区建设为例，产业园区原本是国家为了鼓励地方政府通过集聚力量来发展经济而赋予的一项优惠政策，但是，在齐头并进型发展格局的作用下，中国各种不同类型的产业园区呈现严重的遍地开花现象。根据《中国开发区审核公告目录》（2018 年版），目前中国仅国家级开发区数量就已经达到 552 家，每省平均国家级开发区数量超过 18 家，其中，江苏以 26 家、浙江以 21 家、山东以 15 家位居前三位。省级开发区的遍地开花特征更为明显，2018 年，全国经过核准的省级开发区共有 1991 家，分布在全国 31 个省区市，其中，省级产业园区数量超过 100 家的就有河北、山东、河南、四川、湖南、江苏和广东等七个地区，可见产业园区空间分布之密集。

二、区域趋同发展格局的不足

齐头并进型的区域发展格局能够增加经济发展的主体数量从而提高区域发展的积极性。然而，一方面，由于齐头并进型发展格局会导致地方发展规划、发展过程和发展政策趋同，最终会带来严重的资源浪费。以新城建设为例，据不完全统计，截至 2016 年，中国 286 个地级市和 368 个县级市等 654 个城市共提出了 737 个新城新区，其中有 629 个公布了规划区面积，总计达 83452 平方公里，几乎相当于当时 654 个设市城市的城市建成区总面积的 2 倍左右。同时，一个涉及 12 个省会城市和 144 个地级市的调查显示，中国省会城市每个城市平均规划 4.6 个新城，地级城市每个城市平均规划建设约 1.5 个新城。[①] 如此数量和规模的新城规划建设远远超过了中国当前发展阶段的需要，这些投资巨大、面积巨大、距离偏远的新城已经造成了严重的资源如土地、资金、人力要素浪费。另一方面，由于齐头并进型区域发展格局会导致区域发展过程的严重趋同，无法实现地区发展战略与地区自身发展禀

---

① 赵志疆：《"34 亿人口"不只是笑话》，2015 年 9 月 23 日，见 http://opinion.people. com.cn/n/2015/0923/c1003-27625175.html。

赋的匹配从而显著降低区域发展的质量，这一点在某些发展禀赋特殊如生态地位重要的地区表现得更为明显。如青海省的《青海省国民经济和社会发展第十一个五年规划纲要》里明确提出青海目前还存在工业结构单一问题，仍然将工业发展作为一个重要问题，这一问题自青海省 2008 年提出"生态立省"战略目标后就没有出现于《青海省国民经济和社会发展第十二个五年规划纲要》。因此，齐头并进型的发展格局不仅会带来较多的负面影响，其本身也不符合区域发展的一般性规律，实现区域经济的高质量发展需要避免所有区域都趋同化发展并实现不同区域的精准化发展。

三、个体区域精准定位机制的建立

由所有区域的齐头并进型发展格局转变到不同区域各展所长的发展格局的路径核心是对不同区域的功能进行精准定位。在中国区域发展格局中，区域类型众多，不同区域自然环境、要素禀赋、交通区位、人口结构等各种条件并不相同，制定符合不同区域各自特点的发展战略并形成不同区域各展所长的发展格局是实现区域经济高质量发展的重要前提。而实现这一目标就需要进一步细化中国的主体功能区规划。

主体功能区规划是指根据各地区的资源环境承载能力、现有开发密度和发展潜力对国土空间所进行的战略划分。目前，主体功能区规划将全国国土划分为优化开发、重点开发、限制开发和禁止开发四类主体功能区。2010年 12 月发布的《全国主体功能区规划》标志着中国的主体功能区规划进入操作层面。中央政府明确了财政、投资、产业、土地、农业、人口、民族、环境、应对气候变化等九个方面的政策在不同类型区域的导向，并尝试建立健全符合科学发展观并有利于推进形成主体功能区的绩效考核评价体系。从目前主体功能区规划体系结构分析，国家层面和省级层面的主体功能区规划都已经完成，省级层面的区域定位基本完成。未来推动齐头并进型发展格局向不同区域各展所长的发展格局转变需要尽快完善主体功能区的操作规则。

第五节　区域发展示范机制

由于发展条件不同，区域发展水平存在差距是理所应当的，尤其是在中国这样一个大国，如何为欠发达地区提供更多的发展动力不仅事关欠发达地区的发展路径，对整个区域的协调发展程度也具有重要意义。

一、个体区域率先发展的表现

改革开放以来，中国区域发展战略就呈现为局部和个体区域优先战略。从跨省区域战略分析，无论是关于两个大局的论述，还是东部沿海地区率先发展的指导思想，都表明中国区域发展战略高度重视个体和局部区域的率先发展。从个体区域层面分析，中国区域发展战略起步于经济特区。改革开放以后的 1979 年 7 月，广东和福建成为全国率先获得开放权的省。1980 年 8 月和 10 月，广东的深圳、珠海和汕头以及福建的厦门被指定为经济特区，与其他地区相比，这些经济特区在包括外商投资、对外贸易、金融结构、产业集聚、企业制度等多个领域具有特殊待遇，其根本目标就是率先实现经济发展。1984 年，中国又进一步赋予大连、秦皇岛等 14 个沿海港口城市的对外开放权，将经济特区试验扩展到更多区域，其中，大连经济技术开发区是中国的第一个经济技术开发区。进入 21 世纪后，大部分省份都采取包括向省会城市集中产业、大企业、高校、科研院所、行政区划等措施来促进省会城市发展。可见，中国区域发展战略的指导思想就是通过赋予部分个体区域在某些领域的特殊权利来提高这些区域集聚要素的能力并最终实现经济的快速发展。

应该承认，鼓励个体区域的率先发展这一指导思想在实现区域发展方面发挥了重要作用。从省级层面看，中国东部沿海省份发展水平远远高于中西部省份，其中，广东更是连续 31 年位于全国各省经济规模第一位。从城市层面看，深圳也成为了全国 GDP 排名第三位的城市，仅次于北京与上海，虽然不是所有特区都能够实现快速发展，但从全国视角比较分析，大部分特区城市都实现了较快发展。从省会城市地位分析，目前中国省会城市在省内"一城独大"的特征非常明显，其中省会城市 GDP 占全省 GDP 比重超过 30%的城市就达到 11 个，分别为银川（51.32%）、长春（47.60%）、西宁（44.90%）、哈尔滨（38.51%）、成都（37.72%）、武汉（37.72%）、拉萨（36.60%）、西安（34.17%）、兰州（33.14%）、海口（31.26%）、长沙（30.21%）[①]。

二、依靠个体率先发展的不足

依靠个体区域的率先发展通过要素的集中使用从而提高了区域发展的效率，但是这种过于强调个体区域发展作用的发展思路也会带来区域差距扩大和欠发达地区发展空间受到抑制等问题。

一方面，依靠个体率先发展来实现区域发展的指导思路无可避免地会扩大区域发展差距，这是因为能够实现率先发展的地区往往是初始发展基础或者发展条件较好的区域，当这些地区再被赋予特殊的发展权利，其发展速度和发展水平会远远超过其他地区。如在中国城市发展体系中，一线和二线城市的发展地位要高于其他城市，我们可以通过观察这些城市的发展轨迹来说明这一问题，如表 10-1 所示。

表 10-1　2002—2018 年中国部分城市增长轨迹

城市	2002 年 GDP 规模（亿元）	2002 年 GDP 排名	2002—2018 年 GDP 增幅（亿元）	2002—2018 年 GDP 增幅排名
上海	5741.03	1	26938.84	1
北京	4315.00	2	26004.98	2
广州	3001.48	3	19857.87	4

---

①　根据各市 GDP 数据和所在省 GDP 数据测算而得。

城市	2002 年 GDP 规模（亿元）	2002 年 GDP 排名	2002—2018 年 GDP 增幅（亿元）	2002—2018 年 GDP 增幅排名
深圳	2256.83	4	21965.15	3
重庆	2232.86	5	18130.33	5
天津	2150.76	6	16658.88	6
杭州	1781.83	7	11727.32	9
成都	1667.10	8	13675.67	7
青岛	1518.17	9	10483.35	11
宁波	1500.34	10	9245.12	13
武汉	1492.74	11	13354.55	8
大连	1406.10	12	6262.38	19
沈阳	1400.02	13	4892.38	23
南京	1297.57	14	11522.83	10
哈尔滨	1232.13	15	5068.35	21
济南	1200.83	16	6655.73	18
石家庄	1186.81	22	4895.81	22
福州	1160.53	18	6696.28	17
长春	1150.18	19	6025.53	20
郑州	928.29	20	9215.03	14
西安	823.50	21	7526.36	15
长沙	812.85	22	10190.56	12
昆明	730.08	23	4476.82	25
厦门	648.36	24	4143.05	26
南昌	552.37	25	4722.30	24
太原	432.89	26	3451.59	29
合肥	412.81	27	7410.10	16
兰州	386.78	28	2346.16	32

城市	2002 年 GDP 规模（亿元）	2002 年 GDP 排名	2002—2018 年 GDP 增幅（亿元）	2002—2018 年 GDP 增幅排名
南宁	356.07	29	3670.84	27
乌鲁木齐	354.44	30	2745.33	30
贵阳	336.37	31	3462.08	28
呼和浩特	316.70	32	2586.80	31
海口	162.70	33	1347.81	34
银川	133.46	34	1768.02	33
西宁	121.34	35	1165.07	35
拉萨	20.78	36	520.00	36

数据来源：国家统计局。

由表 10-1 可知，2002 年中国城市 GDP 排名前十的城市分别是上海、北京、广州、深圳、重庆、天津、杭州、成都、青岛、宁波，这些城市的行政级别都在副省级及以上，在中国城市体系中享有优先发展权利。在这种发展体制的长期作用下，2002—2018 年这些城市 GDP 增幅排名分别是第 1 位、第 2 位、第 4 位、第 3 位、第 5 位、第 6 位、第 9 位、第 7 位、第 11 位、第 13 位。这种排名格局几乎与 2002 年城市 GDP 规模排序一致，只有两个 2002 年 GDP 排名前十的城市即青岛市和宁波市在 2002—2018 年间的增幅跌出了前十。换言之，其他 8 个城市 2002 年 GDP 规模就已经位于前十，2002—2018 年间的增幅继续位于前十，这意味着这些城市与其他城市的发展差距不仅没有缩小反而在加速扩大。

另一方面，个体率先发展体制的长期存在还会抑制欠发达地区的发展空间。在行政级别主导发展地位体制下，高行政级别的城市凭借其发展地位的特殊性在整个区域发展格局中形成了对要素吸引的虹吸效应，间接地抑制了其他地区尤其是欠发达地区的发展空间。与此同时，由于大量实现率先发展的区域依靠外生的行政级别和政策待遇，其发展模式的可复制性和可借鉴价值并不高，这就大大提高了欠发达地区通过学习和模仿这些先发地区的经验从而实现发展的难度。

三、区域发展示范机制的建立

依靠个体率先发展这一思路会扩大区域差距和抑制欠发达地区的发展空间，但这并不意味个体率先发展思路是错误的。实际上，通过局部区域的率先发展来提高整体区域的经济实力是一种典型发展思路，其成效也非常显著，然而，问题的关键在于当率先发展区域实现较高发展水平的目标后，如何使得欠发达地区也能够实现发展从而共享发展成果并实现区域协调发展。换言之，当先富局面形成后，共同富裕的局面应该如何实现。显然，继续依靠个体率先发展是无法完成这一目标的，该目标的实现必须要求个别区域能够发挥综合示范的功能，即部分先发区域必须探索出具有可复制和可借鉴价值的发展路径，只有绝大部分欠发达地区都能够进入发展轨道，共同富裕目标才可能形成。从具体内容分析，先发地区的示范机制着力点在于探索发展模式，建议从如下几方面进行改革。

第一，户籍待遇趋同制度。目前我国不同城市的主要福利待遇包括高考录取率、初等教育质量、公务员事业单位工资体系、医疗体系都存在一定差异。从我国发展战略的方向看，取消不同地区户籍附带福利的差异和差距是一个根本方向，能否在这一环节取得实质性突破不仅影响区域协调发展目标的实现，对共同富裕格局的形成也极有必要。

第二，产业统筹布局制度。在逐步取消行政区域主体利益壁垒和实现要素自由流通的前提下，能否构建基于整体区域利益的产业统筹布局制度对最终共享局面的形成具有重要意义。考虑到产业的落地直接关系到各个地区切身利益，一方面，产业统筹布局制度要绝对保证质量和科学性，让产业布局规律而非行政命令来主导布局过程，这就要求提高政府的专业水平和对其产业布局的监管力度；另一方面，产业统筹布局制度也需要经济产出分成制度的配合。

第三，经济产出分成制度。区域共享发展一定会涉及不同地区相互使用对方的优势要素，这就直接带来一个问题，即当一个城市使用了另外一个城市的发展要素或者当上级政府根据产业布局规律将某项产业落地于特定地区，又该如何保障该产业产出比如税收在全区域的合理分成，这是保障区域共享发展能否最终实现的根本因素。必须构建合理的，既能保障整体区域布局效率，又能准确兼顾不同次级区域在产业发展过程中的不同共享的经济产出分成制度。

第四，发展能力扩散制度。除了强调发展要素投入过程和经济产出成果分配的共享外，实现区域协调发展目标最重要的制度之一就是发展过程的共享。在这一过程中，先发地区的发展经验、发展模式、发展思路能否被后发地区所借鉴和复制是能否实现共享发展的关键。例如，深圳和汕尾正在探索的深汕特别合作区就是先发地区和欠发达地区共享发展能力、发展要素、发展收益的有益尝试之一。其他地区能否尝试相似的发展能力共享机制将决定区域协调发展的质量。

第五，行政区划动态调整制度。当区域共享发展水平提升到一定层次，一体化发展格局逐渐实现，就可尝试通过行政区划调整进一步稳固一体化发展成果。这与 2018 年 11 月出台的《行政区划管理条例》所强调的通过行政区划促进区域协调发展的要求是一致的。

第六节　专业区域政策机制

提升区域发展质量和解决区域发展问题是实现区域协调发展格局的重要前提，实现这两个目标都需要区域战略和区域政策的支持。从中国过去区域发展实践角度分析，重视综合性的区域战略而轻视专业性的区域政策倾向明显，在国内外环境日益复杂、发展影响因素日益增多的背景下，实现区域协调发展需要由综合性的区域战略逐步转向更加专业的区域政策。

一、综合性区域战略的特征

综合性区域发展战略是指中央政府针对部分区域而制定的包含诸多发展因素的综合性发展谋划，某种程度上可以认为这种区域发展战略实际上是地方发展战略和中央赋予地方功能目标的结合。从发展历程分析，新时代之前的区域发展战略主要以跨省级区域的东部率先发展、西部大开发、振兴东北老工业基地和中部崛起等四大谋划组成，新时代之后的区域发展战略是在这四大板块区域战略的基础上重新按照地缘特点增补的包括京津冀协同发展、长江经济带、粤港澳大湾区、黄河流域生态保护和高质量发展等区域发展战略。可以发现，相比于新时代之前的区域发展战略，新时代的区域发展战略更加具体。然而，通过分析这些战略的内容，可以发现这些区域发展战略的内容多是全局性内容，差异性内容较少。以振兴东北老工业基地规划的内容为例进行分析，如表 10-2 所示。

表 10-2　东北振兴战略政策体系的属性分类

政策大类	政策内容	政策属性	差异性
体制机制	转变政府职能	全局型	低
	推进国资国有企业改革	全局型	低
	支持民营经济发展	全局型	低
	推进重点专项领域改革	全局型	低
	主动融入、积极参与"一带一路"建设	局部型	中
	对接京津冀等经济区，构建区域合作新格局	局部型	中
结构调整	促进装备制造等优势产业提质增效	全局型	低
	培育新产业新业态	全局型	低
	发展以生产性服务业为重点的现代服务业	全局型	低
	加快发展现代化大农业	全局型	低
	提升基础设施水平	全局型	低

续表

政策大类	政策内容	政策属性	差异性
创新能力	完善区域创新体系	全局型	低
	促进科教机构与区域发展紧密结合	全局型	低
	加大人才培养和智力引进力度	全局型	低
民生改善	解决好社会保险、就业等重点民生问题	全局型	低
	实施棚户区、独立工矿区改造等重大民生工程	局部型	低
	推进城市更新改造和城乡公共服务均等化	全局型	低
	促进资源型城市可持续发展	局部型	中
	打造北方生态屏障和山青水绿的宜居家园	局部型	中

注：（1）主要内容源于《中共中央 国务院关于全面振兴东北地区等老工业基地的若干意见》（中发〔2016〕7号）。（2）全局型指的是该内容在全国层面乃至任何一个地区都需要实施，局部型指的是这一内容只能在部分地区实施，比如主动融入、积极参与"一带一路"建设和对接京津冀等经济区，构建区域合作新格局，这两部分内容对参与地区的地缘位置具有明显要求。（3）差异性指的是该部分内容与其他地区有无显著差别。

由表 10-2 可以发现，振兴东北老工业基地规划的绝大部分内容都是全局型内容，差异化的内容相对较少。当然，这并不是说中国所有的区域发展战略内容完全雷同，实际上，新时代出台的区域发展战略都各有侧重，如表 10-3 所示。

表 10-3　不同区域发展战略的内容比较

主要内容	粤港澳大湾区	长江经济带	长江三角洲绿色一体化
发展原则	创新驱动、改革引领，协调发展、统筹兼顾，绿色发展、保护生态，开放合作、互利共赢，共享发展、改善民生，一国两制、依法办事	改革引领、创新驱动，通道支撑、融合发展，海陆统筹、双向开放，江湖和谐、生态文明	生态筑底、绿色发展，改革创新、共建共享，追求品质、融合发展，远近结合、联动发展

主要内容	粤港澳大湾区	长江经济带	长江三角洲绿色一体化
战略定位	充满活力的世界级城市群，具有全球影响力的国际科技创新中心，"一带一路"建设的重要支撑，内地与港澳深度合作示范区，宜居宜业宜游的优质生活圈	具有全球影响力的内河经济带，打造世界级产业集群，东中西互动合作的协调发展带，生态文明建设的先行示范带	生态优势转化新标杆，一体化制度创新试验田，绿色创新发展新高地，人与自然和谐宜居新典范
空间布局	构建极点带动、轴带支撑网络化空间格局，完善城市群和城镇发展体系，辐射带动泛珠三角区域发展	优化沿江城镇化格局，提升长江三角洲城市群国际竞争力，培育发展长江中游城市群，促进成渝城市群一体化发展，推动黔中和滇中区域性城市群发展，科学引导沿江城市发展，强化城市群交通网络建设，创新城镇化发展体制机制	统筹生态、生产、生活三大空间，把生态保护放在优先位置，不搞集中连片式开发，打造"多中心、组团式、网络化、集约型"的空间格局，形成"两核、两轴、三组团"的功能布局
创新中心	构建开放型区域协同创新共同体，打造高水平科技创新载体和平台，优化区域创新环境	增强自主创新能力，推进信息化与产业融合发展，培育世界级产业集群，加快发展现代服务业，打造沿江绿色能源产业带，提升现代农业和特色农业发展水平，引导产业有序转移和分工协作	打造知识创新型总部聚集区，引进高水平的研究型机构，建设长三角产权共同交易市场，鼓励吸引社会资本兴办各类创新创业支撑平台，加快培育数字化新业态，着力发展绿色经济
基础设施	构建现代化的综合交通运输体系，优化提升信息基础设施，建设能源安全保障体系，强化水资源安全保障	形成快速大能力铁路通道，建设高等级广覆盖公路网，推进航空网络建设，完善油气管道布局，建设综合交通枢纽	建设互联互通基础设施体系，推动物联网等新型基础设施和智慧应用超前布局，建设一体化示范区智慧大脑
产业发展	加快发展先进制造业，培育壮大战略性新兴产业，加快发展现代服务业，大力发展海洋经济	与创新发展部分合并	与创新发展合并

续表

主要内容	粤港澳大湾区	长江经济带	长江三角洲绿色一体化
生态文明	打造生态防护屏障，加强环境保护和治理，创新绿色低碳发展模式	切实保护和利用好长江水资源，严格控制和治理长江水污染，妥善处理江河湖泊关系，加强流域环境综合治理，强化沿江生态保护和修复	加强生态环境综合治理，构建优美和谐的生态空间，建设著名文化生态湖区，建设美丽宜居乡村环境
生活设施	打造教育和人才高地，共建人文湾区，构筑休闲湾区，拓展就业创业空间，塑造健康湾区，促进社会保障和社会治理合作	无	提升公共服务保障水平，推进医疗保险互联互通，提升社会保障服务便利化水平
规划保障	加强组织领导，推动重点工作，防范化解风险，扩大社会参与	建立区域互动合作机制，进一体化市场体系建设，加大金融合作创新力度，建立生态环境协同保护治理机制，建立公共服务和社会治理协调机制	加强组织领导和统筹协调，强化政策支撑和法制保障

资料来源：根据三大区域战略规划整理。

很容易发现，不同区域发展战略在发展原则和发展定位等领域还是存在较多差异，这种差异正是来源于不同区域发展战略的功能定位，这也标志着中国区域发展战略正在走向差异化，这是实现高质量发展的必然要求。

二、综合性区域战略的不足

依靠综合性区域发展战略推动区域发展能够统筹区域内部要素从而推动区域发展。然而，由于综合性区域发展战略过于宏大，战略视角难以关注不同区域的不同差异化特征，极易影响区域发展战略的实施效果。这种影响主要体现在：一方面，综合性区域发展战略容易忽视影响问题区域的特殊性因素从而导致解决区域问题的难度加大。任何区域在发展过程中都会遇到各种各样的问题，解决这些问题势必要求上级政府出台相应的政策建议，然而，如果这种政策建议缺乏精准性，就难以发现导致区域问题的真正原因，也就无法制定针对性的对策建议。比如，京津冀地区之所以长期处于发展失衡状态，一个根本原因在于京津冀三地地位失衡，不解决这一问题京津冀发展失衡问题几乎不可能解决。也正是因为这一问题的复杂性，新时代不仅确立了京津冀协同发展战略的国家战略地位，还制定了疏解北京非首都功能、北京城市副中心建设、雄安新区建设等战略予以配合。另一方面，综合性区域发展战略的大规模使用会形成平均用力格局从而导致区域战略目标难以实现。任何一项区域发展战略都有其宏大的发展目标，实现这一目标需要集中力量。然而，过于综合和涉及所有领域的区域发展战略容易导致大量地区争取相同政策待遇的局面，这无疑会大大降低要素的统筹使用效率，从而降低区域发展战略的实施效果。

三、由综合性区域战略到专业性区域政策

实现区域经济的高质量发展，必须强调由综合性区域战略向专业性区域政策转型，而实现这一转型需要以科学的区域管理制度为基础，具体而言，区域管理制度主要包括"四管"，即"谁管""管谁""咋管""管效"。

"谁管"即合理设置区域管理机构。中央政府机构虽已经过多次改革，但区域管理机构设置的建议始终未受到足够的重视。中国的区域管理机构设置一直采取的是分立的职能部门模式，即区域管理职能分散在国务院的多个部门。这种模式的缺陷十分明显：第一，部门间的区域规划与政策经常会发生矛盾，各部门的利益与目标不尽相同，矛盾甚至是冲突难以避免；第二，有可能造成区域政策项目重复，浪费公共资源；第三，区域或地方争取区域政策资源的成本大。由于各区域要面对众多区域规划与区域政策决策主体，而中央各部门的区域政策制定、实施、监督和评价程序不完全相同，区域或地方开发机构往往需要花费大量的人力、物力与财力资源以争取区域政策项目或争取将本区域的发展规划上升到"国家战略"高度，因而有可能造成区域或地方间的矛盾与冲突。未来应该设置职能明确的区域管理委员会或区域政策部门。解决人民日益增长的美好生活需要和区域发展不平衡不充分的

矛盾，是新时代的重大任务，这对政府宏观调控的要求会越来越高，职能明确的区域管理机构的缺失，会导致中国各地区难以形成发展合力。

"管谁"即明确区域管理的作用对象，划分标准区域和识别问题区域框架。标准区域是区域规划的基础，也是识别问题区域的参照对象。标准区域框架长期缺失是区域规划不完善且作用不明显的重要原因之一。中央全面深化改革委员会第四次会议审议通过的《关于统一规划体系更好发挥国家发展规划战略导向作用的意见》提出了"加快统一规划体系建设，理顺规划关系，完善规划管理，提高规划质量，强化政策协同"的要求，制定标准区域划分体系是实现这些要求的基础。在问题区域划分方面，中国目前只确定了贫困地区界线，老工业基地划分框架仍未完善。由于问题区域的识别涉及利益的区域间转移，会影响多个利益主体的切实利益，因此在确定问题区域划分之前，必须做好大量的准备工作。

"咋管"即确定合理的政策工具并规范区域规划和区域政策程序。在市场经济比较成熟的国家，协调区域发展有两个基本工具，即区域规划和区域政策，这两者能发挥重要作用，离不开立法的支持。从立法的角度来看，规范区域管理是大势所趋，一套健全、完整的法律规范能保障区域规划与区域政策的贯彻执行，实现区域和谐。完善未来的区域政策还需要针对不同类型的政策设置标准化、透明化的政策程序。不同的区域政策可以存在差异，一般而言，有待区域政策解决的问题越严重，需要立法机构的参与越广泛。

"管效"即制定规范且明确的区域规划和区域政策的监督与评价流程。根据区域规划或区域政策实施的时期，评价可分为事前评价、事中评价与事后评价。其中，事前评价主要说明区域规划与区域政策的合理性，事中评价主要是监督区域规划与区域政策的落实过程，而事后评价主要是对区域规划与区域政策的效应和效率作出全面评估。迄今为止，中央政府出台了不少区域规划与区域政策，但尚没有建立明确的评估机制。

结论与展望

作为国内最为特殊的区域，京津冀地区的协同发展无疑是整个区域协调发展战略的重要组成部分。考虑到区域协调的本质仍然是空间关系的处理，我们从多个不同维度对京津冀地区的空间重构思路展开了研究，并得到了如下结论。

第一，区域间的发展关系不是一个简单的区位或者经济关系。现实世界中，任何区域都是一个多元区域都承载着多个不同属性，如区位、地理、产业、政治、生态等。在推动区域协调发展过程中，需要统筹关注这些不同属性，仅仅强调某一个领域属性的协调往往无法实现协调发展的目标。京津冀地区同样如此，之所以京津冀地区长期难以协调发展，一个重要原因就是在于影响京津冀协调发展的因素过多，比如政治和政策导致的地位因素、生态补偿导致的利益因素、行政区划导致的地理因素等，都对整个地区的协调发展具有直接影响。因此，任何一个区域想要实现协调发展，都必须统筹考虑空间的多维属性。

第二，区域协调发展是在国内外发展环境和发展阶段出现重大变化背景下逐渐形成的区域发展战略，它不仅符合我国发展的实际需求，更重要的是它还契合中国特色社会主义制度共同富裕的根本要求，将是未来我国长期需要坚持的区域发展战略。在这个背景下，我们立足于京津冀地区，提出了区域利益概念并指出由于区域政策与地方政策的匹配不当，导致京津冀地区间的利益分配格局长期处于失衡状态。实现京津冀协调发展，首要任务就是从制度上厘清三地的政策地位关系。

第三，区域的空间关系可以分为静态和动态两类，前者指的是行政区划关系，后者指的是相互辐射关系。我们往往更多关注于动态的相互辐射关系，而忽视行政区划关系。当然，这与行政区划自身具有的影响大、涉及领域多也有关系。通过分析京津冀地区的相互辐射关系，可以发现作为增长极城市的北京，缺乏足够的辐射能力，且指出了产业带动能力的缺失是导致这一现象的主要原因。与此同时，通过对京津冀地区行政区划的演变历程和所处阶段分析，我们也指出了在京津冀地区采取行政区划手段的必要性和具体可能的方案。

第四，区域的生态关系是制约地区协调发展程度的重要因素之一。党的十八大以来，随着习近平总书记关于"绿水青山就是金山银山"生态理念的普及，生态环境保护越来越受到地方政府的重视，这进一步加剧了一个长期影响我国地方政府关系的问题，即区域间生态补偿问题。由于空气、河流、湖泊等自然资源往往是跨区域的，在保护这些资源的过程中，经常涉及不同区域的权责划分问题，由于过去区域间生态补偿机制的长期缺失，地区间经常因为生态补偿问题发生冲突与矛盾，极大地制约了协同发展程度，京津冀地区更是如此。

第五，实现区域协调发展不仅需要着眼整体区域的关系，也需要推动个体区域的空间优化，坚持整体与个体相结合。如为了更好地推动京津冀协同发展，还必须同时实施疏解北京非首都功能、设立雄安新区发展战略以及提升河北自我发展能力等措施。这也启示我们，区域经济应该与地方经济紧密结合，两者互为支撑、相互促进。

第六，对绝大多数地区而言，实现区域协调发展意味着空间关系的重新调整。从关于京津冀地区的一系列空间关系分析，推动区域协调和空间重构既需要特定如生态、产业、政策、行政区划等领域的政策配合，更重要的是要尽快建立推动区域协调发展的制度体系，从根本上打破制约区域协调发展的诸多因素。

当然，除了上述结论外，我们也必须意识到现有的研究还存在很多不足，如对空间关系的模型化处理还不够，对利益关系调整的机理和量化分析还不深入，对产业如何与生态结合起来的研究还不够透彻，对区域协调发展制度体系的思考还不够全面等问题，这些都是未来值得进一步研究的问题。

责任编辑:曹　春
封面设计:汪　莹
责任校对:余　佳

图书在版编目(CIP)数据

区域协调发展下的空间重构模式研究:以京津冀为例/蔡之兵 著.—北京:
　人民出版社,2021.3
ISBN 978－7－01－022884－6

Ⅰ.①区…　Ⅱ.①蔡…　Ⅲ.①区域经济发展-协调发展-研究-华北地区
　Ⅳ.①F127.2

中国版本图书馆 CIP 数据核字(2020)第 252663 号

区域协调发展下的空间重构模式研究
QUYU XIETIAO FAZHAN XIA DE KONGJIAN CHONGGOU MOSHI YANJIU
——以京津冀为例

蔡之兵　著

人民出版社 出版发行
(100706　北京市东城区隆福寺街 99 号)

北京汇林印务有限公司印刷　新华书店经销

2021 年 3 月第 1 版　2021 年 3 月北京第 1 次印刷
开本:710 毫米×1000 毫米 1/16　印张:18.25
字数:260 千字

ISBN 978－7－01－022884－6　定价:88.00 元

邮购地址 100706　北京市东城区隆福寺街 99 号
人民东方图书销售中心　电话 (010)65250042　65289539